2014年

上海科技金融发展报告

主　编　储敏伟

副主编　杨廷干　陈文君　朱文龙

中国财政经济出版社

图书在版编目（CIP）数据

2014年上海科技金融发展报告/储敏伟主编.—北京：中国财政经济出版社，2015.8

ISBN 978-7-5095-6321-2

Ⅰ.①2… Ⅱ.①储… Ⅲ.①科学技术-金融-研究报告-上海市-2014 Ⅳ.①F832.751

中国版本图书馆CIP数据核字（2015）第181069号

责任编辑：吕小军　　　　责任校对：刘　靖

封面设计：思梵星尚

中国财政经济出版社 出版

URL：http：//www.cfeph.cn

E-mail：cfeph@cfeph.cn

社址：北京市海淀区阜成路甲28号　邮政编码：100142

营销中心电话：88190406　北京财经书店电话：64033436　84041336

北京富生印刷厂印刷　各地新华书店经销

787×1092毫米　16开　21印张　326 000字

2015年7月第1版　2015年7月北京第1次印刷

定价：52.00元

ISBN 978-7-5095-6321-2/F·5093

（图书出现印装问题，本社负责调换）

本社质量投诉电话：010-88190744

打击盗版举报热线：010-88190492，QQ：634579818

2014年上海科技金融发展报告
编　委　会

编 写 说 明

本报告由上海科技金融研究院组织编写，上海市科创中心与杨浦区金融办支持协助编写。

参与本报告编写的人员有：鄢德春、朱文生、肖本华、施继元、石薇、张毅强、吴君、王静、罗月领、朱文龙、杨超、乔正国、郭佳楣、张冯吉、赵翔翔、华蓉晖、贾德铮、王春蕾、陈文政、黄燕、曹颢、刘玮等。杨廷干、朱文生、陈文君、鄢德春等参与分工审稿，最后由储敏伟统稿审定。潘睿洁、李维平、刘玮参与了本报告的组织安排。

2015 年 7 月

目 录 | Contents

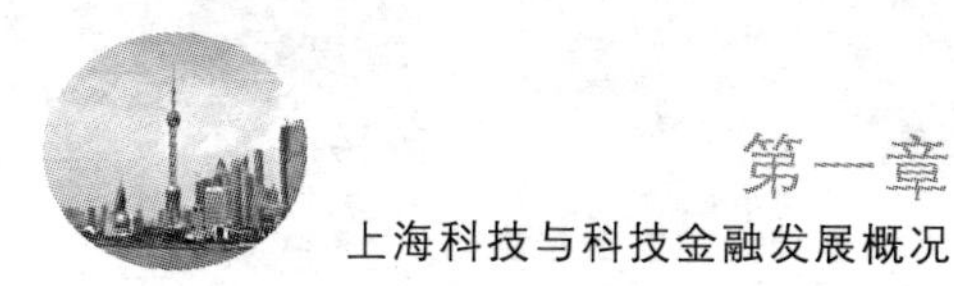

第 一 章

上海科技与科技金融发展概况

第一节 2014 年上海科技金融的发展背景

在全球化和信息化背景下，国家与国家、城市与城市的竞争日益激烈。其中，科技竞争力已经成为国家综合实力和城市竞争力的重要内容。上海在科技与科技金融领域都有所突破，但也面临很大挑战。

一、2013—2014 年科技金融发展的科技创新背景

作为“第一生产力”，科技在经济社会发展中的推动作用更加明显，科技创新在国家竞争中的战略地位也更加重要。

（一）科技全球化进程不断加速

随着信息技术和交通工具的日益发达，科技全球化的进程加快。所谓科技全球化，即研究和开发资源的全球配置，科学技术活动的全球管理，研究与开发成果的全球共享。这三个方面相辅相成，互相促进，共同构成了科技全球化浪潮的主旋律。

特别是在互联网时代，人们从外界获得科技信息的能力大为提升。全球研究村和虚拟实验室的出现，改变了传统的科学研究方式，处于全球不同地区的科研人员可以在任何时间更便捷地进行跨国界的研究合作，科研

效率也大大提高。在科技全球化的背景下，全球科技竞争日益激烈，迫切需要金融的“助推”。

（二）科技的渗透力和扩散力持续加强

产业融合是指不同产业或同一产业不同行业间相互渗透、相互交叉，最终融合为一体，逐步形成新产业的动态发展过程。在产业融合的背景下，科技的渗透力和扩散力不断增强，新业态、新产业和新模式不断出现。可以说，新技术催生了新业态、新产业和新模式，而新业态、新产业和新模式也呼唤着新技术。

目前，上海正在拓宽培育“四新”（新产业、新业态、新技术、新模式）企业发展渠道，优化“四新”发展的市场化支撑体系，包括在本市开展“四新”推广应用的重大专项，面向“四新”的投融资机制，创新“四新+基地+基金”的载体建设模式，以及推动政府带头采购，并进一步完善“营改增”政策，同时还将推动建立跨界新领域的行业准入及监管机制，并探索推广负面清单的应用，支持“四新”企业发展。在政府的推动下，以科技创新为引领的产业变革将持续提升科技的渗透力和扩散力，将为科技金融的发展奠定提供投资的“沃土”。

（三）科技在新的国际分工格局中的地位更加重要

目前，国际分工越来越从产业间的分工转向产业内部、产品内部甚至生产工序之间的分工，也就是说，当代全球产业分工已开始由产业间的分工逐步发展为产业链之间的分工。

这种产业分工尤其体现在产品价值链上，一些跨国公司将自己的核心业务定位在产品的研究开发和设计上，并控制着产品的营销和服务渠道，将某些产品的生产和制造功能都转移到其他国家。也就是说，发达国家和地区的产业发展逐步向高附加值的研发、设计和服务环节集中，制造和低端服务环节则基本上布局在发展中国家和地区。这样的结果是：核心技术和关键零部件的生产由跨国公司控制，并实行全球采购，从而实现在全球范围内的资源优化配置。

在这样的国际分工格局中，上海产业发展不可能再走大而全的道路，必须立足于自身的优势和特点，抓住产业发展的关键环节。上海未来的产业发展必须以知识经济为基础，借助于信息化手段，利用产业链开展合作，打破传统产业边界，实现一体化发展。在未来，大量新兴产业部门将替代传统产业部门，高附加值产业部门将替代低附加值产业部门，高技术与高智力含量的产业部门替代低技术与低智力含量的产业部门。

二、2013—2014 年科技金融发展的金融创新背景

“第一推动力”，金融是科技创新的“推手”。科技与金融的结合是上海“创新驱动，转型发展”的重要条件。

（一）金融全球化的程度日益加深

金融全球化是指一国的金融活动超越本国国界，脱离本国政府金融监管，在全球范围展开经营、寻求融合、求得发展的过程。作为经济全球化的重要组成部分，金融全球化主要表现为金融市场全球化、金融交易全球化、金融机构全球化和金融监管全球化。从金融本身的发展规律来看，推动金融全球化的主要动因是西方国家 20 世纪 80 年代以来金融自由化、信息技术、融资证券化和金融创新的发展。

特别地，各种 IT 技术和管理信息系统在各金融机构中得到广泛应用，网上银行、网上证券和网上投保等网络金融已经成为一种新的金融模式，金融交易信息化促动着金融全球化加速发展。同时，随着各种自由贸易区的建立，贸易的全球化也必将加深金融全球化。

（二）互联网金融对经济社会发展的影响逐步增加

互联网金融是互联网与金融的结合，是借助互联网和移动通信技术实现资金融通、支付和信息中介功能的新兴金融模式。广义的互联网金融既包括作为非金融机构的互联网企业从事的金融业务，也包括金融机构通过互联网开展的业务。狭义的互联网金融仅指互联网企业开展的、基于互联网技术的金融业务。我国互联网金融主要存在六种业态：互联网支付、P2P 网络借贷、非 P2P 的网络小额贷款、众筹融资、金融机构创新型互联网平台、基于互联网的基金销售。

2013 年被称为“互联网金融元年”，是互联网金融得到迅猛发展的一

年。自2013年起，P2P网络借贷平台快速发展，众筹融资平台开始起步，第一家专业网络保险公司获批，一些银行、券商也以互联网为依托，对业务模式进行重组改造，加速建设线上创新型平台，互联网金融的发展进入了新的阶段。①

依托大数据和云计算技术，互联网金融能够动态了解科技型中小企业的多样化需求，计量客户的资信状况，有助于解决信息不对称问题，不断推动金融产品和金融服务的创新。同时，互联网金融有助于发挥民间资本的作用，提升资金配置效率，从而为科技金融的发展插上“互联网”的翅膀！

（三）民间金融的发展空间越来越大

随着市场化改革，民间资本进入金融领域的机会会越来越多，科技金融发展的政策支撑体系将越来越完善。近年来，鼓励和引导民间金融发展的政策相继出台后，2013年，《国务院办公厅关于金融支持经济结构调整和转型升级的指导意见》和党的十八届三中全会通过的《中共中央关于全面深化改革若干重大问题的决定》进一步明确，允许具备条件的民间资本依法发起设立中小型银行等金融机构，进一步拓宽了民间资本进入金融行业的渠道。

P2P网贷和众筹融资等互联网金融的出现，将吸引更多的民间资本进入科技金融领域，也体现了多层次资本市场的客观要求。在对民间金融事前准入逐渐放宽的情况下，需要完善事中和事后的监管，为民间金融的稳定发展提供良好的制度框架。

第二节　2014年上海科技创新概况

2013—2014年，上海科技创新在基础研究领域继续在全国保持领先地位，但科技创新创业的潜力依然有待挖掘。

---

① 中国人民银行金融稳定分析小组：《中国金融稳定报告（2014）》，中国金融出版社2014年版，第145—146页。

一、上海科技创新的主要成就

（一）基础研究领域在全国保持着领先地位

2013 年，上海在生物、医学、医药、纳米、光学、材料、信息、地球、天文等领域的基础研究方面取得一批突破性成果。1—10 月，上海科学家在国家权威学术期刊《科学》、《自然》、《细胞》上发表的原创性论文分别为 16 篇、13 篇和 8 篇，占全国比例分别为 24%、14.81% 和 30%；在《自然》下属专业期刊上（不包括 Reviews 系列）合计发表论文 81 篇，占全国的 24.70%。[①]

（二）上海科技进步环境指数排名提升

根据上海科技统计网公布的 2013 年全国及各地区科技进步统计监测结果，在科技进步环境指数的排序中，上海在 2013 年由 2012 年的第 2 位上升至第 1 位（见图 1－1）。[②]

（三）上海综合科技进步水平指数继续保持全国第一

根据上海科技统计网公布的 2013 年全国及各地区科技进步统计监测结果，上海综合科技进步水平指数继续保持全国第 1，综合科技进步水平略有提高（见图 1－2）。

（四）研究与试验发展的投入持续增加

《2013 年上海市国民经济和社会发展统计公报》显示，全年用于研究与试验发展（R&D）经费支出 737 亿元，相当于上海市生产总值的比例为 3.4%，投入金额和占生产总值的比例持续提升（见图 1－3）。[③]

① 编委会：《上海科技进步报告 2013》，33.

② “2013 全国及各地区科技进步统计监测结果（二）”，上海科技统计网，2015－03－28，http：//shsts. stcsm. gov. cn/home/news. aspx？FunId＝19&InfoId＝632&ModuleID＝5。

③ 上海市统计局、国家统计局上海调查总队：“2013 年上海市国民经济和社会发展统计公报” 2014－02－26，http：//www. stats－sh. gov. cn/sjfb/201402/267416. html。

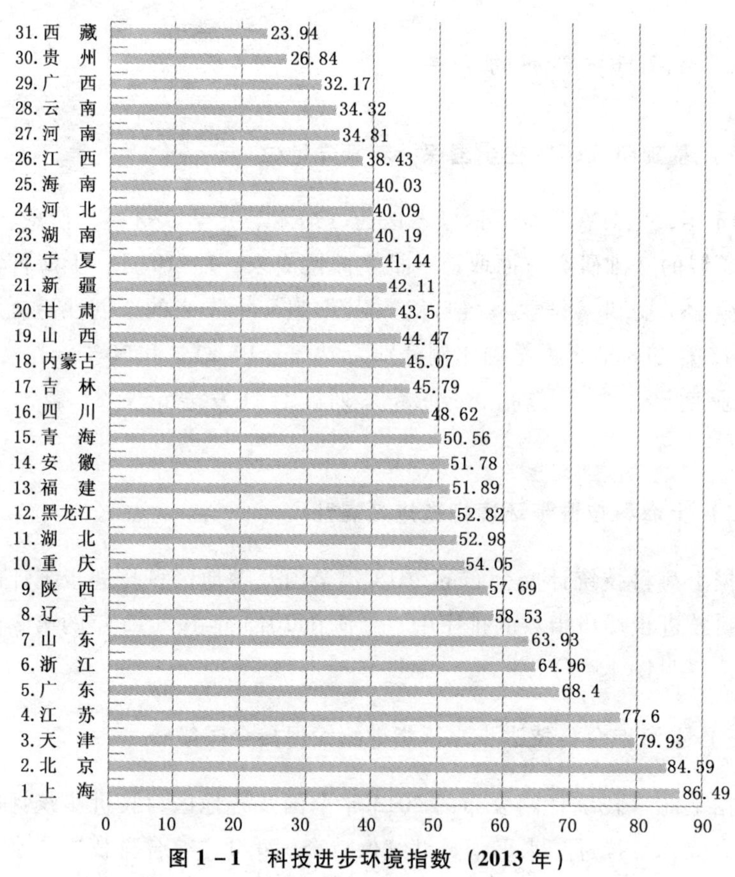

图1-1　科技进步环境指数（2013年）

二、上海科技创新创业的潜力有待挖掘

（一）上海科技企业的成长性和积极性还有待提高

美国德勤公司发布的2013年《亚太地区高科技高成长企业500强》报告显示，我国内地企业占据了500强中的128席，首次超过中国台湾（108席），成为亚太地区高科技高成长企业数量最多的市场。在7个省市中，上海仅有10家企业上榜，排在全国第5位（见图1-4），与北京（51家）存在显著差距。虽然前100强中上海的企业数量有所增加（从2012年的1家增加到2013年的4家），但前20强中，北京始终占据主导地位，上海无一家企业上榜。同时，值得关注的是，2013年广东、四川、辽宁三省份的高

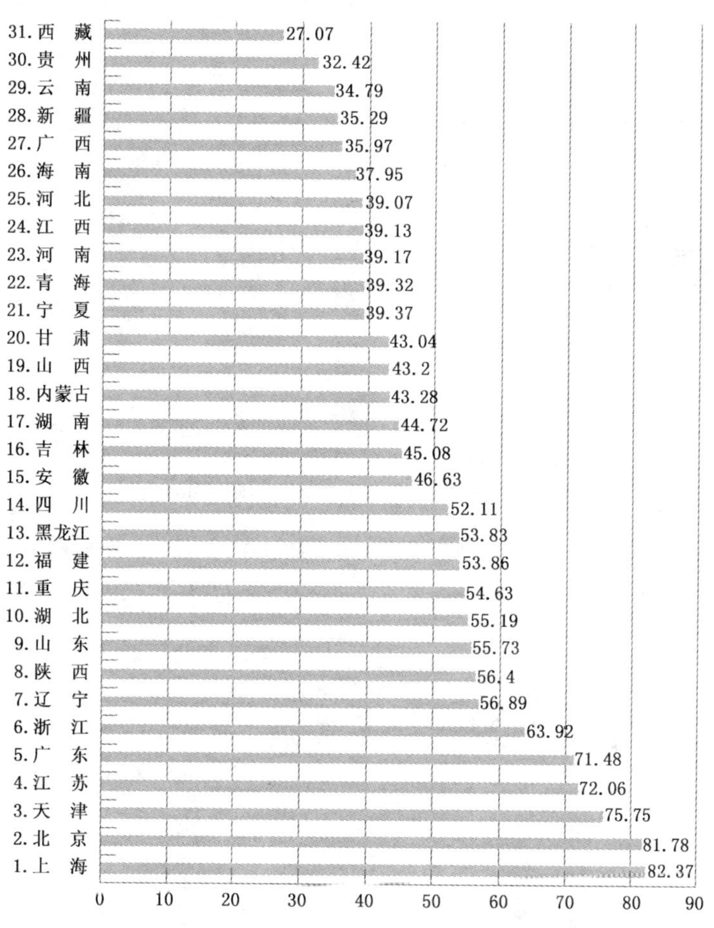

图 1－2 综合科技进步水平指数（2013 年）

科技高成长企业增长迅速（分别达到 26 家、23 家和 16 家）。

《亚太地区高科技高成长企业 500 强》报告显示，在创新投入上，虽然上海市政府在 R&D 中的人均支出连续几年保持排名靠前且稳定（第 6 名左右），但上海的 R&D 投入总量与发达地区之间还有很大差距，特别是企业 R&D 投入在 33 个地区中只排在第 19 位，不仅大幅落后于第 1 名的日本滋贺县（仅相当于其 26.5%），比北京市、台湾、香港也落后很多（相当于以上三地区均值的 61%）。[①] 这也从另一个角度反映出，上海企业的创新投入

① 美国德勤公司 2013 年《亚太地区高科技高成长企业 500 强报告》。

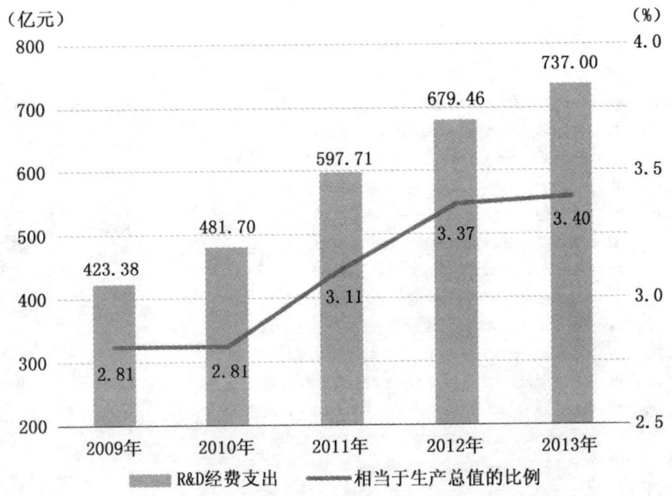

图1－3　2009—2013年R&D经费支出及其相当于上海市生产总值的比例

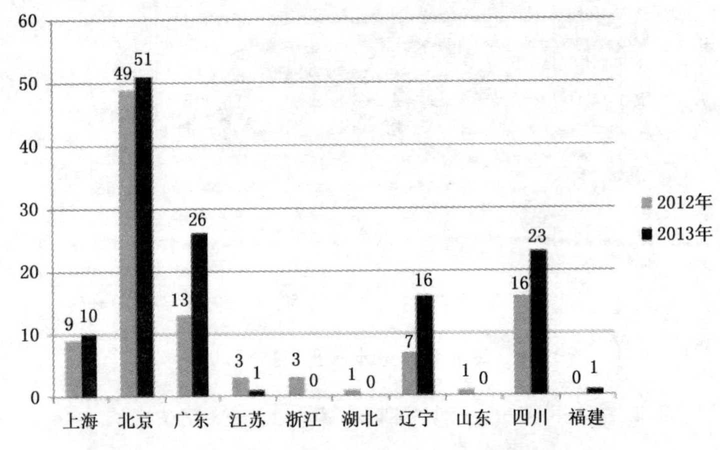

图1－4　内地上榜企业所在省市分布（2012—2013年）①

不足，其创新发展积极性和活跃性明显不足。

（二）上海市民创业活动率偏低

在创业方面，上海市人力资源和社会保障局的市民创业状况调查报告

① 美国德勤公司2013年《亚太地区高科技高成长企业500强报告》。

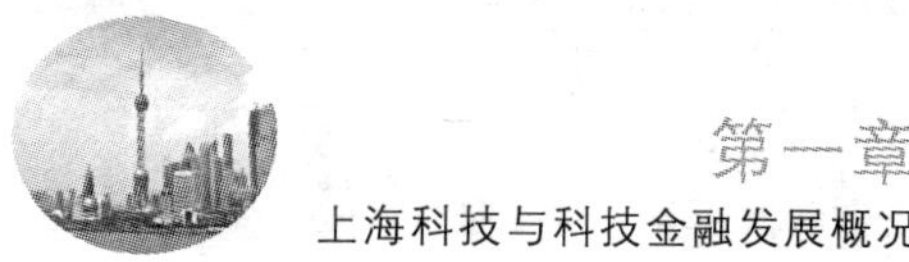

显示，2013 年上海的市民整体创业活动率从 2005 年的 4.9% 提高到 2013 年的 9.3%，即每 100 位年龄在 16—65 周岁的市民中超过 9 个人正在创业，但这一指标仍然低于中国总体创业活动率 13%。[①]

第三节　2014 年上海科技金融发展概况

2013—2014 年，上海的科技金融服务体系不断完善，但也同时存在创业风险投资发展相对滞后，各相关主体的合力尚未充分形成等问题。

一、上海科技金融取得的成绩

上海市建立健全了“4+1+1”科技金融服务体系，上海市科技金融信息服务平台正式开通，形成了“3+X”科技信贷产品体系，初步形成了科技金融的发展合力。

（一）建立健全了“4+1+1”科技金融服务体系

2013 年，上海全面加快实施《上海市促进科技和金融结合试点方案》，建立健全了与科技型中小企业以及高新技术产业化发展相适应的“4+1+1”科技金融服务体系。出台了 50 亿元财政专项资金和配套政策，建立了科技金融支行和浦发硅谷银行，创新科技型中小企业履行责任险、科技小巨人信用贷等产品，为不同成长阶段的科技企业提供了信贷融资服务（见图 1-5）。

（二）科技金融信息服务平台正式开通

2013 年 8 月，上海市科技金融信息服务平台 1 期正式开通，2 期正式启动。2 期增设科技企业信息库，整合市科委各种科技企业信息，为金融机构

① 姜丽钧：“沪整体创业活动率为 9.3%”，《东方早报》2014-11-23，http://www.dfdaily.com/html/8757/2014/11/23/1207547.shtml。

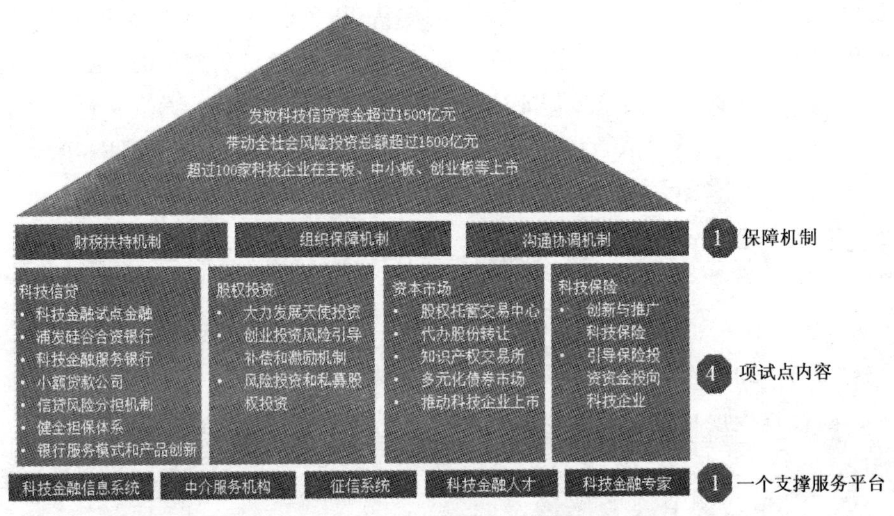

图1-5 "4+1+1"科技金融服务体系

提供政府政策信息和科技企业动态信息的一站式查询服务；增设科技型中小企业履约保证保险贷、科技小巨人信用贷、高新科技成果转化项目信用贷、科技小微企业微贷通贷款等4款贷款品种的网上申请。目前，平台具有咨询专家、信用评价、融资申请、项目对接、项目查询、贷款申请等服务功能，同业也汇聚了工作动态信息、统计研究信息、政策资金信息、企业需求信息、金融产品信息、科技企业信息等。①

平台正式开通时，平台收录了各类新闻、通知1260余条，收录全国各地、上海全市各区县的有关科技金融政策230余项，发布近500条经筛选的贷款需求信息，60余个股权融资项目。试运行期间，平台已与15家银行、31家投资公司、8家投资咨询服务机构共54家金融机构建立了合作关系。在全市科技企业信息数据库中，收录包括国家上海创新基金项目库、上海市高新技术成果转化项目认定库、上海市科技小巨人及培育企业库等8个库的约6000家科技企业信息。②

同时，上海市科委组建了"科技金融专员"队伍，科技、信贷、投资、

① 编委会：《上海科技进步报告2013》，第48页。

② 马翠莲："上海市科技金融信息服务平台开通"，《上海金融报》2013-08-23。http：//www.shfinancialnews.com/xww/2009jrb/node5019/node5036/node5040/userobject1ai115901.html

上市辅导专家队伍和来自合作银行、金融机构的科技信贷员队伍，通过平台的智能识别运算和三支专家/专员队伍，有效贯通网上网下的科技金融服务。[①] 作为平台的延伸，三支队伍深入企业了解融资需求，通过平台为其推荐量身定制的科技金融服务，平台开通时，通过科技金融专员推荐的科技贷款申请超过500项。[②]

（三）形成了“3+X”科技信贷产品体系

2010年底，针对科技型中小微企业轻资产、无抵押、缺担保难以在银行获得借款的情况，上海市科委积极引导，加强和银行、保险公司、担保公司等金融服务机构的合作，针对科技企业发展阶段和实际需求，从解决科技企业“贷款难”着手，提出了建立“3+X”科技信贷产品体系的开发规划，为科技企业量身定制了一系列细分化的信贷产品。

“3+X”科技信贷体系中的“3”是指“微贷通”[③]、“履约贷”和“信用贷”，“X”则是指开发或引进专门化或区域性的产品，目前已有创新基金信用贷、成果转化信用贷、软件产品信用贷、知识产权质押贷款等多种方式（见图1-6）。[④]

2013年8月20日，上海市科委发布了“微贷通”的科技信贷产品，此举意味着整个“3+X”科技信贷体系构建完成，实现了对科技企业不同融资需求的全阶段覆盖。首期“微贷通”试点总额为4亿元，预计可惠及300余家科技型小微企业。[⑤] 随着科技信贷板块的金融产品“微贷通”的推出，科技金融创新产品基本实现了“全覆盖”。从初创型企业到小巨人企业，都可以根据自身特色，寻找到最合适的银行融资方案。

---

① “上海科技金融信息服务平台开通”，中国上海门户网站2013-8-22。http://www.shanghai.gov.cn/shanghai/node2314/node2315/n31406/u21ai783622.html。

② 编委会：《上海科技进步报告2013》，第48页。

③ “微贷通”全称“科技小微企业‘微贷通’贷款”，针对销售规模在200万—1000万元的初创型科技企业。申请“微贷通”的科技企业只需向担保公司支付贷款本息和2.5%的担保费用，担保公司出具保单，银行“见保即贷”，即刻向企业放款，银行贷款利率为基准利率上浮不超过20%。当企业按时还本付息后，上海市科委补贴企业担保费用的一半，即企业按时还本付息后实际支出的融资成本为8.5%左右。

④ 马翠莲：“上海市科技金融信息服务平台开通”，《上海金融报》2013-08-23。http://www.shfinancialnews.com/xww/2009jrb/node5019/node5036/node5040/userobject1ai115901.html。

⑤ 王有佳：“上海4亿‘微贷通’助力小微企业”，《人民日报》2013年8月21日。

3

“微贷通”（初创期）
销售规模在200万元至1000万元的初创型科技企业，通过政策性担保+信贷的方式，贷款金额高达200万元

“履约贷”（成长早中期）
销售规模不超过1亿元，有一定经营年限的科技企业，贷款金额50万元至500万元，企业按时还本付息后可享受50%的财政补贴

“信用贷”（成长中后期）
销售规模在1.5亿元以上或者销售规模在5000万元以上且承担上海市科委项目的，处于发展期或成熟期的科技企业，贷款金额500万元至2000万元

X

融资租赁 | 出口信用保险融资 | 创新基金信用贷款 | 成果转化信用贷 | 软件产品信用贷 | 知识产权质押融资 | …… ……

图1-6 “3+X”科技信贷产品构架图

截至2013年11月，上海市科委共完成科技企业贷款18.24亿元，共454家企业获得贷款。其中，科技履约贷的信贷10.43亿元，342家企业获得贷款；小巨人信用贷的信贷4.84亿元，80家企业获得贷款；成果转化信用贷的信贷2.82亿元，19家企业获得贷款；科技微贷通的信贷0.12亿元，9家企业获得贷款；创新基金微小贷的信贷0.03亿元，4家企业获得贷款。履约贷进一步扩大贷款规模，第4期信贷规模由第3期的13亿元扩大至25亿元，共有参与银行14家、保险公司8家、保险中介机构2家。①

（四）初步形成了科技金融的发展合力

在上海发展科技金融的过程中，上海市科委、上海市金融办、创业投资机构和商业银行等各种力量纷纷参与，初步形成了合力。

为更好地营造全市创业投资氛围，鼓励更多的创业投资机构投资上海市初创期、早中期的科技企业，推动被投企业加速成长，上海市科委结合原有的科研计划，推出了创投联动资助专项，对获得创投机构投资的科技企业开展的研发活动给予专项支持，全年共支持了49家科技企业。

同时，上海市科委还鼓励商业银行在上海“张江”、“紫竹”、“杨浦”等区域内设立专门为科技企业服务的科技金融支行，并制定专门的科技型中小企业信贷政策和考核机制。目前，全市已确定了工商银行、中国银行、

① 编委会：“上海科技进步报告2013”，第48页。

交通银行、浦发银行等8家分行共计26家支行作为科技金融服务专业特色支行。

二、上海科技金融存在的主要问题

（一）创业风险投资发展相对落后

目前，上海风险投资发展落后于江苏、广东等地。根据中国科学技术发展战略研究院和科技投资研究所发布的《中国创业风险投资发展报告2014》，上海在创业风险投资管理资本方面远远落后于江苏、广东、浙江，在机构数量方面也都落后于江苏和浙江（见图1－7）。[①]

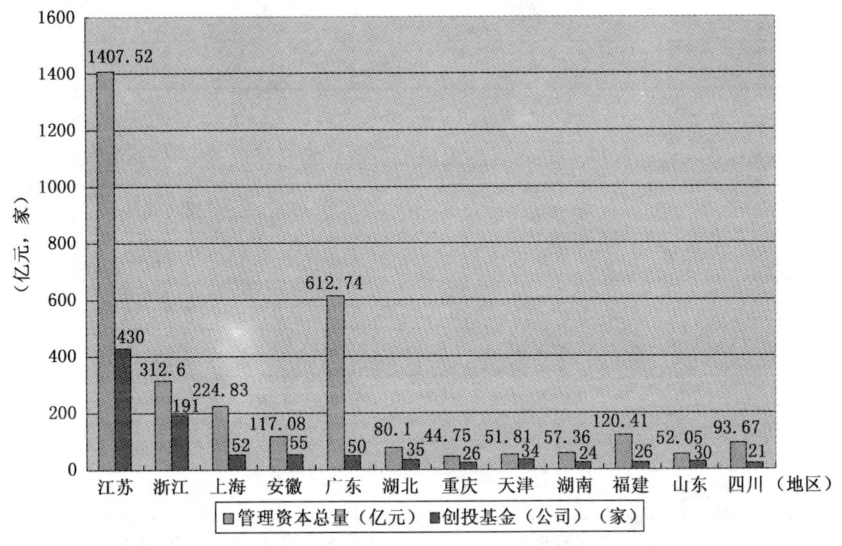

图1－7　部分地区创业风险投资管理资本和机构数量（2013年）

2013年，在我国创业风险投资机构所投项目的地区分布的排名中，上海市落后于江苏省、广东省和浙江省（见表1－1）；在各地区创业风险投资的投资强度的排名中，上海市也落后于海南省、天津市、湖南省、广东省、陕西省、辽宁省、云南省和江西省（见表1－2）。

① 王元、张晓原、张志宏：《创业风险投资发展报告》，经济管理出版社2014年版。

表1-1　2013年我国创业风险投资机构所投资项目的地区分布①　单位：%

序号	地区	项目占比
1	江苏省	37.0
2	广东省	14.5
3	浙江省	9.6
4	上海市	4.6
5	安徽省	4.6
6	重庆市	4.0
7	湖南省	2.9
8	湖北省	2.7
9	天津市	2.5
10	四川省	2.1

表1-2　2013年各地区创业风险投资的投资强度②　单位：万元/项

序号	地区	投资强度
1	海南省	10000.00
2	天津市	3621.15
3	湖南省	2719.31
4	广东省	2548.43
5	陕西省	2379.62
6	辽宁省	2338.64
7	云南省	2260.00
8	江西省	2165.00
9	上海市	2076.64
10	四川省	1755.20

① 王元、张晓原、张志宏：《创业风险投资发展报告》，经济管理出版社2014年版，第65页。
② 王元、张晓原、张志宏：《创业风险投资发展报告》，经济管理出版社2014年版，第66页。

（二）发展科技金融的协同机制不完善

科技金融是由政府、市场、社会中介机构、金融企业、科技企业等各种主体及其相关活动共同组成的一个体系，需要各种主体形成合力。

就政府而言，相关职能部门都各自提出了很多“工程”、“计划”、“项目”、“专项资金”，比如科技小巨人计划、青年科技启明星计划、企业技术中心能力建设项目、上海市企业自主创新专项资金项目等，但各个“抓手”之间缺乏协同，导致推动科技金融发展的资源相对分散。

就企业而言，相关金融机构之间缺乏协同。一方面，相关金融机构之间在资金流通上缺乏协同，比如银行受商业银行法和贷款通则的限制仍无法向 PE、VC 发放私募股权贷款，这也是导致我国创业风险投资相对落后的原因。另一方面，财政资金、天使投资、风险投资、商业银行和资本市场之间围绕科技企业的需求还未形成一体化的服务链，一些科技企业，特别是中、小、微企业，依然面临“融资难”的问题。

第二章
上海科技信贷

科技信贷是指科技研发、科技产品产业化等科技相关领域的贷款融资，是整个贷款体系的一个重要组成部分。当前我国仍然以间接融资为主，通过贷款的形式仍然是科技型中小企业从外部获取资金的主要形式。近年来，上海市科技信贷工作取得了较为明显的成效，根据上海市金融办提供的数据，2013 年上海市约有 1100 家科技企业获得贷款约 100 亿元。上海市的知识产权质押贷款更是走在全国的前列，截至 2013 年底，上海实现知识产权质押贷款 513 笔，共计 18. 18 亿元；知识产权质押贷款试点区域范围从四个区扩展到浦东新区和闵行、徐汇、黄浦、普陀、长宁、静安、虹口、杨浦、闸北、青浦、奉贤等 12 个区；融资渠道从银行拓宽到融资租赁公司、小额贷款公司。

第一节　科技信贷的制度建设

由于科技型中小企业具有“轻资产、风险高”的特点，科技信贷外在市场的“可竞争性”不强，面向科技型中小企业的信贷必然存在着供给不足，需要政府出台政策支持鼓励科技信贷的发展。2013 年以来，从中央到上海市政府、各区县和科技园区都非常重视科技信贷的制度建设，出台了一些政策促进科技信贷的发展。

一、中央层面的制度建设

2013 年 4 月，银监会、国家知识产权局、国家工商行政管理总局、国家版权局联合下发了《关于商业银行知识产权质押贷款业务的指导意见》，指导商业银行充分利用知识产权的融资担保价值支持企业创新。其主要内容包括：一是充分发挥知识产权质押融资的积极作用，条件成熟的可以将知识产权质押贷款作为专门的贷款产品管理；二是认真调查知识产权质押标的，明确可接受作为质物的不同种类知识产权的具体标准；三是合理确定知识产权质押贷款条件，根据尽职调查借款人、出质人和出质知识产权的情况决定单一担保或组合担保方式；四是建立和健全知识产权质押评估管理，定期或不定期地动态评估质物的质量；五是完善知识产权质押合同；六是切实办理知识产权质权登记，改进登记制度；七是加强知识产权质押贷款贷后管理，严密监控借款人的经营管理状况等。这一文件的出台对推动我国企业知识产权资本化与产业化发展，加快商业银行开展知识产权质押贷款业务，破解科技型中小企业融资瓶颈，促进经济和科技的协调健康发展提供了政策保障。

2013 年 11 月，党的十八届三中全会通过的《中共中央关于全面深化改革若干重大问题的决定》提出，“改善科技型中小企业融资条件，完善风险投资机制，创新商业模式，促进科技成果资本化、产业化”。在这一精神的指引下，2014 年 1 月，中国人民银行、科技部、银监会、证监会、保监会和知识产权局联合出台了《关于大力推进体制机制创新　扎实做好科技金融服务的意见》，在科技信贷和产品的服务模式创新方面有所突破，其中直接涉及科技信贷的措施主要有①：一是鼓励银行业金融机构在高新技术产业开发区、国家高新技术产业化基地等科技资源集聚地区通过新设或改造部分分（支）行作为从事中小科技企业金融服务的专业分（支）行或特色分（支）行；二是在加强监管的前提下，允许具备条件的民间资本依法发起设立中小型银行，为科技创新提供专业化的金融服务；三是支持发展科技小额贷款公司，按照“小额、分散”原则，向小微科技企业提供贷款服务；

① 中国人民银行，http：//www.pbc.gov.cn。

四是鼓励银行业金融机构完善科技企业贷款利率定价机制，充分利用贷款利率风险定价和浮动计息规则，根据科技企业成长状况，动态分享相关收益；五是完善科技贷款审批机制，通过建立科技贷款绿色通道等方式，提高科技贷款审批效率；六是完善科技信贷风险管理机制，探索设计专门针对科技信贷风险管理的模型，提高科技贷款管理水平；七是完善内部激励约束机制，建立小微科技企业信贷业务拓展奖励办法，落实授信尽职免责机制，有效发挥差别风险容忍度对银行开展科技信贷业务的支撑作用；八是全面推动符合科技企业特点的金融产品创新，逐步扩大仓单、订单、应收账款、产业链融资以及股权质押贷款的规模；九是鼓励银行业金融机构开展还款方式创新，开发和完善适合科技企业融资需求特点的授信模式；十是加强知识产权评估、登记、托管、流转服务能力建设，规范知识产权价值分析和评估标准，简化知识产权质押登记流程，探索建立知识产权质物处置机制，为开展知识产权质押融资提供高效便捷服务；十一是鼓励各地依托高新区和产业化基地，因地制宜建设科技企业信用示范区，充分利用金融信用信息基础数据库等信用信息平台，加大对科技企业信用信息的采集，建立和完善科技企业的信用评级和评级结果推介制度，为金融机构推广信用贷款等金融产品提供支持；十二是支持融资性担保机构加大对科技企业的信用增进，提高融资性担保机构服务能力；十三是充分运用差别存款准备金动态调整机制，引导地方法人金融机构加大对科技企业的信贷投入；十四是积极稳妥推动信贷资产证券化试点，鼓励金融机构将通过信贷资产证券化业务腾挪出的信贷资金支持科技企业发展。这十四个方面措施的进一步具体落实将大大推进我国科技信贷的发展。

二、上海市层面的制度建设

上海市市委书记韩正同志曾指出："上海发展的关键是经济转型和结构调整，发展难点则在于中小企业融资，特别是科技型企业融资更难。"为解决科技型中小企业的融资难问题，2013 年以来，上海市政府出台了一系列政策措施。

2013 年 8 月，上海市政府印发了《关于贯彻落实〈国务院办公厅关于金融支持经济结构调整和转型升级的指导意见〉的实施方案》，规定了 42

条具体工作措施。为贯彻落实这些措施，进一步鼓励、引导商业银行不断加大对科技型中小企业的信贷投放力度，2013 年 10 月，经上海市政府批准同意，上海市财政局、上海市金融办、上海市科委、上海银监局联合出台了《上海市关于调整完善科技企业和小型微型企业信贷风险补偿办法有关问题的通知》（沪财企［2013］101 号），调整完善上海市科技企业信贷风险补偿办法，其主要内容有以下三个方面：

一是将上海市财政局、市金融办、市科委印发的《上海市科技型中小企业信贷风险补偿暂行办法》（沪财企［2012］24 号）规定的信贷风险补偿政策执行期，统一延长至 2015 年 12 月 31 日（年度不良贷款处理净损失统计时间和政策有效期统一延长至 2017 年 12 月 31 日）；对上海市各商业银行 2011 年至 2015 年内，在上海张江高新技术产业开发区、上海紫竹国家高新技术产业开发区、上海杨浦国家创新型试点城区等三个区域内的科技型中小企业贷款发生超过限率以上部分的不良贷款净损失实施风险补偿。

二是将“科技信贷风险补偿办法”的准入门槛调整为 1.5%，即对各商业银行当年度申报的试点贷款品种不良贷款率超过 1.5% 以上部分不良贷款处置所发生的实际净损失，在相关商业银行实施尽职追偿的前提下，由市和区县两级政府实施风险补偿，补偿资金由市和区县两级政府按照 35：65 的比例承担。在具体补偿比例上，对商业银行不良贷款率 1.5%—3% 部分的不良贷款净损失，补偿 20%；对不良贷款率 3% 以上部分的不良贷款净损失，补偿 50%。同时，对科技型中小企业信贷和小型微型企业信贷不良贷款率 4% 以上部分不再给予补偿。

三是扩大试点品种。为进一步调动上海市商业银行的积极性，逐步提高商业银行对科技企业贷款不良率的容忍度，信贷风险补偿仍按照“分步、渐进”的办法，由商业银行先行选取若干个针对科技型中小企业特点的、具有一定总量规模的信贷品种参与信贷风险补偿试点。尚未试点的商业银行仍可向上海市金融办、市财政局办理开展信贷风险补偿试点申请，明确试点贷款品种。已参与试点的商业银行，可根据前期试点情况，调整和补充参与试点的贷款品种，进一步提高贷款风险补偿的覆盖面。

2014 年 5 月，上海市财政局和上海金融办联合出台了《上海市商业性融资担保机构担保代偿损失风险补偿办法》。其中规定担保对象属上海张江高新技术产业开发区、上海紫竹国家高新技术产业开发区、上海杨浦

国家创新型试点城区等区域内的科技型中小企业、高新技术企业，而其担保机构当年新增中小企业担保业务额（或年末担保余额）达到净资产的3—5倍（不含5倍），且其在已取得的中央财政和地方财政各类融资担保专项补助后，仍不足以弥补代偿损失的，补偿比例可从20%提高至40%；如其担保机构当年新增中小企业担保业务额（或年末担保余额）达到净资产的5倍（含5倍）以上，且其在已取得的中央财政和地方财政各类融资担保专项补助后，仍有较大损失的，则可按其担保项目代偿实际损失的600%进行补偿。

三、区县和科技园区层面的制度建设

为支持银行向科技型中小企业发放贷款，上海的一些区县政府也纷纷出台相关政策。

知识产权质押融资是解决科技型中小企业融资难的一种重要融资方式。为推进该融资方式的发展，近年来上海一些区县政府纷纷出台了一些措施。2013年6月，为深入推进浦东新区“全国知识产权质押融资试点”工作，推动知识产权资本化与产业化，为浦东新区经济和社会发展提供知识产权支撑，浦东新区科委制定出台了《浦东新区知识产权质押融资风险补偿和奖励操作规程》，对在浦东新区开展知识产权质押贷款业务的商业银行给予风险补偿和奖励，所需资金从浦东新区科技发展基金科技金融专项资金中列支。其主要激励措施包括以下两个方面：

一是商业银行所发放贷款符合规定补偿条件的，知识产权质押担保额占贷款总额不低于30%、小于50%的，按贷款总额的50%给予银行2%的风险补偿；知识产权质押担保额占贷款总额不低于50%、小于70%的，按贷款总额的70%给予银行2%的风险补偿；知识产权质押担保额占贷款总额不低于70%的，按贷款总额给予银行2%的风险补偿；同一年度内，知识产权质押担保额每达到5亿元，另给予银行500万元的奖励。

二是鼓励商业银行利用浦东新区政府提供的风险补偿和奖励资金建立开展知识产权质押融资工作的内部激励机制，对相关业务人员按开展知识产权质押贷款业务的贡献程度，给予一定奖励。为提高审贷效率，鼓励银

行引入“过桥担保”模式，在完成知识产权质押登记前，由担保机构承担相应贷款风险，银行完成审批即可放贷，完成质押登记即解除担保责任。

除浦东新区外，作为上海科技型中小企业比较集中的闵行区，在原来试点的基础上也正式制定了《闵行区知识产权质押融资管理办法》，对知识产权质押融资相关方给予以下四个方面的政策扶持：

一是贷款贴息。企业正常还本付息后，按银行基准利率30%给予贴息。

二是费用补贴。银行等融资服务机构发放贷款后，企业在知识产权质押融资过程中发生的登记费、保险费、担保费，按实际支出费用给予全额补贴；所发生的评估费，按实际支出费用的50%给予补贴。

三是直接出质补贴和奖励。对直接接受企业知识产权质押而放贷的银行等融资服务机构，按照贷款额度的2.5%给予奖励；企业正常还本付息后，按银行基准利率给予全额补贴。

四是其他奖励。对参与担保的社会中介担保公司，按照贷款额度的3.5%给予奖励；企业正常还本付息后，对参与分担风险、知识产权资产评估业绩优秀的资产评估公司，按照评估费的25%给予奖励。

为鼓励区内知识产权质押贷款的发展，徐汇区政府对中国银行等合作银行按照知识产权质押融资额1%给予业务费用扶持，对正常还款企业除了给予财政贴息外，还针对知识产权评估费、登记费等质押融资中间费用给予50%补贴；对担保机构（中投保除外）按照其承保的知识产权质押融资额给予3%的补贴；并给予担保机构和贷款银行适当的奖励，以吸引更多银行、担保公司和企业投身知识产权质押融资业务。

作为首批“国家创新型城市（区）”、科技金融首批试点地区的核心承载区及上海国际金融中心科技金融功能区，杨浦区在支持科技信贷方面一直走在全市的前列。2014年5月出台的《杨浦区关于促进产业发展的若干政策意见》中对科技信贷规定了贴费政策和贴息政策。在贴费政策中，对“两个优先”企业单笔不超过1000万元的贷款担保业务，年担保费率超1%以上部分，按实给予最高2%年担保费率补贴。在贴息政策中，鼓励“两个优先”企业通过知识产权质押融资、股权质押融资、履约保证保险贷款、发行中小企业债券、票据、信托等新型融资产品和金融工具开展融资，经认定后对其所承担的社会筹资利息给予补贴，补贴标准为银行基准利率的

20%，在一个年度内享受贴息金额不超过50万元。

在各级政府支持科技信贷的基础上，一些科技园区也出台了一些政策措施。2014年4月，《上海张江国家自主创新示范区促进科技金融服务和企业融资资助办法（试行）》出台，支持张江示范区内的科技型中小微企业使用多种金融产品获得发展资金，其对科技信贷的主要支持措施如表2－1所示。

表2－1　　张江国家自主创新示范区支持科技信贷的主要措施

资助事项		资助标准和资助方式	申报条件(除项目申请书规定外)
科技融资服务平台	对建立科技金融统计制度和服务数据库并同时取得以下各项绩效的平台给予补贴：受理企业融资申请表（企业贷款申请推荐表）200份以上，组织企业与金融机构对接活动6次以上，向银行推荐的企业获得贷款且贷款余额达到2亿元以上	对单个平台年度最高补贴300万元	平台在上海市张江高新区管委会备案；委托建立的平台有相关资质；平台建立了科技金融统计制度和服务信息数据库；全面达到申报要求的各项绩效（2012年以后新建分园各项绩效指标减半）
科技支行	对分园科技支行为张江示范区科技型中小微企业贷款服务，在上一年度贷款余额达到1亿元以上时给予一次性补贴	对单个科技支行年度最高补贴100万元	张江示范区各分园内的科技支行，获得贷款的企业为张江示范区企业
贷款贴息	对张江示范区企业通过股权质押贷款、贸易融资贷款、信用贷款等方式获得的银行贷款按银行同期利率的一定比例提供贷款贴息	按信用等级BB级至A+级五个档次，从20%至60%（每档增加10%）计算贴息额。单个企业年度最高贴息100万元	实际贷款期限在6个月以上并按期还本付息；贷款利率上浮幅度不超过银行同期基准利率的20%。企业信用等级可采用其在开户银行或专业信用评估机构评定的信用等级

资料来源：宝山科技网，http：//bskw. baoshan. sh. cn/bskw/zjzc/。

第二节　科技信贷担保机构

一、上海科技担保机构发展情况概览

中小微企业，特别是科技型中小微企业的生存、发展关系到一个国家和地区经济发展的兴衰，积极拓展科技型中小微企业的融资渠道，不仅有利于促进经济增长、增加就业和保障税收，对于提高国家技术创新、推动经济转型也有重要意义。

科技担保是指面向科技型中小企业、高新技术产业项目开展政策性、商业性贷款担保服务的金融中介行为。目前各国已将建立中小企业信用体系、发展科技担保行业作为扶植科技型中小企业的重要方法和手段。面对国内金融市场的功能性缺陷，中小微企业融资渠道单一，发展科技型担保行业已引起相关部门的进一步重视。

（一）现有科技担保机构的主要类型

目前我国对于科技担保机构还没有明确的定义，科技型中小企业的担保依托于一般的信用担保体系。目前担保机构主要有 3 种类型：（1）政策性担保机构，指一般由政府出资，同时吸收部分社会资金成立的中小企业担保信用机构；（2）由中小企业自发组建的互助性担保机构，主要以团体组织形式存在，体现在自出资金、自担风险，如信用担保协会；（3）商业性担保机构，一般是以企业或社会个人为股东出资组建的有限责任公司或者股份有限公司，基本上以盈利为目的。目前上海市服务于科技型中小企业的担保公司以政策性担保机构为主体，多种担保机构共同发展。

（二）科技担保行业的发展历程

上海市担保行业的发展至今已有 10 多年历史，大体经历了三个阶段，即 2000 年前的萌芽起步阶段，2001—2004 年的快速发展阶段，和 2004 年后的逐步完善阶段。其中科技担保作为一种新兴的融资渠道，规模不断壮大，

拓展了科技园区科技型企业的融资渠道。截至2010年底，上海市注册的各类担保机构共84家，注册资本总额146亿元。科技担保企业在政府扶持下迅速发展，科技担保行业发展缓解了科技型企业资金紧张的局面，促进了科技型企业的发展。

（三）科技担保行业存在的问题

目前国内承担科技担保业务的机构多以各地市科技局联合财政部门、高新区等共同出资成立，上海市各区县也相继成立了不同性质的科技担保机构，但大部分机构的实际担保能力有限，呈现出“小、少、散、弱”的特点，无法满足科技型中小微企业的融资需求，主要问题表现在以下几个方面：

第一，担保企业发展状况参差不齐。由于担保行业门槛并不高，每年都有一批民营小担保机构打着服务于各类企业的口号成立，但由于经营不善、资金周转不力，许多小担保机构随之又迅速倒闭；有些担保机构甚至存在恶性竞争、信用低下的现象。2012年末，监管层实施新的监管规定后，一些公司业务不规范，不符合监管规定的担保企业经营一度困难。银行对担保公司的授信停止，很多担保公司的业务量已经很少，经营欠佳的中小担保公司也存在主动压缩业务规模的现象，更有一些担保公司在经营困难之下不得不减资和转让持有股份。

一些大型的国有担保公司的局面和小型担保公司的情况却截然相反。大型的担保公司不断地获得授信支持。这样一来，便造成担保公司两级分化的加剧，强者越强，弱者越弱，实力弱的担保公司很快淘汰出局，引发行业洗牌。

在严峻的行业形势面前，担保行业开始尝试业务转型。不少担保公司转型走向融资业务和基金业务。原来一些小的担保公司，目光瞄准了网络借贷。但是网络借贷行业近期也变得不景气，令不少担保企业望而却步。业内专家指出，担保公司应找到自己适合的转型模式才能更好地适应市场需求。

第二，资金不足，担保机构规模小。目前上海市科技型担保机构的资本金来源以各级政府的财政资金和资产划入为主，但这些资金的注入多是一次性的，缺乏后续资金及补偿机制，加之科技型担保机构收取的担保费

率很低，完全依靠担保收入难以维持公司的持续发展；同时根据银监会等部门的规定，担保机构在开展业务时要提取赔偿准备金和未到期责任准备金，使之原本就不多的资本金捉襟见肘，无力给更多的科技型中小微企业提供担保。截至2013年上半年，上海共有持有许可证的融资性担保公司72家，但还能正常经营的只剩30家左右，即只占融资性担保公司总体的四成。不包括已经核销掉的坏账，不良率飙升超过11%，担保余额则骤降18%。

第三，担保物流转渠道不通畅，科技担保项目很难落地。科技担保机构在为科技型中小企业提供担保时，一般要求企业将其拥有的专利等知识作为担保物质押给担保机构，但如何正确评估各类复杂的技术在企业市场转化中的前景存在困难；加之国内针对专利技术的技术交易市场不完善，债权实现需要专业的中介机构、专业的人才等，否则一旦出现违约贷款，担保机构所持有的专利很有可能不能顺利变现来补偿担保损失，从而使得科技担保项目很难落地实施。

第四，政府对科技担保的扶持不够。目前政府关于促进科技企业融资的政策仍然不够完善，并且其对象偏重于发展已经较为成熟的科技企业。对于那些具有发展潜力的初创期科技企业的扶持政策少之又少。2009年，杭州市科技局创新性地提出了"天使担保"，在国内首次将政府引入了科技担保的新模式。2012年2月，无锡市出台了《关于加强与江苏省再担保公司合作推进科技金融加快发展的意见》，对科技企业的担保业务实行了一定程度的优惠，但并未从担保公司的角度提出针对担保公司的优惠政策。目前，上海市在政策上对担保公司的扶持力度还是较为薄弱的。

即便业内存在诸多问题，担保机构仍在积极探索，大胆创新。第二、第三、第四部分将着重介绍本市三家科技型担保机构的改革探索。

二、上海浦东科技融资担保有限公司

2013年1月19日，上海浦东科技融资担保有限公司在浦东张江正式挂牌成立，这是上海第一家专门为科技中小微企业提供信用融资担保的公司，标志着新区推进"综改"项下科技金融改革事项取得阶段性成果。

浦东科技融资担保有限公司成立注册资本2亿元，以特色产品和特色额度为功能导向，针对科技小微企业"短、小、频、急"的融资需求，提供

信用担保、天使投资、企业上市辅导服务、融资咨询等全流程、定制化、创新型的融资服务。它由浦东新区科委政策性担保平台转制设立。该平台从 2006 年开始实施知识产权质押融资担保和科技企业信用互助担保两项政策性担保业务，先后为 400 家（次）科技企业提供贷款担保近 9 亿元，户均 200 万元，其中有 67% 的企业通过支持获得银行首贷，有 80% 的企业得到了坚实发展，部分企业成长为明星企业。如中海科技、康耐特、摩恩电气三家企业在国内上市；微创医疗、药明康德、展讯通讯三家企业在国外上市；宇昂化工、中加飞机、申石软件等数十家企业先后在“新三板”或上海股权交易中心成功挂牌；纳克润滑、坤孚集团、百金化工等数十家企业成长为行业细分领域龙头。该平台先后获得国家知识产权局“全国知识产权试点城区”主要实施机构，市科委“科技金融工作服务站”主要依托单位等荣誉称号。

成立一年来，其服务特色鲜明，主要包括以下 4 方面：（1）专属性。专营科技小微企业融资担保。至今已做 130 笔业务，担保平均额 300 万元以下。（2）以信用、类信用担保为主，客户集中于“轻资产”性质的小微企业。（3）服务手段丰富。从为企业解读科技政策到辅导企业上市，积极帮助企业做好投融资对接工作。（4）与优质券商合作，帮助企业做好新三板和股交中心的上市辅导工作。

三、中投保上海分公司

按照 1998 年中投保公司向国务院提出的设想，即在我国有计划、有目标、有步骤地建立“以国家产业政策为导向，以政府财力为支撑，以专业担保机构为运作主体，以商业银行网络为基础，以中小企业为服务对象的，能够有效控制、分散和风险的贷款信用担保体系”的思路，在上海市政府的大力支持下，1999 年 5 月，中国经济技术投资担保有限公司上海分公司由中国经济技术投资担保有限公司与上海市财政局正式合作成立。

上海分公司以政府产业政策为导向，通过为具有发展潜力的小企业提供信用保证，协助其获得银行贷款。优先支持符合国家、本市产业政策和环境保护要求的项目；节约能源、降低物耗、提高产品质量、发展市场短缺的名优新产品项目；扩大出口创汇、引进技术消化吸收及创新替代进口的项目；吸纳劳动力多、创造就业机会和增加税收收入的项目。重点支持市政府明确的科技型企业、大量吸纳劳动力就业的都市型工业企业和面向社区的小企业。

上海分公司目前经营的贷款担保包括流动资金信用担保、设备租赁担保、农村龙头企业担保、“一业特强”融资担保、境外工程履约担保等。上海分公司经过有益的探索，逐步构筑了信用担保的三个网络、形成了两个有效机制和一个风险防范体系。即与上海银行、工商银行、建设银行、农村信用社联社等10多家商业银行250多家营业网点，建立贷款担保协作网络；由市、区（县）两级财政通过预算分别安排资金，建立担保资金网络；由专业担保机构会同有关部门、社会团体和中介机构等建立贷款担保需求信息网络；形成了市与区（县）担保资金的配套机制；担保资金与银行贷款1∶5的放大机制；构成了担保贷款引进企业资信、财会信用、税收信用、经营者个人无限连带责任相结合的风险防范体系，从源头上控制风险。

四、上海东虹桥融资担保股份有限公司

2012年12月20日，上海第一家有国资入股的民营担保公司上海东虹桥融资担保股份有限公司开业。该公司由快鹿集团发起设立，为上海最大的民营担保公司之一。东虹桥担保的股东包括杉杉控股、复兴集团、鹏欣集团、九城置业、中路集团、磐石投资和企业家陈晓等。此外，长宁国有资产经营投资有限公司、长宁建设工程总承包有限责任公司也同期入股，这使得东虹桥担保成为上海第一家有国资入股的民营担保公司。

东虹桥担保引入了经验丰富的风控人才，制定了完善的风控制度。风控部门核心团队来自国有银行上海市分行行长、分行副行长、支行行长、支行主管信贷审批的总经理。自筹备以来，该公司拟定了近10项风控制度，每一个业务环节都有对应的操作规范，如在防控风险方面，建立并落实业务操作流程，控制业务风险；发掘长期客户，应对担保市场容量风险；提高自身软实力，应对竞争风险；足额计提风险准备金，应对市场风险。

公司成立的目的是弥补广大中小企业无抵押、无担保的软肋和短板，通过担保让更多中小微企业提升信用等级，使其获得银行贷款。

东虹桥融资担保公司的服务对象重点锁定产业园区的高新技术企业，

探索并开展知识产权质押和股权质押相结合的担保方式，对其提供担保。具体目标包括虹桥临空经济园区、“云计算创新示范智慧科技园区”、“长宁创意园区”、“上海多媒体产业园”以及长宁区和上海交通大学、东华大学、上海工程技术大学等合作的国家大学科技园区等。

该公司也为长宁区政府政策扶持的中小企业服务。长宁区出台了《进一步加快支持和服务中小企业融资的实施意见》，对税务登记在长宁区，通过区域性担保公司获得信贷资金的中小企业给予担保费返还。对这类企业提供融资担保服务，既可以加速其担保业务的拓展，也能让这些优质企业获得银行贷款。

此外，东虹桥融资担保公司还发挥协同效应，充分利用其兄弟公司——东虹桥小额贷款公司的客户资源和信息，从其客户群中筛选出一些发展较快，通过担保符合银行信贷要求的中小企业，为其提供融资担保服务。

东虹桥担保的一半业务将是创新业务。东虹桥担保与市再担保、券商、信托机构合作，批量开展企业债、私募债和信托产品的担保业务；与政府、科委、协会、园区等组织机构合作，形成平台化、规模化业务，包括与上海市科委、国家开发银行三方合作成立“资金池”，对上海的高新技术企业和小巨人企业进行帮扶，其中，科委将贴息20%，如有坏账可以由“资金池”优先代偿。另外，东虹桥担保还将开展履约保函业务、诉讼保全保函业务，这些新业务都有市场潜力大、资本占用少的特点。

第三节　商业银行科技支行

一、上海市科技支行发展情况概览

科技支行是隶属于商业银行的主营科技型中小企业贷款的专营支行或分行，其性质是银行的分支机构，是非独立法人机构。为了增强这些科技支行独立性，设立科技支行的总行往往对科技支行采取“一行两制”政策，给予科技支行特殊的政策，如提高信贷审批权限、提高不良贷款容忍率等

等。近年来，为满足科技型中小企业的融资需求，针对科技型企业的特点，国内一些银行开始推出科技支行，以专营网点的形式，为科技型中小企业提供服务。2007 年“两会”期间，全国工商联在政协提案中提出，为解决制约科技型中小企业发展的融资难问题，建议设立专门为科技型中小企业服务的科技银行，以满足企业融资需求为中心工作，提供股权和债权相结合的多种融资服务。2009 年 1 月成都设立两家科技支行——成都银行科技支行和建设银行科技支行，确定了商业银行服务科技金融的新模式，被认为是国内最早正式成立的科技支行。2012 年末，全国已有科技支行 100 余家①。

为鼓励各商业银行在上海设立科技支行，2009 年上海市金融办、科委等八个部门联合出台的《关于本市加大对科技型中小企业金融服务和支持实施意见》提出，支持银行在张江高科技园区、漕河泾新兴技术开发区、紫竹高新技术产业园区、杨浦知识创新区等国家级、市级重点高新技术开发区和科技园区开设分支机构，为科技型中小企业提供信贷融资、现金流管理、财务顾问等银行服务；银行可培育专业的科技型中小企业信贷分支机构，或设立专门针对科技型中小企业的事业部或中心，不断开发适合科技型中小企业特点的金融服务产品。2011 年 12 月，《上海市人民政府关于推动科技金融服务创新，促进科技企业发展的实施意见》出台，再次强调上海市政府与上海银监局一起，大力推动商业银行在上海张江高新技术产业开发区、上海紫竹国家高新技术产业开发区、上海杨浦国家创新型试点城区等区域内设立科技金融支行，切实推进商业银行从人员配备、授信、考核、风险容忍度等方面建立起区别于传统业务的服务机制和管理体制，创新金融服务模式和金融产品，切实支持科技型中小企业发展。2012 年 7 月，沪上首家科技支行——上海农商银行张江科技支行成立。此后，交通银行、浦发银行、上海银行、中国工商银行、中国银行等纷纷在上海建立了科技型支行。截止到 2014 年 10 月，上海共有科技型支行 34 家②，其中大部分科技型支行都选址在高新科技园区，从地缘上与科技型企业相毗邻。

① 杜琰琰、束兰根：“从科技支行到科技银行——基于文献研究和实地调研”，《科技进步与对策》2014 年第 9 期。

② 数据来源，东方网，http：//www. eastday. com/。

如上海的张江科技园区就吸引了多家科技支行的入驻。本节将对其中具有代表性的交通银行、浦发银行和上海农商银行近年来在上海市发展科技支行的情况加以介绍。

二、交通银行科技支行发展情况分析

近年来，为服务科技型中小企业，交通银行上海分行采取“试验基地+服务中心+科技支行”模式。交通银行科技金融创新试验基地就落户于张江园区。该基地由交总行特批，以缩短审批层级，创新产品一经开发，可以即时投入市场。而交行的科技金融服务中心则负责组织协调对科技型小企业客户的新产品开发、授信审查审批及风险防控等，同时还对科技金融试点支行实施管理职能，配套激励措施，实现资源更有效地运用。同时，交通银行上海分行分别在张江高科技园区、漕河泾新兴技术开发区、市北高新区、杨浦科创中心、闵行紫竹园区等成立科技金融试点支行，重点服务区域内的中小科技型企业。对于科技支行，交通银行上海分行采用独特的考核激励模式，对科技支行客户经理的考核主要以服务的客户数为指标，而不像过去那样看存贷款规模。这些科技支行作为上海分行直属支行，由分行直接管理。在运营模式上，将通过派驻分行首席审查员，将信贷的全流程整合到科技支行，并授予它一定的审批权限，为小企业提供授信审查审批“一站式”服务。在交通银行上海分行的统一领导下，处于不同区域的科技型支行根据当地特点形成了张江高科、漕河泾园区和杨浦科创中心三种不同的业务模式。

（一）张江高科模式

交通银行上海分行在张江的科技型支行与张江高科技园区、上海市住房置业担保有限公司合作推出了“张江企业易贷通”，针对注册或经营于张江高科技园区的企业，由园区推荐，交通银行为企业提供不超过500万元的授信额度，由上海市住房置业担保有限公司担保。其中交通银行提供15%的信用额度。“张江企业易贷通”具有四个方面的优势：一是依靠园区的资源，由张江园区推荐企业，有效改善银行、企业、担保公司信息的不对称状态；二是引入多方风险共担的合作机制，财政、园区提供部分资金作为损账补贴，合理分散风险；三是遵循收益覆盖风险的原则，通过科学确定成员风险敞口等创新，有效降低小企业授信的准入门槛；四是简化了授信申报资料，优化了审批流程，为“易贷通”成员企业提供了快速的服务通道，最大限度满足园区内小企业融资需求。

除“张江企业易贷通”外，近年来交通银行聚焦以“新产业、新技术、新业态、新模式”为代表的“四新”企业，不断创新金融产品和金融服务支持浦东新区科技型中小企业发展。近年来，金桥园区和浦东新区金融服务局、交通银行、创业接力担保共同发起科技型集合信托业务项目，至2014 年 5 月成功发款 1 亿元至由园区推荐的企业。2014 年 8 月 28 日，交通银行与浦东新区政府正式签署了“浦东金融 · 交银接力中小微企业（中期）融资创新 1 号”合作协议。协议规定，该项目将由交通银行上海市分行、交银国信、创业接力担保、中新力合等四家机构通过信托发行方式，以批量化模式解决中小微企业成长过程中的中长期融资需求。“创新 1 号”项目首次采用了政府牵头组织、银保风险共担的方式，聚焦了浦东一批轻资产、高增长、处于自主核心技术产业化和市场化关键阶段的中小微企业。

（二）漕河泾园区模式

交通银行上海分行在漕河泾新兴技术开发区的科技支行与漕河泾高科技园区、上海市徐汇区政府合作推出“漕河泾开发区科技型中小企业信托平台”，由开发区和徐汇区政府共同出资作为风险补偿，形成“风险共担”的银政合作新模式，为众多处于初创期的科技型小微企业解决融资难题。在该模式中，首先由园区推荐企业，向银行提供企业财务状况以外的其他信息，使银行能全面了解小微企业工商信息、税务信息以及在园区内的信用和信誉等，为银行授信决策提供重要依据，帮助小微企业满足银行融资的“准入条件”。其次是通过园区提供科技型小微企业风险补偿资金，使授信风险得到有效分摊，降低银行融资的“担保门槛”。同时，交通银行为获批授信的平台推荐企业提供相对优惠的贷款资金，企业正常归还贷款后还可以获得财政的利息补贴。通过“银行让一部分、政府贴一部分”的方式，切实降低小微企业的融资成本。

2013 年 7 月，“漕河泾开发区科技型中小企业信托平台”已进行到第四期。第四期由徐汇区政府、漕河泾开发区总公司共同出资人民币 6000 万元

作为运营资金，通过徐汇区政府的引导，发挥漕河泾开发区高科技产业集聚的品牌效应，交通银行充分放大政府引导资金的杠杆作用，配套 1.8 亿元的信贷规模为科技型小企业发放贷款。融资平台池内企业贷款风险敞口由徐汇区政府、漕河泾开发区、交通银行实行风险共担。在第四期合作项目中，交通银行承担的风险敞口已从最初的 50% 增加到 67%。另外，徐汇区政府和漕河泾开发区双方每年各自出资人民币 150 万元，即每年 300 万元作为融资平台贷款专项贴息扶持资金，以降低开发区受贷企业的贷款成本，推动科技型中小企业快速发展。

截止到 2013 年 7 月，“漕河泾开发区科技型中小企业信托平台”已受理了包括互联网、电子通信、生物医药、航天科技、电力科技、新材料等多个符合政策导向、国家重点扶持行业的近百家企业的贷款申请，累计投放贷款 2.66 亿元，为园区内 50 余家小微企业解决了短期资金周转的燃眉之急，创造了良好的社会效益。

（三）杨浦科创中心模式

交通银行上海分行在杨浦区的科技支行与杨浦区金融办、杨浦区科创中心合作推出“银园保险”，该产品引入了保险机制，银行、园区、担保、保险多力合一、优势互补，建立了多元化的风险分担机制，大大化解了科技型中小企业的融资风险，较好地解决了融资信息不对称的难题。“银园保险”通过发挥政府在资源整合中的主导地位，建立起园区推荐项目并参与部分贷后管理、政府担保增信、保险公司保险、银行放贷的四方风险共担模式。风险分担比例为：银行 20%（信用）、杨浦区创业中心 30%、杨浦区担保中心 30%、保险公司 20%。主要亮点体现在两方面：一是如发生风险，银行一改债权优先的惯例，转变为代为追偿，追偿所得部分由各方按原定的风险比例平行清算，承担相应责任，从而保障了参与各方权益；二是贷款成本得到有效控制，保险公司只按 20% 的风险比例收取 2.2% 的履约保证保费。

三、浦发银行科技支行发展情况分析

作为一家扎根于上海本地、网点遍布全国的股份制商业银行，浦发银

行持续聚焦科技金融，着眼于科技型企业的成长培育，将科技金融作为公司客户经营的重要抓手和公司业务转型发展的突破口。为实现科技金融服务的专业化，浦发银行从体制机制、业务流程、资源配置、授信审批、考核激励等方面构建了科技金融专属服务体系。总行设立专业部门负责科技金融管理，分行搭建以科技支行、科技金融服务中心、科技特色支行等为特色的立体化、多层次服务网络。截至 2014 年 4 月末，浦发银行已服务科技相关企业客户超过 5000 户，贷款余额突破 1000 亿元；千户工程入库企业 1500 户；累计培育各板上市企业超过 200 家，科技金融经营已初见成效。

在总行的统一领导下，近年来浦发银行上海分行在上海市张江国家创新示范区规划范围的核心地带设立了两家科技支行，分别配置了专门从事科技中小业务的科技中小专营团队，主要负责一线客户营销拓展及维护、业务具体操作落实等工作。由于科技支行在科技业务上的专注性和专业度，在成熟期客户开拓、成长期客户培育、初创期客户扶持上都走在分行前列。下面就以创智天地支行为例对浦发银行科技支行发展情况加以介绍。

一是客户管理模式创新。创智支行对科技型中小企业进行全程式的跟踪辅导，不仅为相关企业提供基本的贷款服务，还提供财务咨询、保函，以及转介绍风投机构及战略投资者等增值服务，在有效深化客户关系管理内涵的同时，也提高了科技型中小企业（特别是初创期管理水平较低的企业）的持续稳定运营能力，提升了客户关系管理的层次。

二是贷款质押物范围和产品创新。由于科技型中小企业具有显著的轻资产特征，创智支行因此将账单和应收账款等债权纳入了质押范畴，有效拓展了贷款质押物范围，扩大了贷款支持科技型中小企业的覆盖面，同时对符合条件的抵押物估值给予最高倍的循环授信额度支持，极大地满足了科技型中小企业短期流动资金的需求；作为主要参与人，创智支行先后参与了杨浦区“银园保”、“贷投通”和“股权换贷款”等产品的创新，进一步强化了对贷款管理的主动权。2014 年初，“新三板”挂牌企业——上海新眼光医疗器械股份有限公司与浦发银行创智天地支行达成纯股权质押融资协议，通过 160 万股股权质押，获得银行贷款 300 万元。此次融资也因此成为上海市首单“新三板”企业股权质押融资案例。

三是差异化考核机制创新。创智支行争取到了浦发总行在支持科技型

中小企业贷款发放差异化监管方面的特殊照顾，如不实行存款额度考核、对贷款实施额度动态控制、总行头寸支持、扁平化的审贷流程安排等机制。这些措施有效放松了对支行业务创新的约束，提高了创新服务的积极性，提升了支行对科技中小企业的贷款审批、发放效率。①

四、上海农商银行科技支行发展情况分析

2009 年 7 月，上海农商银行按照银监会《关于银行建立小企业金融服务专营机构的指导意见》和《进一步加大科技型中小企业信贷支持的指导意见》，专门设立了科技型中小企业融资中心，着力服务于科技型和其他创新型中小企业及私募股权投资企业，提升金融服务的专业化水平。2012 年 7 月，上海农商银行张江科技支行成立。张江科技支行从体制上直属于总行，立足张江，辐射全市，聚焦创新型科技企业，搭建一个符合企业客户需求的科技金融服务平台，为各类型和各发展阶段的科技型企业成长提供全方位金融支撑。在经营管理中，上海农商银行对张江科技支行主要采取了以下三方面措施：

一是实施差异化的风险管理政策，开展精细化管理。即在统一、规范科技型企业的认定和统计的基础上，制定区别于其他行业的科技型企业信贷业务风险管理政策，适当提高科技型企业的贷款不良率风险容忍度，并综合考虑成本、风险和盈利目标等因素，制定科技型企业贷款利率风险定价指引。

二是建立科技型企业贷款专业审批团队。由这些专业团队对科技型企业未上市公司股权质押贷款、订单贷款和知识产权质押贷款等创新信贷业务开展集中审批，优化审批流程，提高审批效率。

三是进行专业培训，强化专项考核。除加强内部的互动联动机制外，上海农商银行特别邀请政府职能部门及外部专家，对科技金融专职人员开展业务和政策培训，提升业务人员的行业分析、营销和风险控制能力。

---

① 《上海杨浦区科技金融结合战略研究》课题组："上海杨浦区科技金融创新实践"，《高科技与产业化》2014 年第 3 期。

在这些政策的支持下，上海农商银行张江科技支行成立后推出了10种专门针对科技企业的融资产品。这些产品覆盖了科技企业从初创、成长至成熟的整个发展过程，充分满足企业在不同发展阶段的特色融资需求，例如，针对初创期的“科贷通”、“积数贷”等，针对成长期的“订单贷”、“股权贷”等，针对成熟期的“鑫用贷”等。此外，张江科技支行与浦东新区国际人才城、上海市科技创业中心联合推出了针对科技型企业的信用贷款产品“鑫用贷”，还与上海接力基金、创业接力担保等签署了“投贷宝”合作协议等一揽子合作协议，全方位服务于科技型企业。以张江园区内某高科技企业为例，虽然其具有较为先进的技术手段，但产品尚处于研发阶段，大量的精力和资金投入研发上，未形成大规模销售。该企业为轻资产企业，不具备不动产抵押担保的条件，也无力提供其他任何贷款担保方式，银行按照传统模式很难介入。上海农商银行张江科技支行认真分析了该企业情况以及同类产品市场情况，在充分论证后认同了企业的经营发展思路，对此，上海农商银行张江科技支行说服了该企业的房屋出租方为该企业提供保证担保，最终企业获得授信500万元。2011年该公司销售收入仅为74万元，获得授信后，2012年销售收入迅速增长，达到524万元。

2013年，上海农商银行以张江科技支行为窗口，构建并持续推进“1+X”科技金融服务体系，每年确保30亿元信贷额度专项支持科技型企业融资，推出了中小企业OTC股权质押授信、“鑫才贷”等产品，确保科技金融持续增长。所谓中小企业OTC股权质押授信，允许借款人以自有或第三人合法持有并符合规定的OTC股权作质押担保，以此为主要担保方式向上海农商银行申请各类表内外短期授信业务。该业务的推出顺应了我国逐步建立多层次资本市场体系的趋势，依托以上海股权托管交易中心为载体的非上市公司股权托管和转让交易市场，为中小企业开辟了新的融资渠道。

截至2013年末，上海农商银行科技企业贷款余额140.53亿元，比年初增加31亿元，科技型企业贷款户数达到779户。[①]

---

① 《上海农商银行2013年社会责任报告》。

第四节　科技小额贷款公司

一、上海小额贷款公司的发展现状

2008年11月上海第一批8家小额贷款公司成立。截至2013年3月末，上海市已有106家小额贷款公司获批设立，注册资本总额达140亿元，已有97家小额贷款公司开业，累计放贷20781户35474笔788.74亿元，贷款余额6178户6986笔156.92亿元。贷款对象方面，面向"三农"贷款余额25.54亿元，面向小微企业贷款余额83.70亿元，两者合计占比69.61%。贷款期限方面，3个月（含）以下的贷款余额19.39亿元，占比12.36%；3个月至6个月（含）的贷款余额40.73亿元，占比25.96%；6个月至1年（含）的贷款余额93.18亿元，占比59.38%；1年以上的贷款余额3.63亿元，占比2.31%。全市小额贷款公司平均贷款期限8.24个月，贷款平均年利率17.45%，环比略降。贷款类型方面，以保证和抵押贷款为主，分别占贷款余额总量的51.28%和32.42%，信用贷款占2.56%。银行融资方面，有56家小额贷款公司从9家银行融入资金余额共30.08亿元。其中，国家开发银行、中信银行、上海银行支持力度居全上海市前列，合计占融资总额的67.86%。[①]

上海市小额贷款公司继续积极服务小微、创业、科技、文化创意类企业，累计向5268家小微企业放贷达259.69亿元，向990家创业企业放贷达34.71亿元，向1028家科技企业放贷达61.44亿元，向130家文化创意企业放贷达6.52亿元。截至2013年3月末，上海市小额贷款公司逾期贷款240笔共计5.37亿元，占贷款余额的3.42%，环比略升，总体风险可控（见表2-2）。

① 数据来源：上海市金融办地方金融管理处。

表 2-2　　2014 年上海市小额贷款公司贷款统计情况表

项目名称 \ 时间	2014 年 9 月	2013 年 9 月	增幅（%）
贷款余额（亿元）	198.74	175.91	12.98
放贷企业数（家）	11407	7672	48.68
其中：1. 小企业贷款余额（亿元）	108.3	97.12	11.51
小企业贷款余额占总贷款余额比例（%）	54.49	55.21	-1.30
小企业贷款户数（家）	3937	2930	34.37
2. 科技企业贷款余额（亿元）	13.63	13.47	1.19
科技企业贷款余额占总贷款余额比例（%）	6.86	7.66	-10.44
科技企业累计贷款金额（亿元）	94.81	75.36	25.81
科技企业累计贷款户数（家）	1426	1212	17.66
已开业小额贷款公司数（家）	116	108	7.41

说明：本表统计范围为上海市经审核批准并已开业的小额贷款公司，数据由上海市金融办提供。

由此可见，在与银行错位经营的过程中，小额贷款公司以“小额、分散、灵活、便捷”的运作理念与模式使小额信贷市场的巨大潜力迅速发挥出来，迎合了中小企业以及三农“小额、分散、短期”的资金需求。

（一）上海科技小额贷款公司的优势分析

众所周知，小额贷款公司（以下简称小贷公司）资金来源主要为自有资金，具有较高逐利性和风险容忍度，可以从事银行“不愿做”的放贷业务；外部经营制约相对宽松，对其实行非审慎性监管，可以从事银行“不能做”的放贷业务。因此小贷公司的发展空间和定位主要是填补银行业金融机构服务所无法满足的高风险、高收益业务领域。

在银行以外的各种民间融资机构中，小额贷款公司的利率是最优惠的。实际操作中，小贷公司的放款利率普遍低于民间借贷，国有背景的小贷公司平均利率更低，有些贷款利率不超过 10%，而民营背景的小贷公司平均利率稍高。相对便宜的资金价格成为小额信贷的竞争优势所在。

小额贷款公司经营范围有明显的区域特征，对地方弱势群体融资需求的信息敏感度高，能及时作出反应，有效缓解小企业、农户等弱势群体融资难问题。小额贷款公司担保方式灵活，贷款手续相对简便快捷，客户1—2天就可取得贷款，最长一般不超过5天，金融服务效率明显高于正规银行业机构。

小额贷款公司在发展过程中积累了许多宝贵的经验，科技小额贷款公司也不例外，以张江小贷公司为例。张江小贷公司通过与政府平台、金融机构、信托机构、商业担保公司、张江体系专业孵化公司、中介机构等的合作，开发了多种不同于银行模式、符合中小企业需求的创新产品。①

第一，调动借款企业的有形和无形资源担保贷款。

一是企业订单融资。成立于2008年10月、注册资金200万元的锐合通信技术公司，主营业务是设计无线通信终端解决方案和移动平台。企业发展速度较快，原有资本已不能满足发展的需求。经张江园区孵化器中心推荐，张江小贷公司在详细了解该企业的订单、销售和财务状况及拥有广阔市场前景后，认定这是有成长潜力的高科技企业，先后向锐合通信发放400万元信用贷款，解决了资金短缺的困境。2009年锐合通信实现销售收入4000万元，企业得到了快速发展。

二是企业股权和知识产权质押。众伟生化公司用10年时间自主开发了“生物燃料、生态恢复一体化项目”，在成功进行5吨级小试后显现200万元的资金缺口。张江小贷公司了解情况后以企业法人股权、核心知识产权及实际控制人的个人保证等作为反担保措施，在最短的时间内给予企业200万元贷款授信，以支持其后续研发，目前实验各项数据均已达到国家发改委要求，将在下半年如期进行万吨级的项目开发。

三是以“期权”为担保的投贷联动。春宇供应链管理公司拥有8项知识产权专利，为国内外化工企业提供一站式的供应链外包服务。公司业务快速增加急需8000万元的资金支撑。在获得银行1200万元的综合授信后，仍有6000多万元因缺乏担保增信而无法落实。张江小贷公司对其创新的经营模式全面了解后，根据历史数据为该公司设计了整体融资解决方案：以

① 2010年上海市委研究室：“努力创新金融服务品种 助推科技型企业加快发展”，《调查与研究》第25期。

春宇供应链的股权及实际控制人的个人保证等作为反担保措施，并以优惠价格持股的期权作为担保的风险回报，形成“投保联动”模式。张江集团向浦东新区国资委提出为春宇供应链出具总计不超过6200万元的担保申请，并于近日获得同意。张江集团提供授信担保之后，将委托张江小贷公司对春宇供应链公司进行保后日常监管。

四是企业应收账款融资。维欧医药有限公司是海外留学生创业公司，公司高层管理团队具备世界前10强制药公司累计20年以上的管理运作经验，主营新药临床服务，由于公司资金有限，拖欠医院临床研究费用导致项目不能结题。公司处于初创期，无资产担保，不能获得商业银行的融资。张江小贷公司在查实该公司应收、付账款及与订单合同的对应关系后，给予维欧医药30万元信用贷款，并指定将贷款用于偿付该公司拖欠的医院临床研究费用，取得了医学报告。之后，维欧医药又按照和药厂所签订的合同逐一解决了账款问题。

第二，对政府支持的重大科技项目给予资金贴现。张江盛美半导体公司是归国留学人员创立的高科技研发企业，承接上海市重大科技攻关项目。有两个项目获得市区两级科技基金1000万元的扶持。由于半导体装备行业研发周期长，公司从2005年设立后至今未有成熟产品推向市场。金融危机后公司资金流濒临断裂。张江小贷公司经过充分的贷前调查后，给予其最长6个月、最高500万元的贷款额度，解决了企业在政府支持资金到位前的临时周转需求，使企业的研发和经营得以正常运行。

第三，开拓中间业务。张江小贷公司与专业金融机构合作，创新发行“买断式信贷资产包信托产品”。此举开拓了中间业务产品。该项目由上海张江（集团）有限公司与张江小贷公司牵头，联合上海市再担保公司、张江中小企业信用担保中心、浦发银行等共同参与，率先推出了“张江聚惠1号”和“张江聚惠2号”共7700万元的信托产品。该信托产品借助专业机构，利用社会资源，规模化、批量化解决了张江高科技园区一部分创新型中小企业融资难问题，以推动张江产业集群规划及发展。张江小贷公司作为企业的财务顾问，既帮助客户拓展了融资渠道，也提升了自身服务能力。

（二）上海科技小额贷款公司在发展中遇到的困难

2008年中国银监会、中国人民银行联合发布了《关于小额贷款公司试

点的指导意见》(以下简称《意见》)。随后，各地开始启动小额贷款公司试点工作。受政策等多方面因素制约，小额贷款公司发展中面临一些问题亟待相关政策跟进。科技小额贷款公司作为小贷公司的一个组成部分，在实践中遇到了同样的难题。

一是定位问题。按照《意见》规定“小额贷款公司是由自然人、企业法人与其他社会组织投资设立，不吸收公众存款，经营小额贷款业务的有限责任公司或股份有限公司”，“只贷不存”决定了小额贷款公司并非金融机构，没有金融许可证，只是依照《公司法》经营金融产品的公司。这一要求虽然降低了小额贷款公司的经营风险，但也限制了小额贷款公司作用的发挥，如果不能转制为村镇银行或民营银行，其只能是正规金融的一种补充，只能起到拾遗补阙的作用。

小额贷款公司的业务范围与初创企业的需求并不匹配。《关于本市开展小额贷款公司试点工作的实施办法》规定，同一借款人的贷款余额不得超过小额贷款公司资本净额的5%；50%以上的借款人贷款余额不得超过50万元；小额贷款公司不得向股东及其关联方发放贷款。且绝大多数小额贷款的期限控制在1年以内。这些要求与科技型初创企业的融资需求难以匹配，大多数创新企业在创业初期，产品未定型，市场没打开，盈利模式尚未找到，缺乏合格的抵押担保品，却需要大量长期的资金支持，短期的小额资金杯水车薪。

二是融资问题。小额贷款公司“只贷不存”，其主要资金来源为股东缴纳的资本金、捐赠资金，以及来自不超过两个银行业金融机构的融入资金，并且融入资金不得超过资本净额的50%。因此最大融资杠杆率只有1.5倍，而一般工商企业是3—4倍，融资担保公司是10倍。由于小额贷款公司不是金融机构，按照人民银行再贷款的管理办法，小额贷款公司无法获得人民银行的再贷款，也无法从同业拆借市场上融资。实践中，小额贷款公司的开户银行大都以其不属于金融机构为由不愿为其融资，即使能够融资，多数比照普通工商企业贷款利率执行，还需要固定资产抵押或担保，导致绝大多数小额贷款公司事实上也难以从银行业金融机构获取资金支持。融资和杠杆比率是金融机构获取利润的核心。作为经营金融类业务的“准金融公司”，小额贷款公司的融资和杠杆比率一直是市场关注的热点问题。而目前看来，小额贷款公司融资方式仍然受限颇多，且根据央行2012年9月份公布的贷款余额与注册资本情况，可粗略估计其融入资金占比不到自有资本的20%。而小额贷款公司靠本金贷款则限制了其贷款投放的可持续性。

三是利率问题。小额贷款公司经营需要有固定的场所并任命董事、监事和经理等人员，需要建立健全财务会计制度，需要缴纳各种税费，其运行成本高于民间借贷；由于融入资金的限制，小额贷款公司的贷款规模受限，其成本也高于吸收存款的银行业金融机构，因此小额贷款公司贷款利率高于银行业金融机构利率。按照规定，小额贷款公司贷款利率控制在央行基准利率的0.9—4倍。监测显示，小额贷款公司平均利率高于农村金融机构利率，在与其他金融机构的竞争中不具有任何价格优势。

四是成本问题。小额贷款公司经营成本高，赋税重，影响股东积极性。小贷公司不允许吸收公众存款，但可发放贷款，从事金融业务。按政策规定，小贷公司未被确定为金融机构，无法享有许多给予金融机构的优惠政策。如得不到村镇银行及农村信用社拥有的包括减免营业税等同等的税收支持；在对中小微企业贷款时，不能享有商业银行同等的金融优惠政策；需要缴纳合计约30%左右的营业税和所得税等。这些都无疑给小贷公司的经营带来压力。据统计，主要商业银行的净值收益率为22%左右，长三角一带的小贷公司却只有12%左右，严重影响行业对股东的吸引力。

五是监管问题。《意见》规定，省级政府应明确一个主管部门（金融办或相关机构）负责对小额贷款公司的监督管理，并承担小额贷款公司的风险处置责任。目前，我国银行业金融机构及其业务活动的监督管理机构为中国银监会，小额贷款公司没有取得金融许可证，在法律层面上不是金融机构，不受中国银监会的监管。各区县政府金融办作为政府指定的监管机构，普遍只有1—2名工作人员，难以履行监管职责。市金融办会同工商、公安、当地人民银行、银监局等职能部门组成监管组，负责小额贷款公司的监督管理，这种监管方式也容易形成多头监管或无人监管的局面。

六是前途问题。小额贷款公司发展前景与股东预期相距甚远。鉴于小贷公司试点之初正当金融危机严峻时刻，小企业融资难以及小企业倒闭会引发大规模就业问题，政府部门考虑救急。但股东们的初衷是想通过借道小贷公司，进军金融业。2009年6月，银监会发布《小额贷款公司改制设立村镇银行暂行规定》，明确小贷公司改制为村镇银行的准入条件、改制工作的程序和要求、监督管理要求等。根据规定，小贷公司转制成村镇银行

必须由银行业金融机构作为发起人，小贷公司主发起人企业势必拱手让出第一股东地位。这显然难以接受。

全国人大财经委副主任委员吴晓灵一直呼吁：监管当局应正视小贷机构在金融业的地位，“在小贷公司和小额信贷的发展过程中，最主要的就是小额信贷组织的合法身份问题和为它们开辟资金来源的问题。我想这两个问题是近几年以来制约小贷公司发展的一个最重要因素”。

二、科技小额贷款公司的张江模式

张江小贷是上海2008年成立的第一批8家小额贷款公司之一。成立5年多来，公司非但帮助一批又一批小微企业在张江这片热土上站稳脚跟，谋划发展，且自身也在快速成长中。公司税后利润从2009年的205.03万元跃升至2012年的2763.99万元，与此同时净资本利润率也从2.05%升至8.19%。获得公司贷款的企业数从最初的3家发展到2012年的335家，平均贷款额则从当初的162.5万元，慢慢攀升至现在的283.14万元。2009年小贷公司发放的纯信用贷款32笔，平均贷款额158.23万元，至2012年公司纯信用贷款发放量已达171笔，平均贷款额度仍保持在178万元。在5年多的实践探索中，张江小贷形成了独具特色的贷款模式，能概括为以下三个“一”：

（一）专注一个群体

这个群体指的是园区内的初创型科技企业。张江小贷60%以上的贷款以信用贷款的形式发放，服务对象定位于刚起步的科技企业。公司衡量企业是否具有科技含量的原则是：该企业是否拥有专利或发明；是否有科技成果转让的行为发生；团队成员是否拥有较强的技术背景。发放贷款的原则是贷款额度与企业规模相匹配。因此，放贷的前提是对企业有相当的熟悉和了解。事实上，张江小贷信贷员的日常工作重心放在走访园区内的企业，至今，信贷员们的足迹已遍布园区内90%以上的企业。

（二）搭建一个平台

由于小额贷款公司资金强调“灵活性”的运作特色，因此贷款期限多为半年左右，这与企业的实际资金需求有很大差异。为了满足园区内初创企业的资金需求，张江小贷主动与风险投资公司、融资担保公司以及银行的科技支行开展业务合作，主动学习掌握并及时更新国家、上海市和浦东新区政府对科技型初创企业的各项扶持政策和扶持基金的申请办法，从而主动当好企业和各类资金之间的“媒介”角色，帮助企业从市场上找到匹配的发展资金。主动服务开创了“多赢”的局面，一则，企业得到资本后有发展的后劲；再则，公司帮助企业找到长期资金后，企业必然主动归还公司的短期贷款，使小贷资金得以安全地进入下一轮的良性循环中。另外，由于公司熟悉园区内企业的实际情况，由它为资金的供求双方“牵线搭桥”，能有效降低资金的“寻找成本”，提高资本运作效率。实践证明，5年来，张江小贷在遵循主动服务园区内企业的理念下，在公司平台上已累积了大批园区内外的各类资本和服务中介机构，公司的服务能力和服务效率处于不断提升的进程中。

（三）坚守一项原则

小额贷款公司作为新兴的民间融资机构，2000年后才起步。与传统银行相比，风险控制技术和控制能力都存在明显差距。张江小贷定位的服务对象为初创型科技企业，更因信息不对称和道德风险成为银行服务的“盲区”，客观存在高度不确定性的特点。为了保障公司稳健经营的目标，公司自成立至今，不论资金市场的外部条件如何变换，始终恪守“小额分散”的经营原则，确保公司的坏账率始终低于1%。首先，每一笔贷款的前提都是“访谈”。其次，对单笔贷款金额严格把关。总经理对贷款的审批权限为50万元以内。凡单笔贷款金额超过50万元的，必须经过“贷审会”投票表决。“贷审会”成员由各股东单位推荐，只有2/3以上成员表决通过，才能发放贷款。最后，分散贷款。贷款分散的好处是一方面使园区内尽可能多的企业在起步阶段都能得到资金支持，都能根植于园区的土壤，有发展壮大的机会；另一方面，不把“资金放在一个篮子中”的策略能有效降低公司遭遇系统风险的概率。

“张江模式”的形成基础是强烈的使命感和服务理念，“张江模式”也是立足市场探索出的一条“自下而上”的创新之路。它从贷款理念到贷款发放原则都与传统银行大相径庭，创新目的是为了填补资本市场的“空白”，向初创期的高科技企业群体提供融资服务。高科技企业从孵化到成长需要大量长期的资金用于新产品研发和市场开拓。美国将起步阶段的高科技企业比喻为“巨人的婴儿期”，以示与传统行业的微小企业有别。初创期的科技企业既没有成熟的适销对路产品，也尚未形成成功的市场营销模式，更关键的是拿不出符合银行贷款要求的合格抵押物。张江小贷以培育、扶持初创期的科技企业为己任，经过5年努力，在张江地区成功地营造出一个有利于投资企业和科技企业共同生长的科技金融生态环境。在这个特定的环境中，张江小贷充当了信息和服务的“平台”，吸引了各类风险投资公司、融资担保公司、银行科技支行和政府扶持基金在此汇集。各类资本和服务中介在与张江小贷的合作过程中，既有力地帮助了处于“婴儿期”的“巨人”在市场上茁壮成长，又获得了“赚钱效应”。因此，“张江模式”是一种可持续发展的融资模式。我们有信心展望，在张江小贷的耕耘与坚守下，不久的将来，张江将涌现出一大批科技“巨人”群体，成为国家创新驱动的“动力源”之一。

第五节　科技信贷产品和服务创新

持续的产品和服务的创新是推进上海科技信贷发展的关键。近年来，从上海市各级政府、园区到商业银行、小贷公司不断进行科技信贷产品和服务创新，取得了较为明显的成效。本节介绍近年来涌现出来的部分有代表性的科技信贷产品和服务创新。

一、上海市科委的科技信贷产品和服务创新

2010年以来，上海市科委通过政府积极引导，创新信贷产品，加强和银行、保险公司、担保公司等金融服务机构的合作，针对科技企业发展阶

段和实际需求，提出了建立“3 + X”科技信贷产品体系的开发规划，为科技企业量身定制了一系列细分化的信贷产品。

“3 + X”中的“3”是指：“微贷通”、“履约贷”、“信用贷”三种产品。2010 年底推出的“履约贷”针对销售规模在 1000 万元到 1.5 亿元处于成长期的科技企业支持方式为信贷 + 履约保险/担保 + 保费补贴，贷款额度在 200 万—500 万元。2011 年推出的“信用贷”针对销售规模在 1.5 亿元以上或者销售规模在 5000 万元以上且承担上海市科委项目的，处于发展期或成熟期的科技企业，针对这类企业政府不提供政策担保，仅提供相关企业参与承担科委项目的情况，该类科技企业通常可享受无抵押担保的额度在 500 万—1000 万元或 1000 万—2000 万元的信用贷款。2013 年 8 月，针对销售规模在 200 万—1000 万元的初创型科技企业，上海市科委推出“微贷通”，规定符合条件且通过审查的科技企业向担保公司支付贷款本息和 2.5% 的担保费用，担保公司出具保单，银行“见保即贷”，即刻向企业放款，银行贷款利率为基准利率上浮不超过 20%，当企业按时还本付息后，上海市科委补贴企业担保费用的一半，即企业按时还本付息后实际支出的融资成本为 8.5% 左右。如果发生坏账，政府和担保公司按照 70% 和 30% 的比例承担坏账损失。首期“微贷通”试点总额为 4 亿元，参与的担保公司 2 家、银行 4 家，每家银行的贷款额度为 1 亿元，可惠及 300 余家科技型小微企业。“X”是指开发或引进专门化或区域性的产品，目前已有的产品如创新基金信用贷、成果转化信用贷、软件产品信用贷、知识产权质押贷款等可以针对某类特定企业以解决它们的融资问题。

上海市科委“3 + X”科技信贷产品体系为解决科技型中小企业融资难发挥了明显的作用。2013 年 1—11 月，上海市科委共帮助 454 家科技企业获得了银行贷款 18.24 亿元，全年为 470 家科技企业提供贷款金额约 19 亿元，对全市科技信贷规模的贡献率约 19%，对贷款户数的贡献率超过 40%；470 家科技企业户均贷款 400 万元（其中“履约贷”户均 300 万元，“微贷通”户均 120 万元），远低于全市 900 万元的户均贷款金额，首次获得贷款的企业占贷款企业总数的 30%，充分体现了对科技型中小微企业的重点支持。

2014 年，上海市科委将建设包含 500 家科技型中小企业信息的信用数据库，完成 100 家科技型中小企业的信用评级试点工作，并进行研究提出建

设方案和评级模型；通过政策引导、区县联动，公开征集科技企业信息数据；通过购买服务，聘请专业信用评估公司开展评级试点，并与银行沟通，争取评级高的企业贷款或可免审；通过制度设计，介入科委科技项目前评估，对接金融机构，将信用评级与开发信贷产品结合。

二、张江国家自主创新示范区的科技信贷产品和服务创新

上海张江国家自主创新示范区拥有1区22个园，园中园超过百家，基本形成了与上海城市创新带和战略性新兴产业发展地带相吻合的沿江沿海、沿沪宁线和沪杭线三大创新带。与此布局相呼应，一直以来张江示范区积极推动科技金融改革，不断创新科技信贷服务模式，在各园区大胆推出科技信贷专项产品和特色金融服务，给企业带来了新的融资渠道。

2010年以来，张江国家自主创新示范区充分借力上海建设国际金融中心、上海自贸区的优势，形成“1+2n”的扇形重点突破格局，即以一个综合授信平台为服务支点，有n个科技金融产品和n条科技融资渠道在支点周围延伸成服务平台的扇面。从科技信贷服务创新来看，张江虹口园区定期进行企业融资需求调查，建立融资企业信息库和金融服务网站，同时建立一套企业信用评估系统；闵行园采用“云+端”的技术实现方式，建立虚拟的网上融资市场，智能撮合；闸北区建立“8街1镇1园区”的10个中小微企业融资业务受理点、服务中心和联络员队伍，不仅对接企业，还对接各商业银行，建设跨部门的信息分享和流转平台；虹口上海财大科技园，积极引入融资担保公司、小额贷款公司、股权投资公司、天使投资等众多非银行金融机构与律师事务所和证券公司一同与中小微企业对接，为企业创造优良的多元化的融资服务环境。从科技信贷产品创新来看，张江核心园科技金融服务平台开发了启明星、科灵通、投贷宝等科技信贷产品；杨浦科技园推出银园保、银园保险、贷投通、微贷通等产品；闸北园区以履约贷、园区贷、信用贷等科技信贷产品服务企业。

张江国家自主创新示范区搭建的科技金融服务平台让众多小微企业受惠。截至2014年6月，张江国家自主创新示范区内受惠科技型中小微企业达3万余家，其中，漕河泾园“双无双信”即“无抵押、无担

保”融资平台，已累计218次向企业贷款6.75亿元，无一笔坏账；金桥园开辟“融资窗口”，给54家企业发放16.87亿元贷款；青浦园区科技金融服务平台内企业与机构合作授信金额达105110万元，已融资78350万元。

三、浦发银行的科技信贷产品和服务创新

近年来，浦发银行与上海市科委等政府批量科技金融渠道有效对接，推出了“银元宝”模式、科技履约险、小巨人信用贷、合同能源管理未来收益权质押等特有的科技金融服务创新产品；通过“小微信用贷”、“投贷宝”等创新产品率先落地了上海市政府“5个十亿”财政扶持中小企业等重大政策，获得了政府、社会各界的一致赞誉，创造了多个“首创”和“第一”：2011年12月，“浦发科技金融模式”获银行同业公会“小企业金融服务方案设计奖”第一名；2012年，获得上海市中小办颁发的“上海市中小企业融资服务最佳合作伙伴”称号等等。目前，浦发银行科技中小业务总量遥居全市同业榜首，浦发科技金融已成为上海地区银行业服务科技中小企业的品牌标杆。

2014年5月，浦发银行在业内率先推出科技金融服务品牌——科技巨人。科技巨人是浦发银行针对以科技型企业为代表的具有成长性和成长需求的企业客户推出的特色服务，核心理念为“跨界、无界”，即服务跨界、成长无界，浦发银行聚合跨界资源，着力于科技型企业成长培育，为企业成长提供全程专属培育机制和全面的金融服务，成就中国科技巨人。

浦发银行科技巨人计划的“跨界”理念主要体现在四个方面：业态跨界，通过与股权投资基金、交易所、券商等机构深入合作，浦发银行为科技企业提供“股、债、贷”三位一体的综合服务；市场跨界，浦发银行为科技企业提供跨越货币、债券、股权、期货、外汇、商品六大市场的产品与服务组合；平台跨界，浦发银行充分运用海外分行、自贸区分行等分支机构和离岸金融服务特色，发挥境内外市场联动优势，为企业提供跨平台金融服务；O2O跨界，浦发银行为科技企业在实体、虚拟两大空间的经济活动设计完整的解决方案，持续提供线上线下一体化的O2O跨界产品与服

务，帮助企业应对经济环境与竞争的新挑战。

浦发银行科技巨人计划的“无界”理念，即紧密围绕科技企业的成长全过程，从天使联盟到战略联盟，打造了科技全程服务联盟，运用无界衔接的四大联盟成就科技企业的强大。科技全程服务联盟具体包括四个联盟：天使联盟，针对初创期科技型企业，浦发银行有效整合硅谷银行、天使投资、创投基金等各方优势，充分挖掘初创期科技企业自身价值，配套股权基金项目对接、知识产权质押融资、人才贷等优势产品，为其提供全方位服务；成长联盟，针对快速成长期科技型企业，浦发银行携手股权基金、政府部门、供应链核心企业、数据平台，配套投贷联动、贸易融资、集合类融资工具等创新产品，共同服务于这类企业；上市联盟，针对在区域股交中心、各板交易所等挂牌上市和拟上市的企业，浦发整合交易所、券商及其他中介服务机构，建立合作平台，为企业提供上市财务顾问、挂牌财务顾问、挂牌企业股份增发财务顾问、股权质押小额贷款等特色产品与服务；战略联盟，针对成熟期需要跨越成长的科技型企业，浦发银行综合运用全球各成熟市场力量，提供融汇各方精英价值的订制化服务，提供企业并购财务顾问、航运及大宗商品衍生品代理清算、跨境联动贸易金融服务、非金融企业债务融资工具承销等特色服务，有效支撑企业的跨国交易，支持企业“走出去”。

以“科技巨人”品牌为引领，2014年，浦发银行将力争建立100个科技金融合作平台，服务10000户科技型企业，进一步建立和完善科技金融服务体系，在科技支行建设、科技金融专属审批流程、资源配置机制、考核激励机制等方面探索新的发展路径。

四、上海浦东科技融资担保公司的“通商科技卡”

为了解决小微科技企业的短期信用融资需求，上海市张江高科技园区管理委员会牵头组织，上海浦东科技融资担保有限公司、宁波通商银行上海分行、上海浦东张江园区企业信用促进中心联合推出国内首款针对科技型企业主的“随借随还”借贷合一的银行卡——“通商科技卡”。

“通商科技卡”是国内首款针对科技小微企业设计开发的纯信用、低成本、快审批、灵活用的借贷合一卡。“通商科技卡”除具备借记卡的所有功能外，还可获得银行给予的小额信用循环授信额度，实现以循环授信为核心，集结算、贷款、理财、消费等多功能于一身。

本卡申请对象为上海市全市范围内上年度销售收入200万元以上的科技中小微企业的实际控制人及配偶。资金额度依据借款人信用进行评级后，授予可循环使用的30万—80万元的额度（有效期1年）。资金用途在监管机构规定的范围内，不限制资金用途，既可用于补充流动资金、发放工资、购买原材料，也可用于公司商务费用及个人消费等。特点优势有：（1）无需抵押：纯信用贷款，经审核后即可获贷。（2）快速审批：担保公司与银行联动审批；材料齐全、符合要求者，审批时间不超过一周。（3）使用灵活：可以转账，也可取现。（4）节约成本：按天计费，银行综合成本低（每天约万分之二点七）。（5）不限次数：在授信额度及期限内可多次借还款。本卡的费率主要由年化利息和手续费构成。其中年化利率不超过13%（利息10%＋担保费2%＋通道费1%）。保费按照实际使用资金额度2%先期收取（达到授信额度2%后不再收取）；通道费与实际使用资金的利息于每个月20日收取，通道费为1%。手续费在发卡时收取，费用为600元/年。当1年的资金利息达到授信额度的5%，退还50%手续费；达到授信额度8%，退还全部手续费。

五、上海联合担保有限公司的“科微通”微型科技企业信用担保产品

“科微通”是上海联合融资担保有限公司与上海市科委共同合作，针对科技型中小企业创新推出的一款担保产品，以其纯信用担保方式、快速受理审批流程，助力科技企业打开财富之门。

“科微通”的产品要素：（1）客户群体——注册在上海市的科技型中小企业、连续经营18个月以上；（2）担保金额——信用担保额度上限200万元；（3）担保年限——根据实际经营需求，担保期限6个月到12个月；（4）还款方式——按季还息，到期还本；（5）收费标准——年担保费按担保金额2.5%收取。如借款企业正常还款，政府补贴50%担保费。

“科微通”的产品特点：（1）纯信用担保——针对解决科技型企业轻资

产特点；（2）操作流程快——产品流程设计优越，企业可快速获得资金；（3）融资成本低——担保费率、银行利率均低于一般中小企业融资成本；（4）广泛合作方——与上海市科委、多家商业银行建立战略合作，多方共担共赢。

“科微通”的申请条件（以下三项指标任意一项满足即可）：（1）上年度纳税申报应税销售总额 200 万元以上；（2）贷款申请日前 6 个月的银行对账单现金流入额 200 万元以上；（3）当年签订的销售合同及服务合同总标的金额 200 万元以上。

第 三 章

上海风险投资

上海风险投资业的发展在国家和上海市政府一系列政策引导和支持下，近年来均位列全国前列，2013 年又呈现出新的发展态势：风险投资机构数量稳步增长，投资资本总量应市场需求而不断提高，在政府资金引导对科技型中小企业创新创业的支撑作用日益凸显，对促进高新技术创新成果的转化，以及对高新技术产业发展和传统产业技术能级提升的推动作用日益增强。

伴随着金融业的快速发展，上海风险投资也获得巨大发展。截至 2012 年末，上海市共有 1227 家金融机构，按可比口径比 2011 年增加 91 家，其中：银行业 257 家、证券业 165 家、保险业 346 家、新型金融机构 249 家、外资金融机构代表处 210 家。在上海金融机构中，共有 423 家内资股权投资企业，324 家内资股权投资管理企业，外商投资股权投资（QFLP）试点企业 16 家，基金总规模近 140 亿元，如表 3－1 所示。

表 3－1　　2011—2012 年上海金融机构发展情况

项　　目	2011 年	2012 年
金融机构（家）	1136	1227
其中：银行（家）	245	257
证券（家）	150	165
保险（家）	332	346
外资金融机构代表处（家）	221	210

续表

项　目	2011 年	2012 年
新型金融机构（家）	188	249
外资法人银行（家）	21	22

数据来源：《2013 上海服务业发展报告》。

2008—2013 年，上海地区天使投资总规模达 41 亿元；2013 年上海创业风险投资机构总数为 70 家，管理资本总量为 224.83 亿元，其中创业基金 50 家，此外还有创业风险投资管理机构 14 家；2013 年上海私募股权总投资金融为 27.06 亿美元。

第一节　上海天使投资

天使投资是个人投资行为，是用个人资金进行投资，这是跟 VC 基金投资的本质区别。天使投资基金的实际运作过程与 VC/PE 基金基本类似，分为募集、投资、管理、退出四大部分。总体来讲，目前国内天使投资基金正处于起步阶段，数量和规模都比较小。募资方面，LP 主要来源于基金合伙人的朋友、熟人等，更倾向于一种天使投资人联盟的方式，基金以机构的形式运营，但决策则偏向个人化；投资方面，天使投资机构更关注所需资金较小、具有高成长性的 TMT 行业的初创型企业；投后管理方面，天使投资机构会为创业者提供全面的创业指导，帮助其梳理商业模式并对接行业资源；退出方面，由于大部分天使投资基金目前都处于投资期，退出案例较少，主要通过 VC 接盘的方式退出。

一、中国天使投资情况

（一）2013 年中国天使投资概况

投中研究院根据公开披露信息统计显示，2008—2013 年，中国天使投

资案例数量和融资规模均呈逐年增加态势，2013 年全年共披露天使投资案例 262 起，总投资金额 10.09 亿元。由于天使投资机构的部分项目比较敏感、私密，不易对外披露，因此，中国天使投资案例数量和规模总体上应高于以上统计。从单笔投资金额分布上看，2008 年以来披露的 861 起天使投资案例中，大多数案例的投资金额在 300 万元以下（占案例总数的 65.07%）。投资金额在 100 万元以上 500 万元以下的案例占比为 22.63%，在 500 万元以上 1000 万元以下的案例占比为 6.64%，在 1000 万元以上 2000 万元以下的案例占比为 3.08%，而 2000 万元以上的案例占比仅为 2.58%（见图 3－1、图 3－2）。

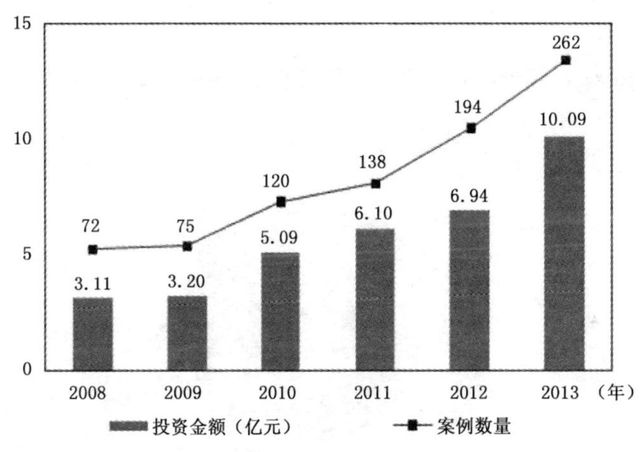

图 3－1 2008—2013 年中国天使投资规模

天使投资行业方面，中国天使投资行业分布较为集中，其中互联网、移动互联网、IT 行业最受中国天使投资人追捧，2008 年至今的投资案例数量占比分别为 34%、20% 和 18%，投资金额分别为 15.1 亿元、5.9 亿元和 5.3 亿元，这也符合天使投资介入的早期性这一基本属性。此外，制造业、文化传媒、医疗健康等行业也受到了天使投资人的广泛关注（见图 3－3、图 3－4）。

天使投资地区方面，目前中国天使投资区域性比较明显，经济实力较强的地区投资较为密集，反之，经济薄弱的地区投资相对较少。2008 年以来的天使投资案例，大多数分布于北京、上海、广东、浙江和江苏，来自这 5 个省、市的投资案例数量占案例总数的 78.8%，占总投资金额的

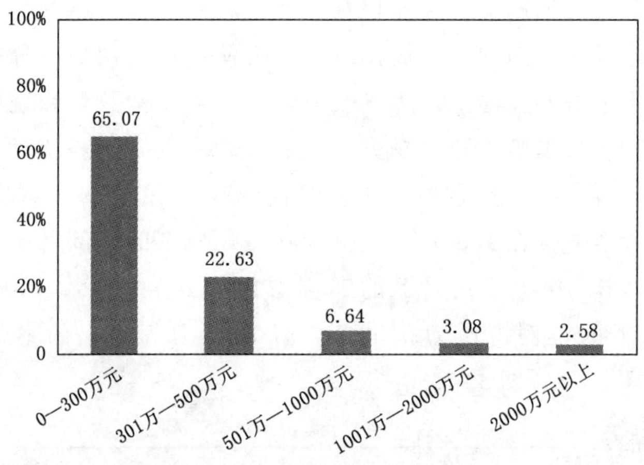

图3-2 2008—2013年中国天使投资单笔投资规模分布情况

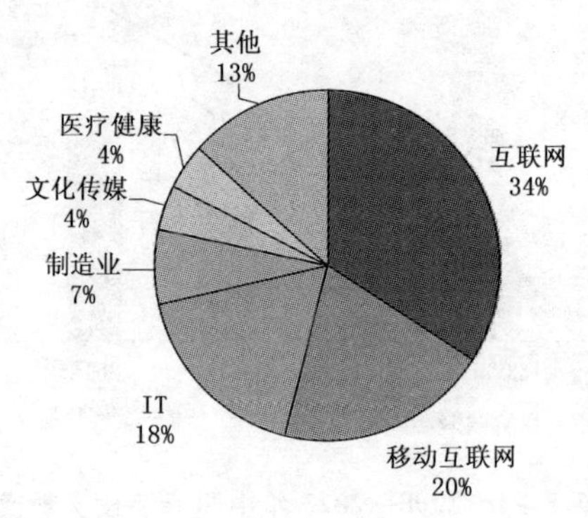

图3-3 2008—2013年中国天使投资行业分布（按数量）

87.0%。其中，北京市的天使投资总额达到了18.4亿元，居各地区之首，上海市、广东省分别以4.1亿元和3.2亿元，紧随其后。

（二）2013年中国天使投资主体特征

随着天使投资的不断普及和发展，天使投资主体日趋多元化。目前，天使投资的主体主要分为天使投资人、天使投资基金、平台创业基金和天使投资团体四大类。

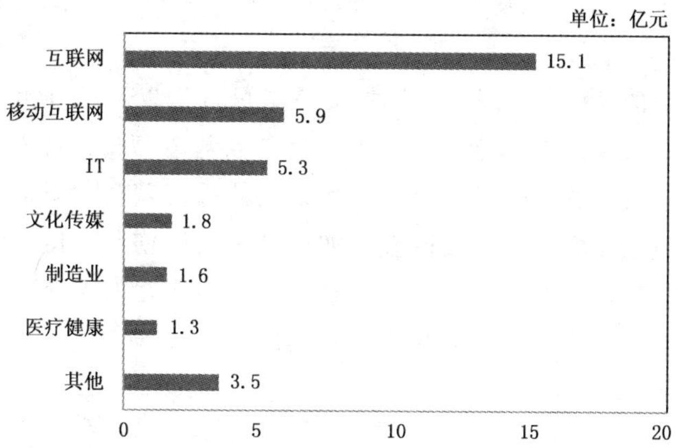

图 3-4　2008—2013 年中国天使投资行业分布（按金额）

1. 天使投资人

天使投资人是天使投资传统的参与主体，主要有三种类型：一是自身具有创业经历的企业家，他们了解创业公司的需要，能够给予创业公司有效的帮助；二是具有大型高科技公司或跨国公司高级管理者经验的企业家，他们不但可以带来资金，同时也带来联系网络，并利用自身的知名度，提高公司的信誉；三是传统意义上的富翁，如活跃在南方几省的“富二代”投资人，他们虽然没有太多创业经验和投资经验，但是有资金、行业关系等资源，也是天使投资人重要的组成部分。

2. 天使投资基金

天使投资的兴起与中国创投市场的发展态势紧密相关，随着 2009 年创业板的推出以及之后整个 VC/PE 投资市场的活跃，出现了 VC 投资 PE 化现象，大量创投资本追逐成长期投资，因此也为早期投资预留了更多的投资空间。在此背景下，天使投资人得以活跃，弥补了早期投资的不足，而另一方面，这些天使本身也产生一定的 VC 化趋势，而 VC 化的突出表现就是天使投资的基金化。

根据投中研究院不完全统计，2009 年至今，我国共披露天使投资基金 67 支。特别是 2011 年开始，天使投资基金募集逐年活跃，2012 年达到高峰，全年共披露21支天使投资基金，2013年共有18支天使投资基金成立（见图3-5）。

根据基金的发起方不同，天使投资基金可分为以下几种类型：一是由著名天使投资人发起的基金，如泰山天使创业基金、顺为基金等；二是由风险投资机构成立的天使投资基金，如云天使投资基金、创东方富星基金等；三是政府主导的天使投资基金，如成都高新区创业天使投资基金、重庆市青年创新创业天使基金等；四是新型孵化器成立的天使基金，如联想之星天使基金、天使湾、创业接力天使等。

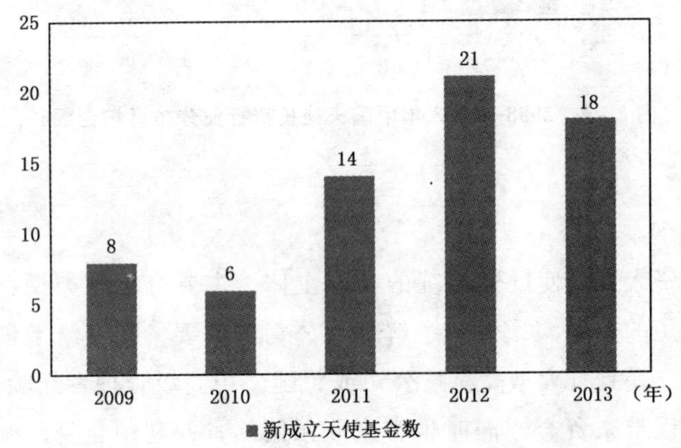

图3-5　2009—2013年中国天使基金成立情况

首先，天使投资人主导基金。天使投资人概念起源于美国，用以描述为种子期或初创期公司提供资金的投资人。天使投资是个人投资行为，是用个人资金进行投资，这是跟VC基金投资的本质区别。近年来，中国TMT行业的快速发展激发了大量新兴创业者，“创业投资”也为更多人熟悉和认可，因此，众多已完成财富积累的高净值个人加入天使投资行列。目前，一些TMT领域优秀的创业企业，如凡客诚品、小米科技、拉手网等，背后都有天使投资人的身影，雷军、周鸿祎、蔡文胜、徐小平……这些活跃的天使投资人已成为创业生态中重要的组成部分。

在层出不穷的“天使”里，机构的力量比个人强大，随着天使投资“机构化”趋势愈演愈烈，天使投资人开始主导成立天使投资基金。2011年著名天使投资人雷军成立天使投资基金——顺为基金，规模2.25亿美元，主要投资于互联网产业，包括但不限于移动互联网、电子商务和社交网络，已投资了包括小米科技、YY、乐淘等多个项目。同年，王利杰、李卓桓等联合成立 Preangel，规模 3000 万元，重点投资移动互联网领域。2012 年，A8 音乐 CEO 刘晓松成立天使基金——青松基金，专注移动互联网早期投资，重点关注游戏、电商、社交、O2O、数字内容、平台和支付等移动互联网细分领域。

此外，周鸿祎联合其他投资人设立“免费软件起飞计划”、徐小平创办了真格天使基金、蔡文胜成立“4399 创业园”、杨镭发起成立泰山天使创业基金、包凡发起成立险峰华兴投资基金、孔毅创立真顺天使投资基金、冯一名创立原子创投、乐百氏董事长何伯权创立广东今日投资、腾讯联合创始人曾李青创立德迅投资。在此趋势下，业界也开始称这些天使投资人为“超级天使”（见表 3－2）。

表 3－2　　天使投资人主导基金案例

投资人	重点投资案例	主导基金（机构）	资金规模
雷军	小米科技、丁香园	顺为基金	2.25 亿美元
周鸿祎	火石、迅雷、康盛创想	免费软件起飞计划	10 亿元
蔡文胜	暴风影音、58 同城	4399 创业园	2 亿元
徐小平	世纪佳缘、聚美优品	真格天使基金	3000 万美元
杨镭	佳品网、拉手网	泰山天使创业基金	2000 万美元
刘晓松	一花科技、啪啪三国	青松基金	1.2 亿元
包凡	聚美优品、E 店宝	险峰华兴投资基金	1 亿元
孔毅	仙变	真顺天使投资基金	3000 万元
王利杰 李卓桓	师兄帮帮忙、阿姨厨房	Preangel	3000 万元
冯一名	宝贝全计划、啪啪三国	原子创投	2400 万元
何伯权	7 天、久久丫	今日投资	—
曾李青	淘米网、第七大道	德迅投资	—

资料来源：投中研究院整理，2014 年 1 月。

此前，硅谷已经经历过一轮“超级天使”的崛起，初期是一些各具特长的天使投资人组成投资联盟，以做到优势互补，后期则是募集资金，做

天使基金。这些天使机构和天使基金即被称为超级天使。硅谷超级天使的出现打乱了 VC 投资的格局，甚至有些超级天使跳过了 VC，直接对接 PE 机构或者投资银行。

其次，风险投资机构主导基金。创投机构方面，中后期投资市场的激烈竞争以及回报水平的下降，正迫使投资机构投资阶段前移，加大了早期投资力度，甚至介入天使期及种子期投资，以挖掘和培养投资目标。天使投资由于投资成本很低，可以通过企业的后几轮融资实现退出，不必完全依赖 IPO 退出，而受到了创投机构的关注（见表 3－3）。

表 3－3　专业投资机构主导基金案例

创投机构	创业孵化机构及天使基金	规模
蓝源资本	宁波蓝源资本天使投资基金	5 亿元
创东方	天使创展谷/创东方富星基金	1 亿元
红杉中国	真格基金	3000 万美元
宽带资本	云天使投资基金	1000 万美元
戈壁投资	绿洲计划	—
KPCB	TGIF 创业周末/种子基金	—
北极光创投	创源孵化器/种子基金	—

资料来源：投中研究院整理，2014 年 1 月。

早在 2011 年 11 年，凯鹏华盈（KPCB）即开始举办 TGIF（Thank God, It's Friday）创业周末活动，并通过旗下种子基金投资其中的优秀项目，其单笔投资规模在数十万美元左右。2011 年 12 月，红杉资本中国与天使投资人徐小平在北京成立新的真格基金，专注于天使投资，投资领域包括电子商务、移动互联网、游戏、教育培训、消费品以及医疗。此外，戈壁创投在 2011 年底开启了名为“绿洲计划”的投资孵化计划，重点关注 TMT 行业的初创型企业，单笔投资额在 100 万—600 万元之间。

2012 年 4 月，北极光创投与清华科技园、瑞安集团以及硅谷银行等共同建立的孵化器“创源”，致力于培育中美两地科技型初创企业，并设立平行的种子基金，基金注资方包括 KPCB、北极光创投、金沙江创投、宽带资本以及清华企业家协会天使基金等。同时，由宽带资本、北京航空航天大

学、百度、用友、中国联通等共同发起的中国云产业联盟成立并设立规模为1000万美元的云天使投资基金，投资方包括宽带资本、金沙江投资、北极光创投、红杉资本、合毓投资等。此外，创东方旗下天使基金——创东方富星基金也于2012年4月成立，基金规模1亿元人民币。2012年11月，浙江蓝源资本宣布成立天使投资基金，基金总规模5亿元，首期1亿元，将投向宁波本地初创期的新材料、新能源、新装备、新一代信息技术等四大战略性新兴产业和节能环保、生命健康、海洋高技术、设计创意等四大新兴产业中的优质企业，以及创新商业模式的现代服务企业。

再次，政府主导/参股基金。在中国天使投资发展的过程中，政府起到了很好的推动作用。近年来，政府部门对于天使投资也给予越来越多的关注，多支政府出资的天使投资基金先后成立。2010年12月，中国首支政府引导天使基金——北京富汇天使高技术创业投资有限公司在北京成立，总规模2.5亿元，基金主要投资于初创期、成长期未上市创新型企业和高新技术企业。基金由北京市政府、国家发改委及北京富汇创业投资管理有限公司投资成立，其中，国家发改委出资5000万元，北京市政府出资5000万元，富汇创投出资1.5亿元，这也是第一支国家发改委以股权形式投资的天使基金（见表3-4）。

表3-4　　政府主导/参股基金案例

基金名称	规模
北京富汇天使高技术创业投资有限公司	2.5亿元
洛阳市青年创业基金	2100万元
成都高新区创业天使投资基金	8000万元
重庆市青年创新创业天使基金	1亿元
宁波市天使投资引导基金	1亿元
湖南麓谷高新天使基金	1.5亿元
青岛天使投资引导资金	2000万元
合肥高新区天使投资基金	3000万元
武汉天使投资基金	5000万元
江苏省天使投资引导资金	2亿元

资料来源：投中研究院整理，2014年1月。

2012 年，湖南麓谷高新天使基金、重庆市青年创新创业天使基金、成都高新区创业天使投资基金、宁波市天使投资引导基金等天使基金先后成立。其中，成都高新区创业天使投资基金是我国首支由政府全额出资的创业天使投资基金，首期 8000 万元，基金投资方向包括移动互联网、电子信息、生物医药、精密机械制造、环保、新能源新材料、现代服务业等。

2013 年，合肥高新区天使投资基金、江苏省天使投资引导资金、武汉天使投资基金、青岛天使投资引导资金等先后成立，政府天使投资基金已成为政府引导科技创新及创业的重要形式。

最后，新型孵化器平行基金。在创业企业成长的完整生命链中，孵化器是企业最早接触的机构。中国最早的孵化器应为武汉东湖新技术创业中心，而以此为代表的园区型孵化器，也成为目前国内孵化器的主流模式，且多为地方政府主导，其公益色彩远大于商业色彩（见表 3 -5）。

表 3 -5　　中国部分新型创业孵化机构成立投资基金情况

孵化器及创业平台	成立基金名称	基金规模
创新工场	创新工场开发投资基金	1500 万美元
联想之星	联想之星天使基金	4 亿元
起点创业营	起点创业投资基金	2 亿元
天使湾	天使湾 1 号/天使湾 2 号创投基金	—
启迪创业孵化器	启迪孵化投资基金	—
创业接力	接力天使投资基金	—

资料来源：投中研究院整理，2014 年 1 月。

2009 年由李开复主导的创新工场是中国商业化运作孵化器的重要开创者，由此，区别于官方体系的创新型孵化器得以快速发展。有别于传统孵化器，国内新型孵化机构多参考美国 Y Combinator 模式，也就是“孵化 + 天使投资”，其盈利更多来自投资收益而非孵化服务收入，因此，此类孵化器应算作投资机构的一种，是中国早期创业投资重要参与主体。

根据投中研究院整理，目前多家活跃的新型孵化器均成立了平行的天使基金，形成“孵化 + 天使投资”模式。2009 年，联想之星成立 4 亿元人

民币天使投资基金，专注于初创型企业投资，重点关注TMT、先进制造、医疗健康三大领域。创业孵化机构起点创业营于2011年成立起点创业投资基金，首期募集规模为2亿元，并得到了上海市政府主导的上海创业投资有限公司的强力支持。创业基金会下属的上海创业接力科技金融集团有限公司也成立了接力天使投资基金，关注具有成长潜力的早期项目。

3. 平台创业基金

平台创业基金是由实力较为雄厚的企业发起的，为专门领域创业提供资金帮助的基金，特别是在TMT领域，平台创业基金较为活跃。目前国内平台创业基金主要有：腾讯安全创业基金、联想乐基金、阿里云基金、新浪微博开发基金等。这些基金多数是由实力较为雄厚的企业或者政府机构发起，基金规模基本上都在1亿元人民币以上。其中腾讯安全创业基金目的是帮助更多的创业者和企业加入到手机安全行业里来，共同为未来移动互联网安全的创新贡献力量。而联想乐基金目的是帮助移动应用的开发者们，让他们有一个良好的开发环境。这些平台创业基金的设立，对国内科技的发展，特别是TMT行业的发展起到了很好的推动作用（见表3-6）。

表3-6　　中国TMT领域主要战略投资者成立基金情况

主导企业	成立基金名称	基金规模
腾讯	安全创新基金	10亿元
	产业共赢基金	100亿元
阿里巴巴集团	云基金	10亿元
盛大集团	18基金	10亿元
	Joy开发者基金	2000万元
	TMT投资基金	30亿元
新浪	微博开发基金	2亿元
网易	网易资本	20亿元
联想集团	乐基金	1亿元
优视科技	UC移动游戏产业成长基金	1亿元

资料来源：投中研究院整理，2014年1月。

目前由大型互联网公司成立的进行初创期及早期投资的基金，其模式主要分为独立投资或联合专业化创投机构两种。腾讯是独立投资模式的典型，在成立安全基金之前，腾讯已于 2011 年年初成立 50 亿元产业共赢基金，后将规模扩充至 100 亿元，并投资艺龙、华谊兄弟、好乐买、高朋网等。盛大集团全资拥有 18 基金、Joy 开发基金，前者专注于网络游戏领域项目孵化及早期投资，后者由盛大无线主导成立，投资基于 Android 系统的移动领域开发者。此外，盛大网络联手中信证券、广发证券、民生银行共同设立 30 亿元人民币 TMT 的基金。网易也成立网易资本，其可投资资金规模达 30 亿元，资金主要来自网易及丁磊个人。

部分战略投资者采取与创投机构合作的方式，比如新浪旗下微博开发基金，由新浪联合红杉资本、IDG 资本、创新工场、云锋基金、德丰杰五家投资机构成立，基金一期规模为 2 亿元，其中新浪出资 1 亿元，其余 5 家机构分别出资 2000 万元。阿里巴巴旗下云基金则由阿里云计算与云峰基金共同发起，规模为 10 亿元，投资基于阿里云计算平台的应用及服务开发。

战略投资者旗下基金的投资主要服务于母公司战略布局，因此更多关注新兴创业领域，比如腾讯安全基金、UC 移动游戏产业成长基金、联想乐基金均投资于移动互联网，与目前整个 TMT 行业发展趋势相符，而这也同样是 VC 机构的投资重点。战略投资者投资阶段偏向早期甚至孵化期，与目前加强早期投资布局的 VC 机构形成直接竞争关系，同时其买方角色又使得其有望成为 VC 机构投资项目的接盘者。

4. 天使投资团体

天使投资团体是天使投资人组织的交流和沟通平台，主要的形式有天使俱乐部、天使联盟等，这些平台聚集国内天使投资人，汇集项目来源，定期交流和评估，会员之间可以分享行业经验和投资经验。对于合适的项目，有兴趣会员可以按照各自的时间和经验，分配尽职调查工作，并可以多人联合投资，以提高投资额度和降低风险。目前，天使投资团体主要集中在北京、上海、深圳、广州、南京和成都等一线城市，较为活跃的天使投资团体有：上海天使投资俱乐部、天府天使投资俱乐部、中国天使投资联盟、创想天使俱乐部等（见表 3－7）。

表 3－7 中国部分天使投资团体情况

名称	成立时间	地区
华南天使投资人俱乐部	2006 年	广东
深圳天使投资俱乐部	2007 年	深圳
上海天使投资俱乐部	2008 年	上海
中关村企业家天使投资联盟	2008 年	北京
中国天使投资联盟	2009 年	北京
创想天使俱乐部	2010 年	上海
天府天使投资俱乐部	2011 年	四川
江苏天使投资联盟	2013 年	江苏
中国青年天使会	2013 年	北京

资料来源：投中研究院整理，2014 年 1 月。

此外，中国青年天使会和江苏天使投资联盟是 2013 年初新成立的。2013 年 1 月，中国青年天使会在北京成立，由真格天使投资基金创始人徐小平、连环成功创业者乐搏资本合伙人杨宁、《创业家》杂志社长牛文文联合业内数十名天使投资人发起成立的一个开放共赢的天使投资联盟机构，致力于打造中国最有影响力的天使组织。2013 年 2 月，由江苏高科技投资集团有限公司、省高新技术创业服务中心等 20 家创投机构发起的江苏省天使投资联盟在南京成立，该联盟将为江苏天使投资人和初创期的科技型小微企业“牵红线”，力促技术和资本有效对接，培育更多高成长性企业。

随着互联网的发展，天使投资团体开启了线上众筹的新模式，如天使汇等。所谓众筹，是互联网金融的一种模式，起源于美国，由创业者或者创意人把自己的产品原型或创意提交到平台，发起募集资金的活动，感兴趣的人可以捐献指定数目的资金，然后在项目完成后，得到一定的回馈，如这个项目制造出来的产品。有了这种平台的帮助，任何想法的人都可以启动一个新产品的设计生产。天使股权众筹模式获得了社会的极大关注，天使众筹网站可以帮助创业者快速、有效地找到资金。同时，线上模式能够使项目的沟通、对接更加公开、透明、高效。

二、上海天使投资情况

上海天使投资近年发展较快，2013年上海地区共披露45起投资案例，投资总额达4.1亿元。

（一）上海天使投资创业基金会

上海市大学生科技创业基金会（简称EFG及创业基金会）成立于2006年8月，是全国首家从事推动大学生进行科技创业的非营利性公募基金会。创业基金会致力于传播创业文化、支持创业实践，旨在探索一条以公益为基础、市场为支撑的“双轮驱动”的体制机制创新之路。创业基金对投资于种子期或初创期企业的个人或创业投资企业给予鼓励和支持。基金的主要内容包括：专项引导基金支持各类天使投资人和天使投资机构；专项引导基金采取跟进投资方式，由共同投资的个人或创业投资企业负责管理专项引导基金所形成的股权，并在引导期内可平价回购专项引导基金所持有的部分股权；专项引导基金对创业企业的引导期为两年；单个创业企业的引导投资金额不超过人民币30万元，跟进投资价格不高于申请人的投资价格；引导期内，申请人不先于专项引导基金退出其在创业企业的股权；引导期内，申请人有权至多购买专项引导基金所持股份的50%，购买价格为基金原始投资额与股权转让时中国人民银行公布的同期存款基准利率计算的收益之和。

截至2013年12月31日，创业基金会累计受理创业项目申请共3280项，已资助项目784项，累计已资助金额1.5亿元。2013年，各分会受理创业项目申请共752项，已资助项目202项，其中债权133项，股权69项，已资助金额4354万元。创业基金会联合天使伙伴（早期投资孵化机构、创业孵化园区、个人天使投资人等）共同对具有科技含量和商业模式创新的创业项目给予天使基金资助。天使伙伴一般需要具备专业早期投资经验和良好的过往投资业绩。符合天使基金资助条件的创业者可以通过天使伙伴推荐申请天使基金。

目前基金会已经退出了“创业雏鹰计划”和“创业雄鹰计划”。“创业雏鹰计划”是指基金会通过委托银行向创业企业发放小额信用贷款的资助方式。资助时间为两年，对创业者及单个创业项目的资助额度不超过人民币 20 万元。“创业雄鹰计划”是指由基金会以投资入股的形式扶持创业企业的资助模式，资助额度不超过 50 万元，资助期（3 年）内，基金所占公司的股权不参与分红，在资助期满后，将按照原价退出所有股权（见表 3－8）。

表 3－8　“创业雏鹰计划”和“创业雄鹰计划”比较

	创业雏鹰计划	创业雄鹰计划
资助项目的类型	所有类型的项目，重点支持所需金额小、能快速实现盈亏平衡的创业项目	有巨大发展潜力的科技类项目
资助方式与额度	不高于 10 万元的贷款	不高于 30 万元的投资
资助对象的毕业年限	毕业后两年以内	毕业后 5 年以内
资助期限	两年	3 年
退出方式	贷款本金的一半按月等额还款，另一半贷款期满后还款	资助期内基金所占公司的股权不参与分红，在资助期满后按照基金管理相关办法退出

（二）上海创业接力科技金融集团

在创业基金的基础上，上海创业接力科技金融集团于 2010 年末成立。以专注服务早期科技型企业为使命，通过构建科技金融的“链”和“桥”，对接市场资源，做精、做深针对科技型创业企业的服务。创业接力目前在投资、金融、服务、园区四大业务上皆有功能布局，天使基金专注种子期、创业接力专注初创期，构建专注于早期创业服务的“综合体”，形成以科技金融为特征的创业服务新业态，成为专注于早期科技型创业企业服务的领先机构。具体分为创业接力天使、创业接力担保、创业接力服务、创业接力园区和创业接力基金五个部分，形成投资、金融、服务、园区一体化的经营模式。

创业接力基金是由创业基金会发起，联合早期投资经验丰富的机构及个人共同设立，由新中欧创投专业团队受托管理的风险投资基金。创业接力基金专注于早期科技型的高增长创业项目投资，主要投资领域包括新材

料、医疗健康、清洁技术和先进制造，目前已有投资案例近30家。2013年共有5家项目获得创投联动资助，已获得资助共计319万元，1家企业（同臣环保）获得投资保障100万元。2013年，基金积极探索与尝试新的工作机制、优化资助模式，在选、投、管、退的各个环节进行创新和优化：首先，启动《研究生创新创业能力培养专项》，探索技术项目转化机制。其次，设立天使伙伴专项基金，探索市场化专业化管理体系创业基金会联合天使伙伴（早期投资孵化机构、创业孵化园区、个人天使投资人等）共同对具有科技含量和商业模式创新的创业项目给予天使基金资助。天使伙伴一般需要具备专业早期投资经验和良好的过往投资业绩，符合天使基金资助条件的创业者可以通过天使伙伴推荐申请天使基金。最后，创业服务频道，探索互联网创业服务模式，服务频道包括企业黄页、政策反向搜索和园区地图。企业黄页是用于展示基金会所资助企业的窗口，向社会展示我们公益基金的丰硕成果的同时也为资助企业提供向社会展示自己的平台，当前企业黄页内展示的企业数达到72家。创业者可根据自身企业实际情况通过标签对政策进行反向搜索，提供更具针对性的政策分类浏览体验。当前政策搜索板块中的政策条目达到211条。以地图的方式呈现上海市所有科技园及孵化器，并通过所在区县、租金等分类项方便创业者进行创业场地筛选。当前园区地图板块中的园区数达到150家（见表3-9）。

表3-9　　上海创业接力基金2013年度情况

上海创业接力基金2013年度情况
一期基金 资金：注册资金5050万元 项目：共投资项目13个。其中早期项目11个，占81.46%
二期基金 资金：注册资金5000万元 项目：共投资项目11个。其中早期项目7个，占64%
三期基金 资金：注册资金2.3亿元 项目：共投资项目21个。其中早期项目17个

创业接力天使聚焦于天使投资领域：通过天使母基金业务，撬动更多的社会资本和资源，投资与支持区域内的创业创新；通过天使投资业务，

为早期创业企业更好地嫁接资本、资源与经验，助力企业成长。天使投资母基金业务：投资于专业的天使投资与早期创业投资基金，单个基金的投资规模为500万—3000万元人民币。天使投资直投业务：主要投资于上海及长三角地区的初创企业，单个项目单次投资额300万元人民币以内，累计投资额可达500万元，将积极与专业的天使及早期投资机构开展合作、共同投资。关注的行业领域包括新材料、互联网及移动互联网的应用与技术，污水处理、废气处理等清洁技术，医疗器械、诊断试剂、医疗信息化、电子零部件及系统等。2013年，上海创业接力天使的相关业务产品有了新的发展，主要包括：第一，单个项目单次投资额提高至300万元人民币，累计投资额可到500万元，并积极与专业的天使及早期投资机构共同投资。第二，关注的行业领域包括新材料、互联网及移动互联网的应用与技术；污水处理、废气处理等清洁技术；医疗器械、诊断试剂、医疗信息化；以及电子零部件及系统等。第三，设立1亿元的天使投资母基金，支持专业天使投资机构，更加高效地撬动更多的社会资本和资源；投资与支持区域内的创业创新；提高区域内创业创新的活跃度。截至2013年12月底，接力天使受托管理的“天使引导基金”共投资38家（2013年度14家），资助金额1682.5万元，引导天使投资人总投资额为9297.5万元，放大倍数5.7倍，已有5家企业完成退出。

上海创业接力企业服务有限公司是创业接力集团总结了多年来创业服务经验，于2013年筹备创建的面向创业企业的平台化专业服务体系，为创业企业提供增值服务、培训服务、咨询顾问服务和财务顾问服务，致力于缩短创业企业成熟周期，提高创业企业成功概率，通过提供专业化的服务，助力创业企业成长（见表3－10、表3－11、表3－12）。

表3－10　　上海创业接力基金2013年度情况

	资　金	项　目
一期基金	注册资金5050万元	共投资项目13个，其中早期项目11个，占比81.46%
二期基金	注册资金5000万元	共投资项目11个，其中早期项目7个，占比64%
三期基金	注册资金2.4亿元	共投资项目21个，其中早期项目17个

创业接力园区于2012年开业。2012年的夏天创业接力大楼正式启用，创业接力天使的配投项目已入驻其中。大楼共9层，建筑面积8000平方米，

为创业接力天使的配投项目提供单个项目200平方米以内的低租金孵化场地，创业企业将能够在孵化器内与其他的创业团队、天使投资人共同工作，形成开放、互动、交流的氛围。

表3-11　2013年上海创业接力企业股份有限公司发展情况

项目	服务内容
1	新推出代理招聘、企业文库、工商注册等服务
2	为100余家企业提供政策咨询，通过政策代理为初创企业争取到各级政府拨款近千万，高新技术企业认定4家
3	为50家企业提供代理招聘业务，总发布招聘岗位133个
4	代理工商注册和工商变更企业62家
5	搭建资源平台，已涵盖专利代理、财务代理、财务审计、人事服务、资质认定、法律服务、技术检测、商业银行、研发平台、云平台等资源

上海创业接力融资担保有限公司由上海市大学生科技创业基金会、上海科技投资公司、中新力合股份有限公司、创业加速器投资有限公司共同出资设立，是上海市融资性担保行业规范发展以来首家获批设立的融资性担保机构，注册资本1.6亿元。公司旨在为上海广大科技型中小微企业构建良好的投融资环境，解决科技型中小微企业的融资难问题。

表3-12　上海创业接力融资担保有限公司2013年情况

业务放量：新增担保额5.7亿元，为2012年的1.2倍
坚持定位：户均担保300万元，企业首贷率40%，信用担保超过70%，累计信用担保率55%
获得荣誉：获上海市政府颁发的金融创新成果奖；获上海市促进中小企业发展工作领导小组办公室颁发的“2012年度中小企业优秀合作伙伴”，信用等级为A级
行业分布情况：文化创意9%，机械自动化13%，现代服务业14%，节能环保15%，电子信息20%，新材料29%

（三）上海知名天使投资人与投资机构

目前上海有多少天使投资人和天使投资机构仍然无法完全统计出来。根据清科集团投资界网站上的资料显示，目前该网站登记注册了2家位于上海的天使投资机构，分别是上海天使投资管理有限公司和上海汇银广场科技创业园有限公司，但是这两家企业均未显示公开披露的投资事件。投资界列出了较多上海知名的天使投资人及其所在基金，依据公开资料数据，目前上海共有15位较为知名的天使投资人，大部分在2013年披露过投资活动，且其投资规模相对较大。可见，这些投资人不仅仅是天使投资人，在很大程度上也是风险投资人（见表3－13）。

表3－13　　上海知名天使投资人及其2013年投资情况

姓名	所在基金	2013年投资项目	2013年投资总额
查　立	乾龙创投合伙基金	—	—
沈南鹏	红杉资本中国基金	5	7000万美元
徐　新	今日资本	3	4500万美元和1.3亿元人民币
邝子平	启明维创	2	1500万美元和1000万元人民币
甘剑平	启明维创		
吴　鹰	和利资本	—	—
杨　宁	美国壹普兰投资基金	—	—
陈维广	蓝驰创投	2	1100万元美金
徐　勇	百奥财富	—	—
薛村禾	软银中国创业投资有限公司	2	2500万元美金
崔　麟	思伟投资		
许嘉荣	嘉丰资本		
何佳良	招商和腾		
高力伟	思伟投资		

（四）上海线上众筹融资平台

类似投资界网站属于新兴的创业投资平台，即连接创业者和投资人的平台：创业者上传项目进行展示，以寻求报道及融资；投资人，包括天使投资人、VC等，则可在此寻找好的项目，目前国内类似的创投平台并不鲜见，本身也已形成竞争。在网络平台，商业计划书、常见问题等内容可一次性提交后反复使用，不必一遍遍审查项目并重复回答问题，与线下天使

投资团体相比，线上模式能够使得项目的沟通、对接更加公开、透明、高效。

随着互联网的发展，天使投资开启了线上众筹的新模式。众筹是指创业企业通过网络向多个投资者募集资金的筹资方式，在互联网时代，众筹让人人都可以做“天使”，为创业者和投资人之间搭建了连接的平台。

众筹的雏形最早可追溯至 18 世纪，当时很多文艺作品都是依靠一种叫做“订购（subscription）”的方法完成的。例如，莫扎特、贝多芬采取这种方式来筹集资金，他们去找订购者，这些订购者给他们提供资金，当作品完成时，订购者会获得一本写有他们名字的书，或是协奏曲的乐谱副本，或者可以成为音乐会的首批听众。

众筹作为一种互联网融资模式出现时间较晚，成立于 2001 年的 ArtistShare 被公认为首家众筹网站。这家最早的众筹平台主要面向音乐界的艺术家及其粉丝。ArtistShare 通过组织粉丝们资助唱片生产过程，从而获得仅在互联网上销售的专辑或者享有观看唱片录制过程的特权；艺术家通过该网站采用“粉丝筹资”的方式资助自己的项目，获得更加宽松的合同条款。

目前较为权威的众筹网站有人人投、爱投资、投融界、微众筹、青橘众筹、澳洲众筹平台 Pozible、众筹网等，这些网站或是在上海成立，或是在上海有业务分部。其中，上海青橘众筹是掌门科技旗下的创新型众筹平台，于 2013 年 10 月 8 日正式上线，目前为中国最大最受关注的众筹网站，为梦想发起人提供项目设计建议、宣传推广、数据支持、众筹基金支持和用户跟踪等服务。

第二节　上海创业风险投资市场

一、中国创业风险投资机构情况

2013 年中国创业投资市场继续 2012 年的下滑态势，整个创业投资市场迎来了募资、投资、退出的全面挑战（见图 3－6）。大中华区著名创业投资与私募股权研究机构清科研究中心近日发布数据显示：2013 年中外创业投

资机构新募集基金 199 只，新增可投资于内地的资本量为 69.19 亿美元，单只基金平均募集规模达到近 9 年来最低。投资方面，全年共发生 1148 起投资，其中 988 起披露投资金额的投资涉及投资总额 66.01 亿美元，投资金额同比下降，投资活跃度同比有所上升；退出方面，全年共发生 230 笔 VC 退出交易，其中 IPO 退出 33 笔，并购退出和股权转让退出成为本年度最主要退出方式，分别发生 76 笔和 58 笔。整体来看 2013 年中国创业投资市场处于 2010 年后最低迷状态。

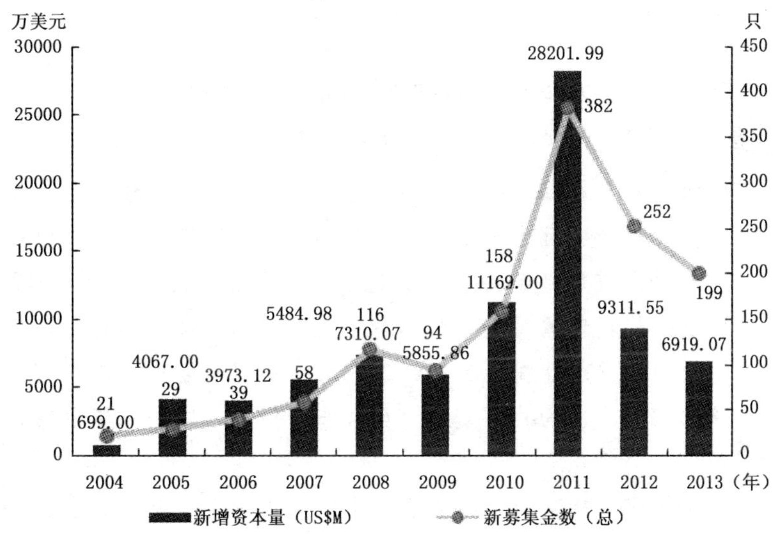

图 3-6　2004—2013 年中国创业投资机构基金募集情况

创投市场新增 69.19 亿美元资金，单只基金平均规模近 9 年最低。2013 年，中外创投机构共新募集 199 只可投资于内地的基金，同比降低 21.0%；已知募资规模的 193 只基金新增可投资于内地的资本量为 69.19 亿美元，同比降低 25.7%。2013 年创投募集为 2010 年来最低水平，全年已披露金额基金平均募集规模为 3585.01 万美元，为近 9 年最低点（见图 3-7）。

2013 年中国创投募集市场继续 2012 年萎靡之势，回顾 2013 年募集遇冷主要有以下四个方面的原因：（1）宏观经济走势不明朗，境外投资者对内地投资萎缩严重；（2）2012 年由于华夏银行事件，银监会年初会议决定各银行禁止出售股权投资类产品，使创业投资市场募集渠道受到一定程度堵塞；（3）境内 IPO 全年紧闭，退出严重受阻，部分 LP 资金周转

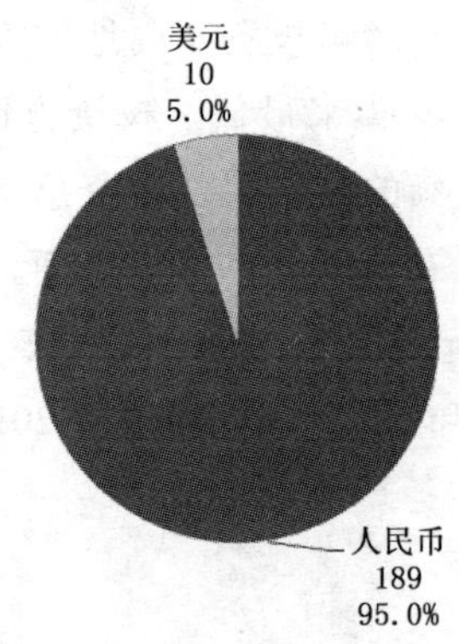

图 3-7 2013 年新募基金币种分布（按数量，只）

资料来源：私募通，2014 年 1 月，www.pedata.cn。

遇到一定困难，对于新基金投资步伐放缓；（4）2013 年创投市场步入深度盘整期，投资和退出都出现不同程度的困难，在这特殊时期部分机构采取暂缓基金的设立或是基金规模小型化的谨慎募集策略。但在 2013 年募集市场也出现一些新现象，部分机构着手成立并购基金，同时一些机构联合大型上市公司成立产业整合基金，这一态势不仅是创投机构在特殊时期寻求新出路的缩影，也为我国上市公司和股权投资市场进一步合作打下一定基础。

2013 年创投市场从基金币种来看，人民币占绝对优势，新募集 199 只基金中，仅有 10 只基金为美元基金，人民币基金在募集基金只数中占比 95%。从募集金额看，全年创投市场募集的 69.19 亿美元中，美元基金共募集 5.41 亿美元，占全年募集金额的 8%。新政府上任伊始，中国经济处于一个特殊时期，面临着严重结构化问题急待解决，国内整体经济走势并不明朗，在此大背景下境外投资者放缓了对我国的投资，整体处于持币观望状态，影响了创业投资市场的外币基金募集（见图 3-8）。

中国创投市场投资 1148 起，初创期项目近半数。2013 年，中国创投市场共发生投资 1148 起，较上年同期增长 7.2%，其中披露的 988 起投资中涉及投资金额 66.01 亿美元，同比下降 9.8%。全年 1148 起投资中 49.1% 为初创期项目，为近几年最高占比，拉升了全年的创投市场的投资活跃度。从创投机构 2013 年投资策略可以看出，在 2013 年退出渠道不畅的大背景下，机构适当选择优质初创期项目，拉长投资战线是创投机构普遍选择的

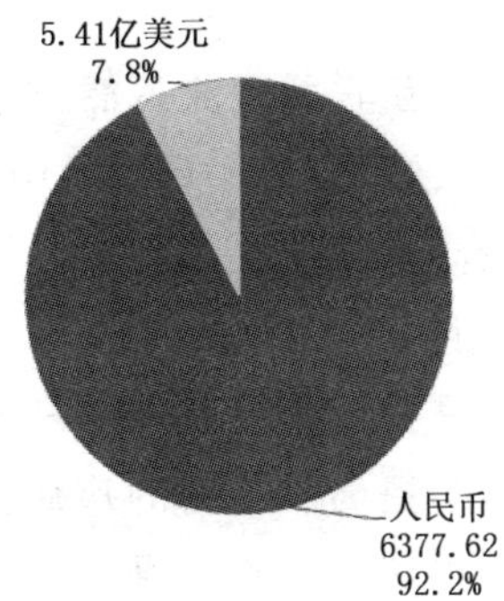

图 3-8 2013 年新募基金币种分布（按数量，只）

资料来源：私募通，2014 年 1 月，www.pedata.cn。

方法（见图 3-9）。

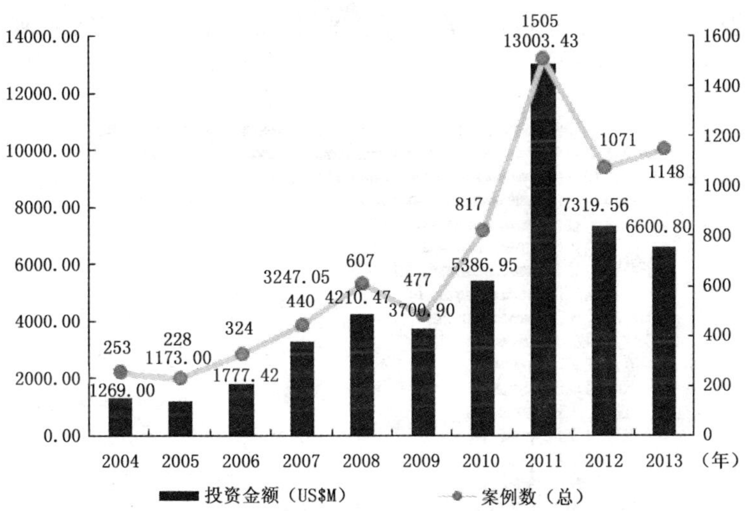

图 3-9 2004—2013 年创业投资机构投资情况比较

资料来源：私募通，2014 年 1 月，www.pedata.cn。

互联网、电信及增值业务、生物技术/医疗健康继续引领投资。2013 年全年，中国创投市场所发生的 1148 起投资分布于 22 个一级行业中。其中互联网、电信及增值业务、生物技术/医疗健康行业获得投资案例数最多，分别为 225 起、199 起和 144 起。投资金额方面，互联网、生物技术/医疗健康行业、电信及增值业务分别为 10.75 亿、8.76 亿和 6.36 亿美

元，位居前3位。

从各行业投资表现来看，互联网行业依然位居第1位，2013年投资案例数和投资金额分别占全年投资总量19.6%和16.3%。互联网行业是创业投资市场公认的投资回报最高的行业之一，并且随着互联网的发展不断涌现新的概念，同时伴随着产生众多的投资机会。对生物技术/医疗健康行业来说，生物医药产业目前已是我国重点扶持的战略新兴产业之一。受人口老龄化、人均用药水平的不断提高、用药的疾病谱变化和新医改政策的刺激等因素的影响，生物医药市场需求将强劲增长，这都给产业发展带来新机遇和推进动力。而目前我国生物技术/医疗健康行业发展尚不成熟，存在众多创业投资机会，越来越多的创业资本投资该行业。在此大背景下，2013年我国生物技术/医疗健康行业，投资案例数和投资金额分别占比12.5%和13.3%。另外全年物流行业投资金额排名位于第4，原因是元禾控股和两家PE机构招商局集团、中信资本联合投资80亿元人民币拉升整个行业的投资金额（见图3－10）。

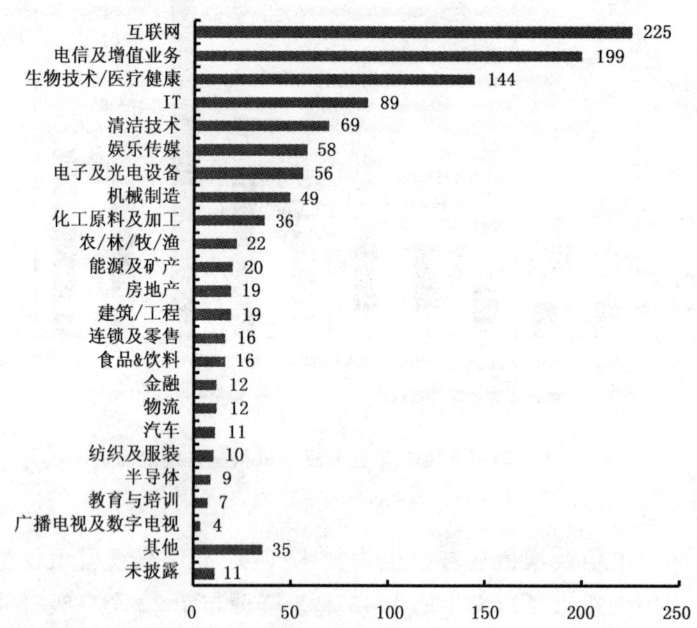

图3－10 2013年中国创业投资市场一级行业投资分布（按案例数，起）

资料来源：私募通，2014年1月，www.pedata.cn。

并购退出占主导，IPO退出仅占14.3%。2013年中外创投共发生230笔退出交易，同比下降6.5%。从退出方式上来看，2013年共发生76笔并购退出；IPO退出仅有33笔，占比14.3%，为近5年最低点。从全年VC支持企业上市情况来看，共有13家VC支持企业上市，全部为境外上市。2013年中国创业投资市场以并购退出为主，而我国2009年创业板推出后境内创投机构数量在近几年疯长，争相寻求IPO退出热潮涌动，并购退出基本处于被冷落的状态。伴随着境内IPO关闭的这一年，境内机构对并购这一退出方式更加重视，并且一些机构正在积极筹备并购基金，因此长远看并购在退出市场的地位将会有所提升。另外，受IPO关闭的影响，一些机构正在积极筹备VC/PE二级市场业务。因此，在2014年看似萧条的市场大背景下催生了更加多元化退出选择，为我国创业投资市场进一步走向成熟起到一定的促进作用（见图3-11、图3-12、图3-13）。

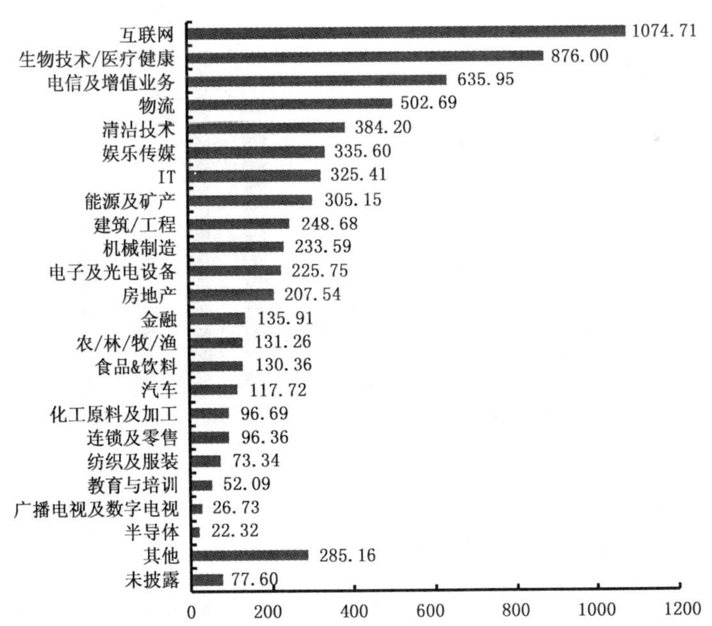

图3-11　2013年中国创业投资市场一级行业投资分布（按金额，US＄M）

资料来源：私募通，2014年1月，www.pedata.cn。

二、上海创业风险投资机构情况

（一）整体规模大幅提升

2013 年上海创业风险投资机构总数约为 70 家，比 2012 年增加了 6 家，其中创投基金 52 家，创投管理机构 18 家，排名跃居全国第 3 位，仅落后于江苏省的 510 家和浙江省的 224 家，高于北京的 14 家。从创投基金管理资本总量来看，上海在全国排名第 4，约为 224.83 亿元，2012 年增加了约 57 亿元，但依然落后于江苏的 1407.52 亿元、广东的 612.74 亿元和浙江的 312.6 亿元。从单位基金管理规模看，上海的创投平均资本管理额约为 4.3 亿元，在全国范围内来看以中等偏大型的基金为主，远低于广东的 12.3 亿元，同时也低于福建的 4.6 亿元和四川的 4.5 亿元（见表 3－14）。

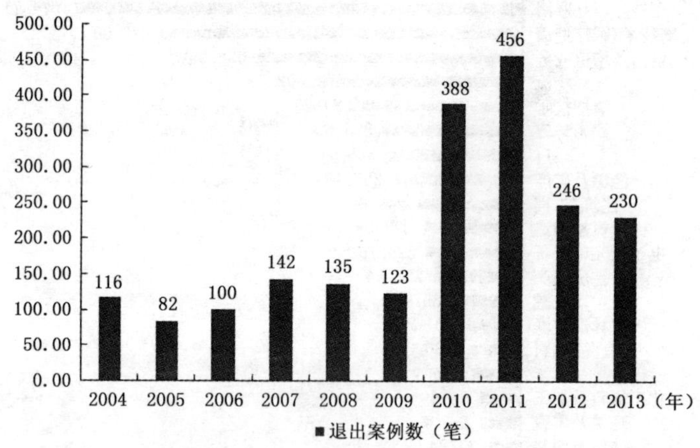

图 3－12　2004—2013 年中国创业投资市场退出案例数比较

资料来源：私募通，2014 年 1 月，www.pedata.cn。

从总体上看，尽管上海创投机构数量发展较快，资本规模增速明显，但是上海的创业风险投资依然处于全国中等水平，与广东、江苏、浙江有一定差距，这主要是由于上海是远离中小制造业集聚的区域，但是上海也具有自身优势，即基金数量相对较多，且规模较大，投资质量相对较高。

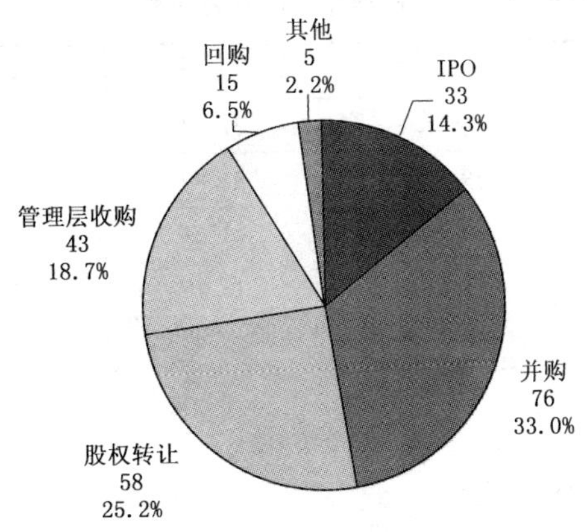

图 3－13　2013 年退出方式比较

资料来源：私募通，2014 年 1 月，www.pedata.cn。

表 3－14　　2013 年部分省（市）创业风险投资的管理资本分布

	创投基金（公司）（家）	管理资本规模（亿元）	平均管理资本规模（亿元）
江苏	403	1407.5	3.5
广东	50	612.7	12.3
浙江	191	312.6	1.6
上海	52	224.8	4.3
福建	26	120.4	4.6
安徽	55	117.1	2.1
四川	21	93.7	4.5
湖北	35	80.1	2.3
湖南	24	57.4	2.4
山东	30	52.1	1.7
天津	34	51.8	1.5
重庆	26	44.8	1.7

从具体的资金规模看，上海规模在 1 亿元至 5 亿元的创投基金较多，广东 5 亿元以上基金占比最大，比例高达 40.68%；由于中小制造业企业较多，江苏和浙江 5 亿元以下的基金占绝大多数，如表 3－15 所示。

表 3-15　2013年部分省（市）创业风险投资机构数量分布（%）

	5000万元以下	5000万至1亿元	1亿至2亿元	2亿至5亿元	5亿元以上
江苏	17.25	18.56	31.22	23.58	9.39
浙江	14.62	19.81	33.49	24.06	8.02
上海	27.27	0	21.21	33.33	18.18
广东	15.25	11.86	15.25	16.95	40.68
北京	11.11	33.33	22.22	22.22	11.11

（二）资金来源较为单一

创业风险投资资金以政府财政资金、国有独立投资机构、企业出资和个人出资为主要资金来源。2013年上海创业风险投资资金来源中比重最大的是国有独资投资机构，占比高达47%，远远高于其他资金来源，政府资金也占据较大，约为12%，如表3-16所示。同时，上海风险投资中个人资金占比仅为5%，银行资金基本为零。可以看出，上海风险投资市场主要源自政府的支持和鼓励，政府及其企业在资金总量上占据49%的比重，资金来源扩展潜力巨大。

表 3-16　2013年部分省（市）创业资本投资资金来源构成（%）

	非银行金融机构	个人	国有独资投资机构	其他	企业	政府	银行	境外
上　海	0	5	47	3	33	12	0	0
江　苏	2	15	23	2	46	8	1	3
浙　江	2	23	6	2	61	6	0	0
广　东	0	28	9	1	45	10	4	3
北　京	0	8	30	0	51	11	0	0

从各省（市）比较看，广东、江苏、浙江、北京的创业风险投基金基本上是以企业出资为主要资金来源，浙江省比重高达61%，北京市约为51%，江苏省约为46%，广东省约为45%，大大高于上海市的33%。此外，除上海外的其他省份还有一些来自银行、非银行金融机构，以及境外金融机构的资金，上海在这些领域基本为零，融资市场还有望进一步扩大。

（三）投资行为较为活跃

上海创业风险投资活动较为活跃。据统计，2013 年全国创业风险投资项目一共 1493 项，其中上海创业投资基金投资约 69 项，占比 4.6%，全国排名第 4，低于江苏省的 37%、广东省的 14.5% 和浙江的 9.6%，高于北京的 1.2%。

从投资强度来看，2013 年上海创业风险投资的项目投资强度为 2076 万元/项，低于海南、天津、湖南、广东、陕西、辽宁、云南、江西等省（市），这主要是由于上海作为中国经济最为发达的城市之一，在经历了长期增长之后已经进入稳定增长期，经济重点从制造业逐渐转为服务业，对投资的依赖程度在逐渐下降，而海南、天津等投资强度较高的省（市）正处在制造业扩张、升级的工业化阶段，对资金的单位需求非常大。

（四）投资阶段主要处于企业创业中期

创业风险投资所在投资阶段主要可以分为种子期、起步期、成长（扩张）期、成熟（过渡）期和重建期。2013 年与 2012 年类似，上海创业风险投资主要集中在企业的起步阶段和成长阶段，这两项比重分别为 37.7% 和 31.9%，但是侧重点出现了一些变化，2012 年重点投资的是企业的成长阶段，该阶段占比 48.4%，而起步阶段的投资比重仅为 17.2%，这种投资阶段的变化反映出上海创业风险投资的项目规模也在不断调整，逐步加大对处于起步阶段的中小企业的重视程度。

从各省（市）比较来看，上海对处于种子期的企业投资比重较小，仅为 10.1%，如表 3－17 所示，低于江苏的 20.6%、广东的 17% 和浙江的 14.9%。

表 3－17　2013 年部分省（市）创业风险投资项目所处阶段（%）

	种子	起步期	成长（扩张）期	成熟（过渡）期	重建期
上海	10.1	37.7	31.9	14.5	5.8
江苏	20.6	30.2	39.2	8.8	1.2
浙江	14.9	31.9	46.8	6.4	0
广东	17	27.5	41	14	0.5
北京	5.6	44.4	27.8	22.2	0

（五）投资领域广泛

2013年上海市创业风险投资所投资的领域更加广泛，项目分布在24个行业，比2012年多1个行业；项目投资较多的是金融保险业、软件产业、环保工程、半导体、新材料工业、光电子与光机电一体化，与2012年明显不同的是金融保险业一跃成为上海市创业风险投资机构最关注的行业，项目占比达11.6%，有效地推动了上海金融中心建设；2012年投资项目占比较高的农林牧副渔、通信设备、医药环保等行业则相对较低。

从投资强度上看，2013年上海市创业风险投资的行业平均投资资金差距较大，最高的是传统制造业，高达8500万元/项，最低的科技创新服务业，平均只有20万元/项，整体上看，上海市创业风险投资的行业投资强度超过了2012年，投资强度在1000万元/项以上的有19个行业，远远超过2012年的13个；而且最高的传统制造业也远远超过2012年的投资强度最高的金融保险业的5194.3万元/项（见表3-18）。

表3-18　2013年上海市创业风险投资的行业特点

行　业	百分比	行业投资强度（万元/项）
金融保险业	11.6	4713
软件产业	7.2	762
环保工程	7.2	1236
半导体	7.2	1144
新材料工业	7.2	1560
光电子与光机电一体化	7.2	1324
IT服务业	5.8	1805
其他IT产业	5.8	650
传播与文化娱乐	5.8	3679
网络产业	4.3	1500
新能源、高效节能技术	4.3	1400
生物科技	2.9	400
建筑业	2.9	762
其他行业	2.9	1650
医药保健	2.9	1640

续表

行　　业	百分比	行业投资强度（万元/项）
传统制造业	2.9	8500
农林牧渔业	1.4	2000
其他制造业	1.4	1000
交通运输仓储和邮政业	1.4	2000
科技服务	1.4	20
计算机硬件产业	1.4	1000
通讯设备	1.4	1000
通信设备	1.4	1500
核应用技术	1.4	33

第三节　上海私募股权市场

私募股权投资（Private Equity，PE），是指通过私募形式对私有企业，即非上市企业进行权益性投资，在交易过程中附带了退出机制，即通过公司首次公开发行股票（IPO）、兼并与收购（M&A）或管理层回购（MBO）等方式退出获利。

一、中国私募股权投资基本情况

大中华区著名创业投资与私募股权研究机构清科研究中心日前发布2013年中国私募股权投资市场数据统计结果。数据统计显示，2013年中国私募股权投资市场共新募集完成349只可投资于中国大陆地区的私募股权投资基金，募资金额共计345.06亿美元，数量较2012年略有下降，金额同比增长36.3%；从新募基金类型分析，房地产基金为2013年表现最抢眼的基金类型，数量与金额占比均超过总量的三成；从新募基金的币种来看，人民币基金数量仍然占据绝对优势，外币基金募集情况有所回温；与募资情

况类似，2013 年中国私募股权投资市场投资交易数量与 2012 年相比有小幅缩水，投资金额同比增长 23.7%，共发生私募股权投资案例 660 起，其中披露金额的 602 起案例共计投资 244.83 亿美元，房地产成为投资最活跃行业；2013 年全年共发生退出案例 228 笔，其中 IPO 退出均发生在境外市场，共计发生 41 笔，并购退出以 62 笔成为机构最主要退出方式，共占全部退出数量的 27.2%。

募资市场出现回暖迹象，外币基金募集较前期活跃。据清科研究中心统计，2013 年共有 349 只可投资于内地的私募股权投资基金完成募集，其中披露金额的 339 只基金共计募集 345.06 亿美元，募集数量同比下降 5.4%，募资金额同比增长 36.3%，募集市场复苏迹象较为明显。其中，进入下半年来，美元基金的募集热度出现回升，不少大型外资机构完成了投向中国/亚洲市场的美元基金；此外房地产基金对募资市场的贡献度占到了三成以上；大型机构 LP、国资 LP 在本年度的募集活动中活跃度上升（见图 3－14）。

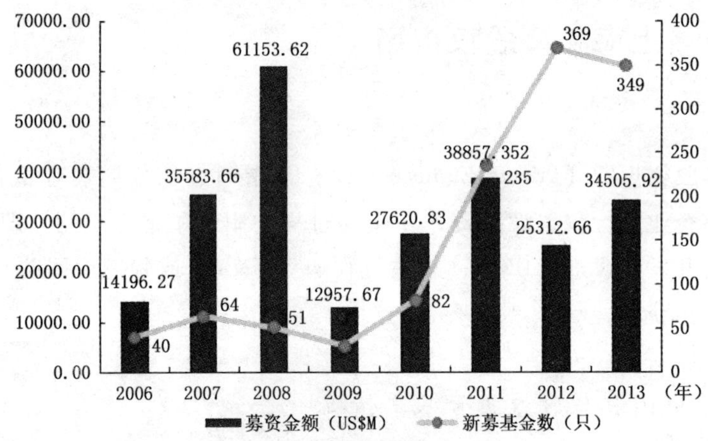

图 3－14　2006—2013 年私募股权投资基金募资总量的年度环比比较

资料来源：私募通，2014 年 1 月，www.pedata.cn。

二、中国私募股权投资结构分析

从新募基金类型角度分析，349 只新基金中，成长基金的数量与金额均占一半左右，占比数量较往年有所下降，共计新增基金 181 只，披露募资金

额的172只共计募集188.07亿美元。房地产基金共计新增132只，披露金额的131只共计到位106.67亿美元，包括外币房地产基金4只，共计募集25.20亿美元。2013年，新增并购基金19只，募集资金25.07亿美元，新增夹层基金6只，过桥基金1只，以及以PIPE基金、基建基金为主的其他类型基金10只（见图3-15）。

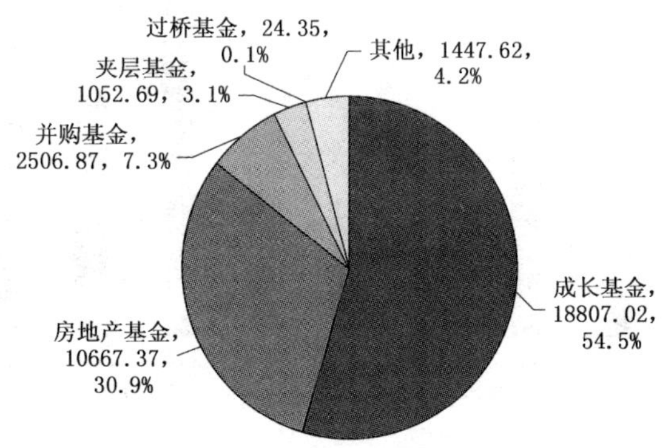

图3-15　2013年新募私募股权基金类型分布

资料来源：私募通，2014年1月，www.pedata.cn。

2013年新募基金包括人民币基金322只，其中披露金额的313只募资总额为233.26亿美元，外币基金新增27只，披露金额的26只共计到位111.80亿美元。其中，鼎晖投资的鼎晖中国美元基金募集到位超过18.00亿美元，成为年度最大单只基金（见图3-16）。

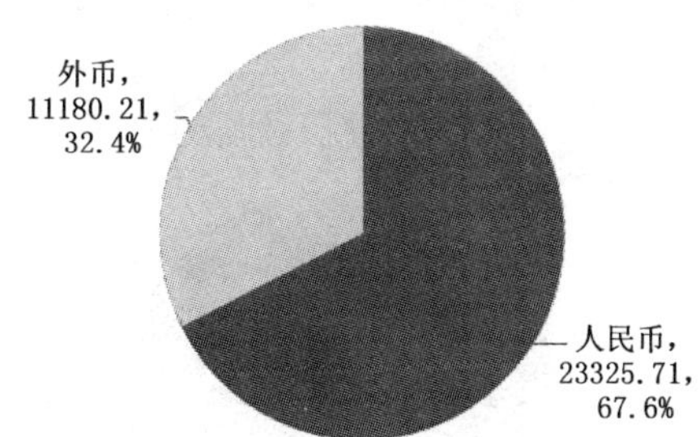

图3-16　2013年新募私募股权基金类型分布

资料来源：私募通，2014年1月，www.pedata.cn。

投资金额同比增长23.7%，成长资本/房地产/PIPE为主要投资策略。2013年中国私募股权市场共发生投资案例660起，与2012年同期相比减少2.9%，其中披露金额的602起案例涉及交易金额244.83亿美元，同比增长23.7%。其中

大宗交易的频频发生有效带动了投资金额的增长，共发生投资规模 2.00 亿美元以上的大型交易 15 起，涉及金额超过 94.00 亿美元（见图 3-17）。

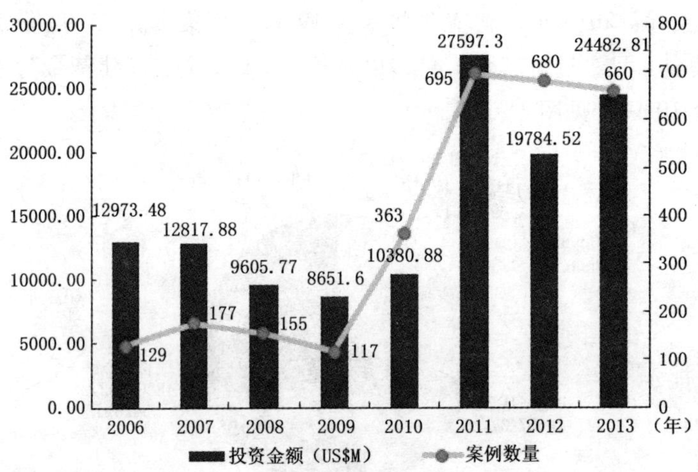

图 3-17　2013 年中国私募股权投资基金投资情况比较

资料来源：私募通，2014 年 1 月，www.pedata.cn。

从投资策略来看，2013 年成长资本、PIPE（投资上市公司）、房地产投资三种策略占据全部策略类型的 95.0% 以上。其中，成长资本 431 起，房地产投资 105 起，PIPE 投资 94 起，披露金额的投资交易分别有 384 起、100 起、92 起，涉及金额 126.12 亿美元、63.39 亿美元、45.63 亿美元。全年还发生并购投资 14 起、夹层资本 7 起、过桥投资 2 起（见图 3-18）。

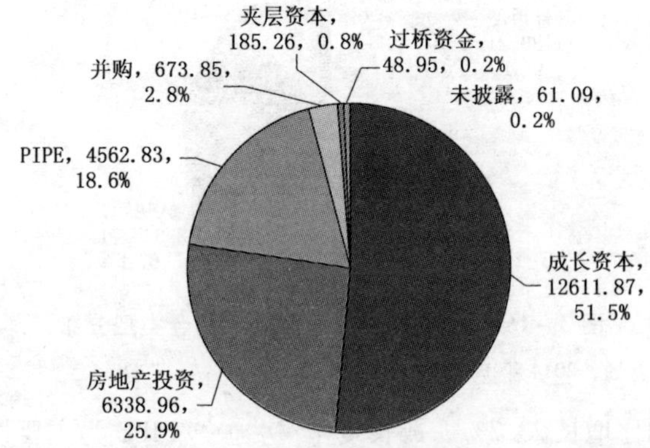

图 3-18　2013 年中国私募股权投资市场投资策略统计（按投资金额，US $ M）

资料来源：私募通，2014 年 1 月，www.pedata.cn。

多行业频发大宗交易，北京仍为最热投资地区。2013 年，私募股权投资机构所投行业分布在 23 个一级行业中，房地产行业为最热门行业，共计发生投资交易 105 起，是唯一投资数量超过三位数的行业。生物技术/医疗健康、互联网、电信及增值业务、清洁技术等战略新兴产业为热门投资行业第二梯队，所获投资数量均超过 40 起。农/林/牧/渔、机械制造、能源及矿产、化工原料及加工等传统行业紧随其后，投资数量均在 25 起以上。

投资金额方面，房地产行业凭借 5 起超过 2.00 亿美元的大宗交易以 63.16 亿美元毫无疑问夺魁，排在 2—4 位的能源及矿产、物流、互联网行业本年度也有大宗交易发生。值得一提的是，在能源及矿产行业中，国联能源产业基金对中石油管道联合有限公司的 240.00 亿元巨额出资，为近年来私募股权投资领域最大单笔投资交易（见图 3 - 19、图 3 - 20）。

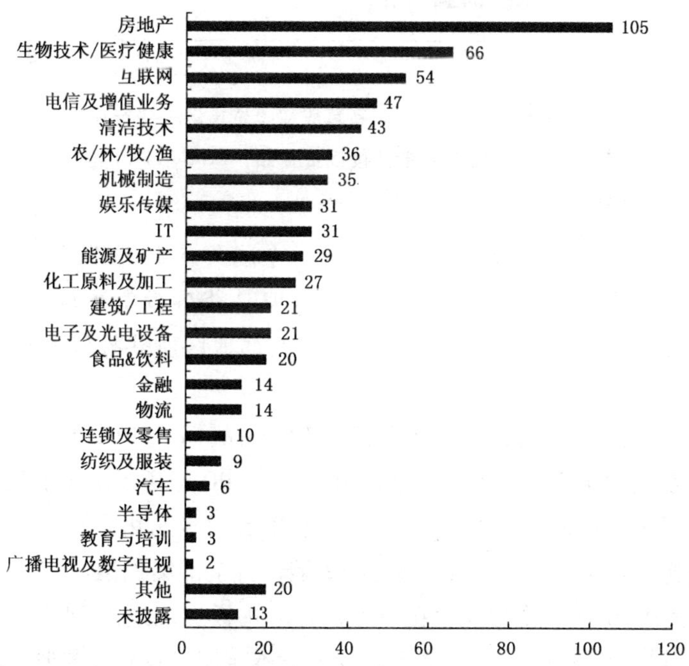

图 3 - 19　2013 年中国私募股权投资市场一级行业投资分布（按案例数，起）

资料来源：私募通，2014 年 1 月，www.pedata.cn。

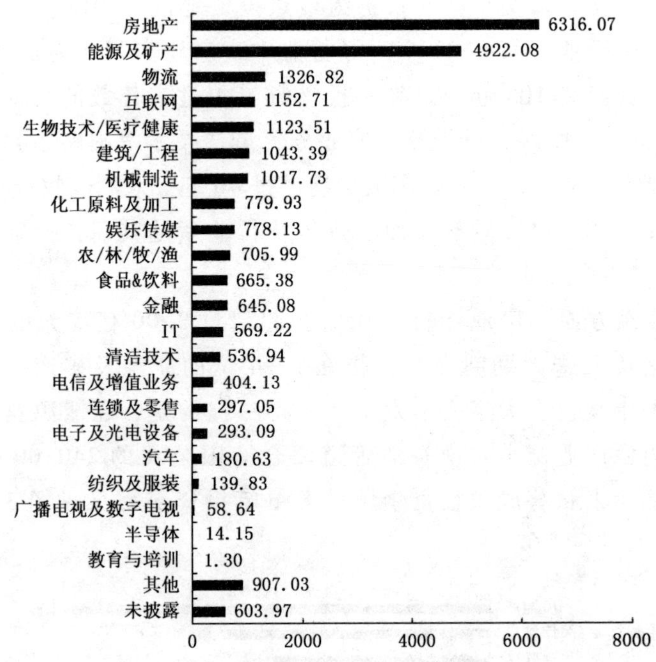

图3-20 2013年中国私募股权投资市场一级行业投资分布（按投资金额，US $ M）

资料来源：私募通，2014年1月，www.pedata.cn。

从2013年投资交易的地域分布来看，全国共有32个省市区获得投资，其中，北京、上海、江苏、广东、浙江依旧是获得投资数量最多的地区。投资金额方面，内蒙古、重庆、云南等中西部地区所获投资增长较快（见图3-21、图3-22）。

并购退出占比27.2%，香港主板成IPO主战场。2013年，中国私募股权投资市场共发生退出案例228笔，由于境内IPO经历了历史上最长的空窗期，在主退出渠道阻塞的情况下，退出市场呈现多元化态势。其中并购退出成为最主要的退出方式，发生案例62笔，占全部案例数的27.2%。全年IPO退出案例41笔，全部发生在境外，香港主板实现退出34笔，成为IPO主战场，其中有18笔发生在12月。此外，本年度股权转让与股东回购各发生47笔与38笔，管理层收购发生20笔，另有以房地产基金退出为主的其他方式退出17笔，清算退出3笔（见图3-23、图3-24）。

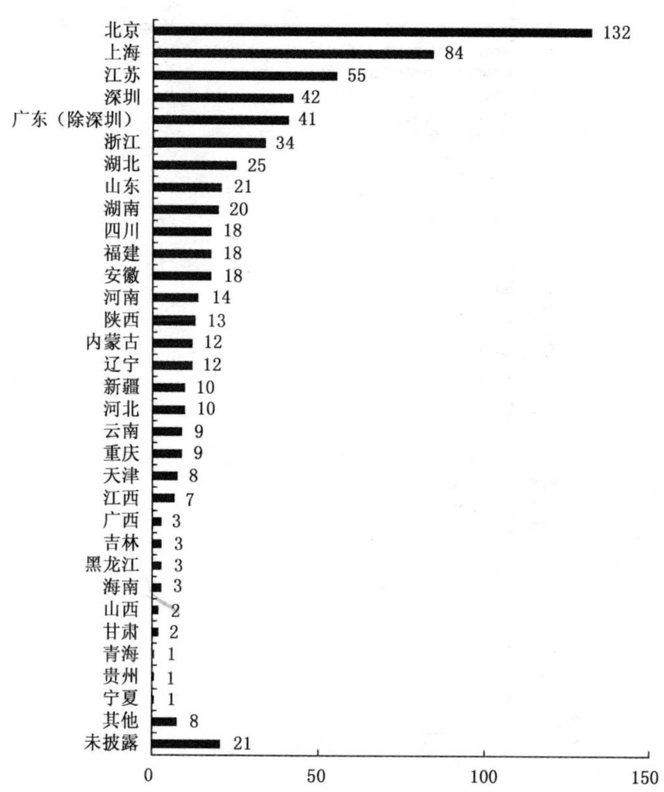

图 3－21 2013 年中国私募股权投资市场投资地域分布（按案例数，起）

资料来源：私募通，2014 年 1 月，www.pedata.cn。

从退出行业分布分析，房地产行业获得 64 笔退出，遥遥领先于其他行业，这主要源于房地产基金存续期较短，2011 年左右兴起的房地产基金已基本到退出期。排在 2—6 位的行业为能源及矿产、生物技术/医疗健康、机械制造、互联网、建筑/工程，退出笔数均在 10 笔以上（见图 3－25）。

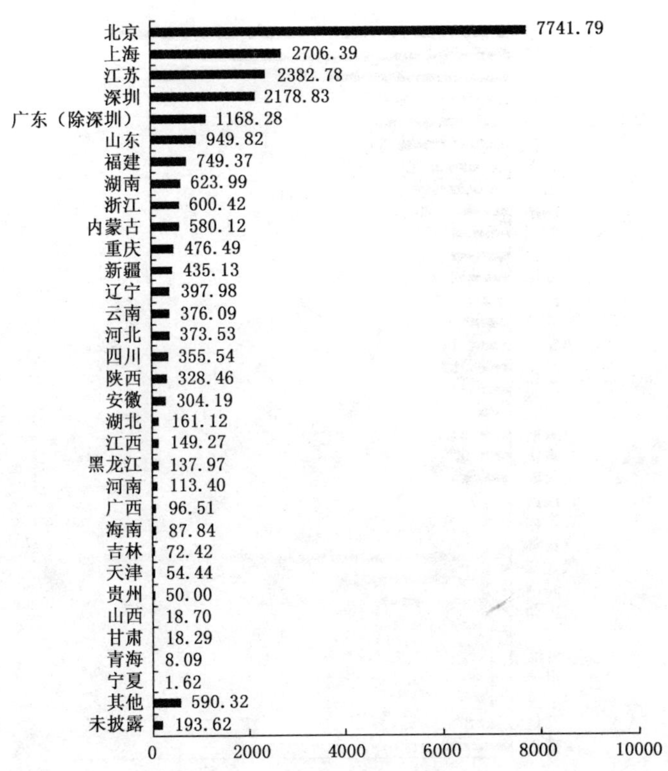

图3－22　2013年中国私募股权投资市场投资地域分布（按投资金额，US $ M）

资料来源：私募通，2014年1月，www.pedata.cn。

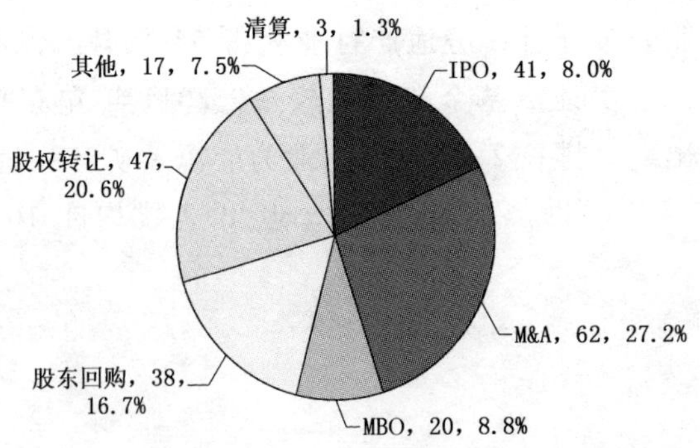

图3－23　2013年中国私募股权投资市场退出方式分布（按案例数，笔）

资料来源：私募通，2014年1月，www.pedata.cn。

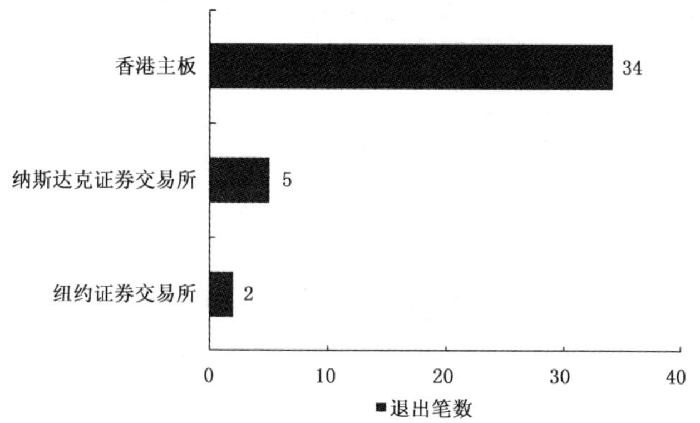

图 3-24　2013 年中国私募股权投资 IPO 退出市场分布（按案例数，笔）

资料来源：私募通，2014 年 1 月，www.pedata.cn。

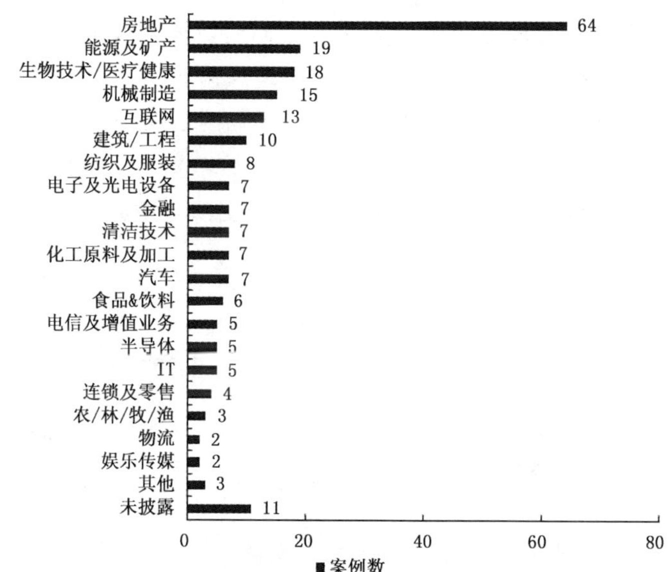

图 3-25　2013 年中国私募股权投资市场退出行业分布（按案例数，笔）

资料来源：私募通，2014 年 1 月，www.pedata.cn。

第 四 章
上海科技资本市场

当企业进入成熟阶段，对资金需求量较大、风险相对较小，采用证券融资和银行借贷融资成为主要资金来源，同时，风险投资、私募股权投资退出企业。以股权交易为代表的资本市场是风险投资和私募基金退出所投资企业的重要途径，是否有完善的企业上市机制，健全、有效的资本市场就成为能否有效推动科技金融健康发展的重要环节。目前我国科技资本市场主要由中小板/创业板市场、上海股权托管交易者中心、产权交易中心等组成，如图 4－1 所示。

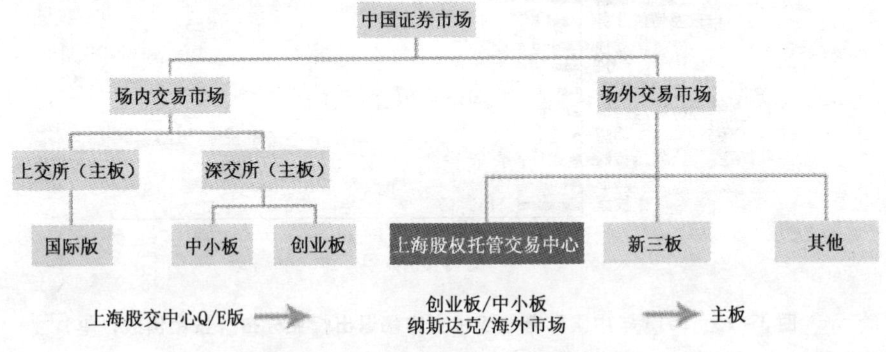

图 4－1　我国多层次资本市场体系

第一节 创业板市场

创业板市场（Growth Enterprise Market，GEM）是指专门协助高成长的创新公司特别是高科技公司筹资并进行资本运作的市场，也称为二板市场、增长型股票市场等。创业板市场的上市条件低于主板市场，但一般都要求企业有集中的业务范围、严密的业务发展计划、清晰的业务发展战略和较大的业务潜力等特征。

上海证券交易所未开立创业板，因此上海的创业板市场无从谈起，但是上海的中小型企业可以选择国际、国内的创业板市场上市。目前在国内较为有名的创业板市场有深圳证券交易所创业板、香港证券交易所创业板、韩国科斯达克市场、伦敦 AIM 市场和美国纳斯达克证券交易所。

一、深圳创业板

2013 年深圳创业板已经成为创新型企业借力资本市场发展壮大的重要平台，已具备新经济晴雨表功能。创业板公司主要集中于电子信息技术、环保、新材料、新能源、高端制造、生物医药等行业，创新特征更加突出。2013 年，创业板战略性新兴产业公司占比和平均研发投入占营业收入比例，均居三板块之首。2013 年创业板公司净利润超过 2 亿元共 29 家，较上年增加 5 家，其中碧水源、华谊兄弟、汇川技术、蓝色光标、汤臣倍健等在细分市场已经成为具有较强影响力和创新力的企业。2011—2013 年，创业板 3 年净利润复合增长率超过 30% 的公司共 63 家，占该板块公司总数的 16.62%，其中 19 家复合增长率超过 50%。

根据清科数据公开披露的信息，2012 年至 2014 年 11 月，深圳证券交易所创业板共有 118 家公司上市，募集总金额 575.2 亿元。其中上市数目最多的城市是北京，约有 25 家企业在创业板上市，融资规模达 127 亿元；排在第 2 位的是深圳，有 10 家企业上市，融资额约为 31.9 亿元；上海市有 8 家企业上市，募集总金额 33.9 亿元（见表 4－1）。

表4-1　　2012—2013年主要城市创业板上市企业情况

	上市企业数（家）	融资金额（亿元）
上海	8	33.9
深圳	10	31.9
北京	25	127
苏州	8	35.7

数据来源：根据清科数据整理得到。

需要指出的是尽管2012年至2014年末深圳创业板有较多的企业上市，但是这些上市行为全部发生在2012年和2014年，2013年深圳创业板上市的企业为零。

二、香港创业板

2013年底，香港创业板上市公司共192家（2012年为179家），总市值为1340亿港元，较上一年底的784亿港元上升71%。这些公司当中有75家（39%）为内地企业——24家H股公司、6家红筹公司及45家内地民营企业，年底市值分别为60亿港元、131亿港元及435亿港元，共占创业板市值的47%。2013年内于创业板新上市的公司共23家，集资32亿港元。2013年创业板全年总成交金额为788亿港元，较上一年增长135%。2013年内由创业板转往主板上市的公司有8家（2012年有2家）。2013年香港创业板上市企业约为8家，共融资11.6亿港元，这8家企业均不在上海。

第二节　产权交易中心

上海联合产权交易所是2003年经上海市人民政府批准设立的具有事业法人资格的综合性产权交易服务机构，是集物权、债权、股权、知识产权等交易服务为一体的专业化市场平台，是国务院国有资产监督管理委员会选定的从事中央企业国有产权转让的指定机构，是长江流域产权交易共同市场理事会理事长单位，是立足上海、面向世界、服务全国、连接各类资本进退的专业化权益性资本市场。上海联合产权交易所通过遍布境内外的网络分支机构，为各类出资主体提供灵活、便捷的投融资服务，是上海多层次资本市场重要的组成部分。

上海联合产权交易所为各类出资和融资主体提供投融资服务，集物权、债权、股权、知识产权等交易服务为一体，连接各类资本进退的专业化权益性资本市场和技术转移平台。提供的服务包括：从事中央企业国有产权转让交易；依法审查产权交易主体的资格和交易条件，以及交易行为的合法性、规范性，对符合规定的交易出具交易凭证；为产权机构提供规范服务，组织产权交易，维护交易各方的合法权益；结合中小企业成长路线，针对企业不同发展阶段提供个性化融资服务；以科技企业融资发展为重点，通过搭建全国性科技企业并购市场，围绕科技企业发展，开展策划包装、权益融资、非标准科技型企业股权规范转让等综合服务。

上海产权市场历经十多年的发展，累计成交各类产权 26823 宗，交易金额达 8254.07 亿元，其中国有产权成交 9080 宗，交易金额 2333 亿元。著名的案例如：上海市自来水浦东有限公司利用产权市场平台，实现 50% 国有股权向国际跨国公司溢价转让；上海电气（集团）总公司以 62.61 亿元优质资产在联交所挂牌招商，吸引本市和外地的国有、民营等社会资金 27.5 亿元。2013 年上半年，上海联合产权交易所成交近 2564 宗，交易总量突破 1481.61 亿元。按照上海产权市场的监管体制，上海联合产权交易所实行会员制，现有会员 302 家，分支机构 34 个，分布于全国 26 个省市和境外 13 个国家和地区。发达的中介服务网络，集聚了海内外各类投资者万余家。

第三节　上海股权托管交易

2012 年 2 月 15 日，在上海金融资本市场改革创新向中小企业利好的背景下，上海股权托管交易中心（以下简称“上股交中心”）正式启动交易。该中心是经国务院同意，由上海市人民政府批准设立，遵循中国证监会对

中国多层次资本市场体系建设的统一要求，是上海市国际金融中心建设的重要组成部分，也是中国多层次资本市场体系建设的重要环节。

上海股权托管交易中心下设挂牌管理部（投资银行部）、交易管理部（经纪业务部）、登记结算部（市场监管部）、信息技术部、计划财务部、办公室（风险控制部、人力资源部）六个部门于一体，致力于与中国证监会监管的证券市场实现对接，除为挂牌公司提供定向增资、重组购并、股份转让、价值挖掘、营销宣传等服务外，还对挂牌公司规范运作、信息披露等市场行为予以监管，努力为挂牌公司实现转主板、中小板、创业板上市发挥培育、辅导和促进作用。

上股交中心积极发挥“股份交易中心、资源集聚中心、上市孵化中心、金融创新中心”的功能，为挂牌公司和广大投资者提供优质的服务，集股份交易、登记结算、市场拓展、代理买卖等多种金融服务业务于一体，为一、二级市场投资者提供多样化的金融产品和综合服务。主要服务内容有，第一，为非上市股份有限公司提供股权托管登记；第二，为本中心挂牌公司提供转让、结算交收、代理分红派息；第三，为非上市中小企业提供融资服务；第四，为多层次资本市场培育上市资源；第五，为投资者提供股权交易场所。

上海股权托管交易中心目前已形成“一市两板”的格局：在一个市场——上海股权托管交易中心中形成非上市股份有限公司股份转让系统（“转让系统”、“E板”）、中小企业股权报价系统（“报价系统”、“Q板”）两个板，为不同类型、不同状态、不同阶段的企业找到合适于企业发展的位置，得到相适的服务，是上股交中心满足中小企业多元化需求、拓宽中小企业融资渠道、促进实体经济发展的重要创新。截至2013年12月31日，上海股交中心挂牌企业总数524家，其中E板挂牌企业159家，Q板挂牌企业365家，挂牌企业地区分布23个省市；会员总数445家，其中E板推荐机构126家，Q板推荐机构83家，专业服务机构数179家，经纪业务会员57家；融资总额23亿元，其中股权融资17亿元，债权融资6亿元；成交金额3.83亿元，成交1.15亿股。此外，上海股交中心的交易活跃度相当于同类市场中表现最佳者的3倍，截至2014年4月22日，上海股交中心开户数已有约6300户，交易金额4.85亿元，交易股数1.64亿股（见图4-2）。

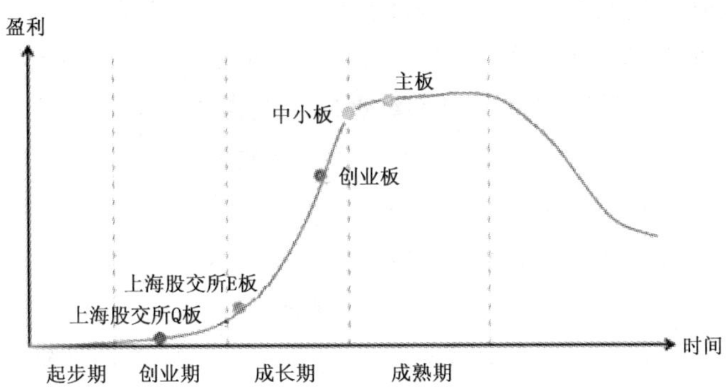

图 4－2　不同发展阶段的企业对应的资本市场层次

一、Q 板市场

2013 年 8 月 7 日，上海股交中心正式推出中小企业股权报价系统（即“Q 板”），可以让不同类型、不同规模、不同阶段的企业在上海股交中心得到相适的服务，满足投资者多元化的投资需求，是上海股交中心为扶持中小企业发展，促进实体经济的又一重大金融创新。上海股交中心自 2012 年开业以来，致力于聚集社会各界优质资源，努力解决中小微企业融资问题，促进实体经济发展。一分耕耘一分收获，经过一年半时间的运营，市场发展迅速，运行平稳有序，融资、交易功能得到充分的发挥，取得了骄人业绩。在服务中小企业的过程中，上股交中心发现，根据现有业务制度要求，仍有相当数量的中小微企业难以被覆盖。在此背景下，上海股交中心积极响应国家号召，通过大胆创新、精细论证，推出了多项创新性举措。

中小企业股权报价系统（简称“报价系统”）即上海股交中心为国内中小微企业构建的一个全新的业务系统，该系统为中小微企业提供各类信息发布和形象展示平台，搭建投融资对接的桥梁。中小企业股权报价系统是为企业提供挂牌、定向增资、信息披露、出让、受让信息发布和股权转让过户登记、人员培训、专业指导、企业展示、品牌宣传等多方位服务的新系统。这是一个极具特色的新型板块，它让不同类型、不同规模、不同阶段的企业在上海股权托管交易市场得到相适的服务，并满足投资者多元化的投资需求，提供多种退出途径；开创性地设计了按企业信息披露和规范程

度进行分级管理的机制，引导并激励企业建立现代企业制度，规范运作；向投资者提供7×24小时股权转让报价；企业可根据实际情况自主选择信息披露内容；由报价系统推荐机构点对点向企业提供专业服务，对企业进行持续规范化培训指导；企业挂牌成本低、挂牌效率高。

Q = Quotation system，即“中小企业股权报价系统”，简称报价板、Q板，指挂牌公司可以通过系统进行线上报价，但交易、融资均在线下完成。上海股交中心对Q板挂牌企业未设行业限制，主要包括农林牧渔、化工、有色金属、建筑建材、机械设备、交运设备、信息设备、食品饮料、纺织服装、轻工制造、医药生物、公用事业、交通运输、金融服务、商业贸易、餐饮旅游、信息服务、综合服务等（见图4-3）。

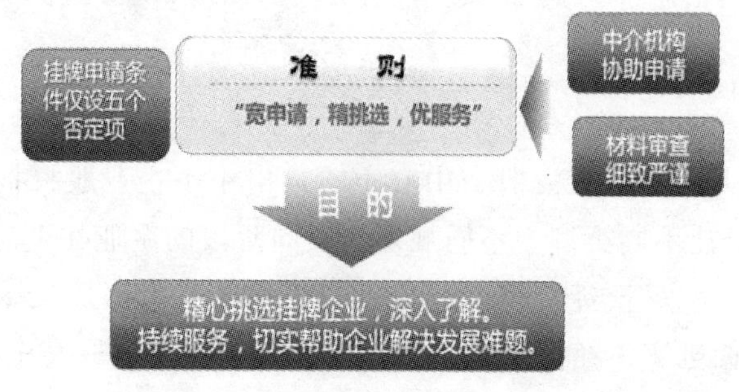

图4-3　报价系统（Q板）的准则

“中小企业股权报价系统”主要以起步期、创业期企业为主，兼顾其他阶段企业。主要针对那些暂不具备在E板挂牌条件、错失了与资本市场对接机会的处于初创期的中小微企业。对于有意挂牌Q板的企业，上海股交中心主要秉承“宽申请、精挑选、优服务”的理念，对企业的形态、所有制形式和所处行业均不做限定，在信息披露的要求上具有一定的灵活性。

中小企业股权报价系统（“报价系统”、“Q板”）旨在为中小微企业提供对接资本市场的机会，搭建一个综合金融信息服务的平台，提供各方信息，成为企业展示形象、金融机构发布金融产品、投资者挖掘优质企业的桥梁。

Q板以系统平台为载体，为挂牌企业提供包括挂牌、信息披露、股权融资、债权融资、收购兼并、人员培训、专业指导、企业展示、品牌宣传等多方位服务。与 E 板不同的是，Q 板的挂牌企业要求更低。E 板仅限于已完成股份改制的企业，而 Q 板则允许未改制企业挂牌转让。

Q 板挂牌企业类型不局限于股份有限公司，还包括有限公司、合伙企业等各类型企业；也不局限企业所处行业和所有制成分，民营企业、集体企业和国有企业均被认可。只需满足“5 个否定项”即能在 Q 板挂牌。5 个否定项指：

（1）无固定的办公场所；

（2）无满足企业正常运作的人员；

（3）企业被吊销营业执照；

（4）存在重大违法违规行为或被国家相关部门予以严重处罚；

（5）企业的董事、监事及高级管理人员存在《公司法》第一百四十六条所列属的情况。

企业在 Q 板挂牌后，上海股交中心将主要为他们提供定向增资，信息披露，以及出让、受让信息发布和股权转让过户登记、人员培训、专业指导、企业展示、品牌宣传等多方位服务。此外，Q 板企业在符合一定条件之后，也可以经 E 板推介机构推荐转板至 E 板挂牌。

目前，上海股交中心 Q 板已成为挂牌的中小微企业进行形象展示、品牌宣传和获得专业指导等多种服务的重要载体。多家 Q 板挂牌企业在短短 3 个月时间内共计获得融资近 2 亿元，其中，获股权融资约 1.15 亿元，债权融资约 7650 万元。

二、E 板市场

非上市股份有限公司股份转让系统（“转让系统”、“E 板”）旨在为股份公司提供：股份转让、股权融资、债权融资（股份质押贷款、信用贷款、私募债）等融资功能。E 板相比 Q 板的最大优势，是中小微企业能得到更高股权融资额度（见表 4 - 2）。

非上市股份有限公司股份转让系统（E 板）挂牌条件：业务基本独立，具有持续经营能力；不存在显著的同业竞争、显失公允的关联交易、额度较大的股东侵占资产等损害投资者利益的行为；在经营和管理上具备风险控制能力；治理结构健全、运作规范；股份的发行、转让合法合规；注册

资本中存在非货币出资的，应设立满一个会计年度；上海股交中心要求的其他条件。

表 4-2　　E 板与其他股权市场上市要求差别

上市板块	中小板 （中小企业）	创业板 （创业小企业）	股交中心 E 板 （中小微企业）
上市用时	2 年以上	2 年以上	4—6 个月
财务指标	最近 3 年营收累计超 3 亿元（主板要求连续 3 年持续盈利）	①最近 1 年营收不少于 5000 万元 ②利润 1000 万元 ③两年营收增长率不低于 30%	①股份制公司 ②净资产 500 万元 ③营业额 1000 万元 ④未来成长性 ⑤有风险控制力
股本要求	发行前股本总额不少于 3000 万元（主板 5000 万元）	企业发行后股本总额不少于 3000 万元	无硬性标准
经营时间	持续 3 年以上	持续 3 年以上	非货币出资满 1 年
核准方式	审核	审核	备案

E 板挂牌企业选型主要针对符合国家产业政策的高科技企业，如图 4-4 所示。对于注册资本中存在非货币出资、申请在上海股交中心挂牌的非上市公司，如为有限责任公司按原账面净资产值折股整体变更为股份有限公司的，公司存续时间从有限责任公司设立时开始计算；有限责任公司未按原账面净资产值折股整体变更为股份有限公司的，应待股份有限公司成立满一个会计年度后方可申请挂牌。挂牌前 6 个月内挂牌公司进行过增资的，货币出资新增股份自工商变更登记之日起满 6 个月可进入上海股交中心转让；非货币财产出资新增股份自工商变更登记之日起满 12 个月可进入上海股交中心转让。

E 板挂牌给企业带来的价值有利于建立现代企业制度，规范企业运作，完善法人治理结构，促进企业健康发展；有利于提高股份的流动性，完善企业的资本结构，提高企业自身抗风险的能力，增强企业的发展后劲；有利于企业扩大宣传，树立品牌，促进企业开拓市场；有利于企业吸收风险资本投入，引入战略投资者，进行资产并购与重组等资本运作；通过规范运作、适度信息披露、相关部门监管等，可以促进企业尽快达到创业板、中小板及主板上市的要求；开展股份报价转让业务，完善股份退出机制，使企业定向增资更容易；公司在公共平台上挂牌，增加了企业信用等级，更利于获得银行贷款。

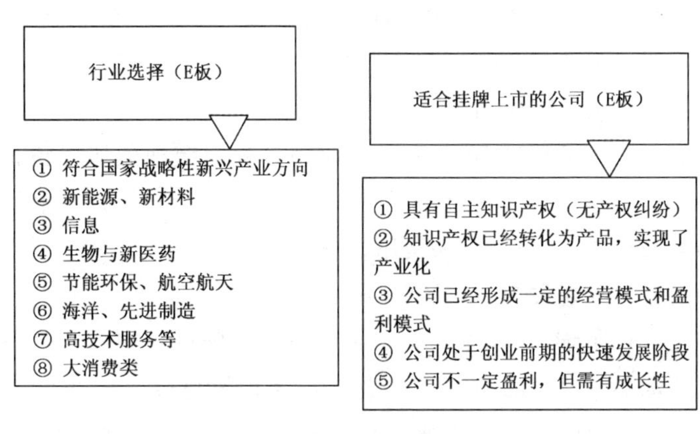

图4－4　E板行业选择

三、各地对上海股交中心挂牌企业补贴政策

截至2013年末，各地对上海股交中心挂牌企业补贴政策包括：

上海要求各区县制定支持股权托管交易市场发展的政策措施，对企业所发生的相关费用给予一定的支持。上海市财政根据各区县的政策支持情况，通过中小企业发展专项转移支付项目，实施专项转移支付。

上海要求各区县制定并落实支持中小企业实施股份制改制、鼓励和引导辖区非上市股份有限公司开展股权托管的相关扶持政策，上海市财政根据各区县有关财政扶持情况，每年通过中小企业发展专项转移支付项目，实施专项转移支付。

嘉定区：补贴挂牌公司总额不超过200万元。此外，对于新落户于嘉定区的企业，额外补贴50万元。

浦东新区：补贴挂牌公司50万元。同时，补贴推荐该公司成功挂牌的推荐机构会员20万元。

张江核心区：一次性给予160万元的改制挂牌补贴，并且挂牌后给予每

年 10 万元补贴支持；若公司挂牌后实现融资，为推荐机构会员及上海股交中心各给予首轮融资额 1% 的补贴。

闵行区：一次性给予 50 万元改制挂牌补贴。

徐汇区：由市区两级按照 1:1 的比例给予补贴。其中，对在股交中心挂牌的企业可由市区两级给予最高 100 万元补贴。如该类企业成功转板上市，经评审可按累计不超过 200 万元给予差额补贴。

虹口区：改制过程中所发生的手续费，按照实际发生额的 50% 给予专项扶持，最高金额不超过 30 万元；对改制过程中缴纳的所得税，待企业改制完成后，按不超过区实得部分的 50% 给予企业专项扶持，最高金额不超过 70 万元。同时，挂牌、交易费用，按照实际发生额的 50% 给予企业专项扶持，最高金额不超过 50 万元。

青浦区：（1）成功挂牌企业改制及申请挂牌过程中的中介费用，按区领导小组认定中介费用的 50% 给予扶持，累计不超过 200 万元。（2）区外将注册地迁至青浦区的成功挂牌企业，再给予 50 万元奖励。（3）此办法发布之日前已成功挂牌的企业，或在区外挂牌后将注册地迁至青浦区并纳税的企业，经区领导小组认定，参照执行。

奉贤区：成功挂牌的企业，申请挂牌过程中发生的中介费用，按实际发生额给予扶持，最高不超过 100 万元。对将注册地迁至奉贤区张江分园或区内其他区域的外区企业，迁入两年内成功挂牌的，再给予 20 万元奖励。

安徽淮北市：（1）改制过程中，审计评估后净资产增值部分应缴企业所得税及以前年度补缴税收，由同级财政按照缴纳税收的地方留成部分全额补贴。（2）改制过程中资本公积、未分配利润及盈余公积转增股本依法缴纳的个人所得税，同级财政按地方留成部分全额补贴。（3）改制过程中土地、房产等资产所有权变更登记缴纳的税收，挂牌后，同级财政给予地方留成部分全额补贴。（4）企业成功挂牌后，一次性奖励 80 万元。

吉林通化市：（1）企业与推荐机构、中介机构签订改制重组协议后，市政府给予企业 30 万元奖励。（2）企业改制后 3 年内上缴所得税地方留成部分环比增长的部分由受益财政补贴给企业。（3）拟挂牌企业新建生产性建设项目的行政性收费，地方性规费及中央、省规定收费中的地方留成部分，先征后奖。拟挂牌企业投资新建符合国家产业政策的项目，在用地指标和工业生产要素供应方面给予企业积极支持。

山东济宁市：对挂牌融资的企业给予最高 30 万元的补贴。

福建省泉州经济技术开发区：改制为股份有限公司的，办理工商登记当年给予 20 万元奖励；挂牌当年给予 10 万元奖励；实现第一笔融资并将 80% 以上（含）融资额在开发区投资的，按实际到位资金 3% 给予一次性奖励，最高 50 万元。改制设立股份有限公司时针对因土地、房产评估增值而补缴的企业所得税，参照其补缴税额本级留成部分 50% 的额度给予资金奖励，兑现时间为挂牌后；因盈余公积金和未分配利润转增股本所缴纳的个人所得税，在其税款全部缴纳的当年，开发区财政分成部分全额奖励给纳税人。从挂牌当年起，以上年度所缴“三税”（主要指增值税、营业税、企业所得税）为基数，每年新增的“三税”（入库数）开发区本级留成部分全额、逐年度给予奖励，最长 3 年。

福建省龙岩市经济技术开发区：有限责任公司整体变更改制为股份有限公司的，给予 10 万元资金奖励；在挂牌的当年给予 20 万元奖励，待定向增资或扩股成功后再给予 30 万元奖励；实现第一笔融资并将融资额在开发区投资的，按实际到位资金（以办理工商登记为准）的 3% 给予一次性奖励，最高限额 50 万元。挂牌企业改制过程中，涉及企业因盈余公积金和未分配利润转增股本所缴纳的个人所得税或企业所得税，在其税款全部缴纳的当年，开发区财政分成部分全额奖励给纳税人。从挂牌当年起，以上年度所缴“三税”（主要指增值税、营业税、企业所得税）为基数，每年新增的“三税”（入库数）开发区本级留成部分 3 年内全额度给予奖励。

江苏省南通市：企业挂牌或者成功将外地上市公司注册地迁至南通，并在南通市纳税的，市级财政奖励 50 万元。企业在推进上市过程中，引进在市区注册并备案的创投公司资金，可在成功挂牌后，享受市级财政一次性奖励 30 万元。

江苏省海门市：（1）改制设立股份有限公司，给予 10 万元补助。（2）完成尽职调查，并提交备案材料给予 20 万元补助。（3）成功挂牌交易后，一次性奖励企业主要经营者及有功人员 20 万元。

江苏省新沂市：改制产生的税收及因审计调账需补缴的税收，受益财政按地方留成全额奖励。挂牌公司所募集资金用于新沂市境内项目建设的，市财政给予每家企业 20 万元奖励，并按所募集资金总额的 1% 奖励，最高 50 万元。

江苏省宿迁市：（1）对成功挂牌的企业，给予不超过60万元的财政资金奖励和补助。（2）对挂牌企业通过定向增发、股权转让等实现融资，且所融资金投资在宿迁市的，按实现融资额的0.1%比例给予奖励，最多不超过50万元。（3）改制过程中土地、房产、车船等权证在过户过程中缴纳的营业税、契税、房产税、土地增值税等，由同级财政全额补贴给企业。原使用集体土地的，在符合城市统一规划和土地利用总体规划的条件下，办理土地征收手续，按工业用地最低价办理土地出让手续。（4）整体改制为股份有限公司，对审计评估后净资产增值部分，依法应补缴的企业所得税，或因根据上市要求规范税收政策后，补缴以前年度的增值税和所得税，属地方留成部分的，由同级财政先给予50%的补贴，企业上市后，财政再给予50%的补贴。

江苏省常州市武进区：（1）企业为挂牌而设立股份有限公司，涉及资产变更、过户产生的营业税、契税等税收地方留成部分，由区财政给予企业补贴；对企业审计或评估中出现的净资产增值部分，依法补缴的企业所得税地方留成部分，由区财政给予企业补贴。（2）自挂牌当年起3年内，以挂牌前一年实际入库的企业所得税为基数，其上缴的新增企业所得税地方留成部分，由区财政给予企业补贴。（3）企业为挂牌将未分配利润和资本公积转增为股本所缴纳的个人所得税区留成部分，在企业成功挂牌后，由区财政给予纳税人补贴。（4）成功挂牌，一次性奖励50万元。

第四节　债券市场支持中小企业科技投资

一、2013年私募债在“两所”的发展

私募债也被称为高收益债券，由低信用级别的公司或市政机构发行的债券，这些机构的信用等级通常在BA或BB级以下。由于其信用等级差，发行利率高，因此具有高风险、高收益的特征，但是私募债也具有较大的优势。

首先，私募债降低融资成本。银行信贷规模进一步收紧，发行债券可

以拓宽企业融资渠道，改善企业融资环境。通过发行中小企业私募债，有助于解决中小企业融资难、综合融资成本高的问题。有助于解决部分中小企业银行贷款短贷长用，使用期限不匹配的问题。增加直接融资渠道，有助于在经济形势和自身情况未明时保持债务融资资金的稳定性。

其次，发行审批便捷中小企业私募债在发行审核上率先实施“备案”制度，接受材料至获取备案同意书的时间周期在10个工作日内。私募债规模占净资产的比例未作限制，筹资规模可按企业需要自主决定。在发行条款设置上，期限可以分为中短期（1—3年）、中长期（5—8年）、长期（10—15年）。债券还可以设置附赎回权、上调票面利率选择权等期权条款，还可分期发行。在增信机制设计上，可为第三方担保、抵押/质押担保等，也可以设计认股权证等。

再次，资金用途灵活。中小企业私募债没有对募集资金进行明确约定，资金使用的监管较松，发行人可根据自身业务需要设定合理的募集资金用途。允许中小企业私募债的募集资金全额用于偿还贷款、补充营运资金，若公司需要，也可用于募投项目投资、股权收购等方面。

最后，提升市场影响。因中小企业私募债的合格投资者范围较广，包括理财产品、专户、证券公司都可以投资，因而债券发行期间的推介、公告与投资者的交流可以有效地提升企业的形象。债券的成功发行显示了发行人的整体实力，债券的挂牌转让交易也会进一步为发行人树立资本市场形象。私募债也有助于企业在监管部门处提前树立良好印象，为企业未来上市等其他融资安排创造条件。

中国证监会批准，上海证券交易所和深圳证券交易所2012年5月22日分别发布实施《上海证券交易所中小企业私募债券业务试点办法》和《深圳证券交易所中小企业私募债券业务试点办法》（以下简称《试点办法》）。

上海证交所与深圳证交所的《试点办法》旨在规范中小企业私募债券业务，拓宽中小微型企业融资渠道，服务实体经济发展。根据沪深交易所通知，试点期间，中小企业私募债券发行人限于符合《关于印发中小企业划型标准规定的通知》（工信部联企业［2011］300号）规定、且未在沪深证券交易所上市的中小微型企业，暂不包括房地产企业和金融企业。两所《试点办法》明确，中小企业私募债券，是指中小微型企业在中国境内以非公开方式发行和转让，约定在一定期限还本付息的公司债券。私募债券应

由证券公司承销，每期私募债券的投资者合计不得超过 200 人。发行利率不得超过同期银行贷款基准利率的 3 倍，期限在 1 年（含）以上。两个或两个以上的发行人可以采取集合方式发行私募债券。在符合规定的前提下，发行人可为私募债券设置附认股权或可转股条款。

截至 2013 年 5 月底，深圳证交所中小企业私募债券通过备案 146 只，完成发行 98 只，募集资金 115 亿元，平均票面利率为 9.25%。2013 年 10 月国内首只中小企业可交换私募债在深交所备案并完成发行，这是继 2012 年中小企业私募债推出以来，交易所债券市场又一次产品创新突破。中小企业可交换私募债是中小企业私募债的升级版，在备案流程、投资者适当性管理及转让服务等环节与中小企业私募债完全一致。仅在债券增信环节，要求发行人将所持有的深市上市公司 A 股股份在结算后台进行股份质押，并允许债券持有人在约定的换股期内选择将持有的债券与用于质押增信的上市公司股份进行交换。在具体产品条款设计上，完全延续了私募债的市场化特点，换股价格只要不低于发行日前 1 个交易日标的股票收盘价的 90% 以及前 20 个交易日收盘价均价的 90% 即可，质押股票数量只要不低于债券持有人可交换股票数量即可，具体换股价格及其调整机制、股票质押比例、维持担保比例和追加担保机制等完全由市场主体协商确定（见表 4-3）。

表 4-3　　　　中国交易所私募债发行情况一览

发行情况		2012 年 6 月至 12 月	2013 年
总发行规模（亿元）	上交所	39.55	177.14
	深交所	40.10	134.35
发行数量（只）	上交所	35	120
	深交所	31	124
信用债发行总规模（亿元）		45204.98	90334.57

2013 年 11 月 21 日上海股交中心推出了新的融资工具——企业私募债，北京华彩天地科技发展股份有限公司成为首家在上海股交中心发行私募债的企业。华彩天地此次非公开发行总额为 1000 万元的私募债，采用单利按年计息，到期一次还本付息，年利率 12.25%。同时，华彩天地将同时发行

197.5 万股新股，增资价格为每股人民币 4 元，融资额为人民币 790 万元。

二、私募债发展的困境

自 2012 年 5 月开闸至今，“中国版垃圾债”中小企业私募债在经历最初的火热之后，一直处于“平淡”状态。信息不透明、担保能力有限、投资者单一是造成目前私募债陷入困局的重要原因。

最新数据显示，2014 年上半年 44 家券商共计承销 136 只中小企业私募债，发行总额达 368.4 亿元，与 2013 年同期相比，发行数量及规模变化不大。从各月发行数量来看，总体上呈逐月递减之势。截至 2014 年 6 月 30 日，市场存续的中小企业私募债券共计 510 只，规模达到 656.7 亿元。分品种看，其中城投品种 56 只，规模为 100.9 亿元，占比 15.4%；产业债 454 只，规模 555.9 亿元，占比 84.6%。分行业看，制造业存续的私募债数量最高，高达 188 只，占比 36.9%；其次是建筑业和社会服务业，分别为 73 只和 46 只，占比分别为 14.3% 和 9.0%。从发行企业资质来看，民企占 53%，国企占 28%，剩余的 19% 由于信息披露低而未公开。

在信用资质方面，超过 3/4 的发行企业没有披露信用级别。数据显示，给出私募发行主体评级的品种仅为 81 只，占全部私募债总量的 15.9%。其中，等级最高位为 AA + 评级，在此评级等级上，共有 1 只债券，有接近一半比例的主体评级在 A 评级以下。在评级水平较低的同时，发行人主要靠担保来增信，当前私募债存量中，有 372 只债券具有增信条款，其中，不可撤销连带责任担保方式占比高达 90%。在期限方面，私募债的发行期限一般在 2 至 3 年，存量的平均发行期限为 2.67 年，平均票面利率 9.3%。由此看出，中小企业私募债发行整体规模较小、期限短，企业资质以民企为主。

事实上，私募债风险溢价在估值上也有明显体现。“从二级市场看，比较 2014 年 7 月 2 日交易所中小企业私募债和公司债的中债估值，尽管中小企业私募债的平均待偿期限更短一些，但是其平均估值收益率高达 9.43%，超过公司债的 6.55% 近 300BP。”在如此高收益率的情况下，中小企业私募债却成为市场的一块“鸡肋”，主要存在以下三个方面的问题：

首先，目前私募债面向数量有限的投资者发行，并只在这些有限的投

资者之间进行交易，由此衍生的相应信息披露也只面向这些有限的投资者。其他非定向的投资者由于无法得知上述披露的信息，其投资兴趣就相应减弱，所以有限的投资者数量和相对狭小的流通范围，导致了私募债券的流动性大幅减弱。

其次，信息披露不透明抬升了企业发行成本。私募债相对较低的信息披露，可以帮助企业省去信用评级等相关信息披露费用，但投资者可能要求更高的风险溢价，反而抬高了企业的融资成本。

最后，信用事件的冲击引发了投资者的担忧。由于经济下滑，中小企业抗风险能力较差，发生信用风险的可能性较大。2013 年以来，中小企业已发生 3 例信用事件，如 13 中森债、12 华特斯和 12 同捷 01。尽管没有出现信用违约，但在信息披露不透明的情况下，频频发生的信用事件还是引发了投资者的担忧，降低了投资需求。

对于承销机构，较低佣金收入降低了券商的积极性。目前我国私募债规模超 500 亿元，券商仅获得约 5 亿元的承销费。极大地削弱了券商的承销热情。利率、承销费用、审计费等加起来，中小企业私募债发行综合成本在 12% 左右，目前甚至高达 15%。在当前实体经济增长乏力的环境下，优质的企业可以通过其他渠道获得成本更低的融资，而风险较大的企业又不被现有机构投资者认可。

信息不透明、担保能力有限、投资者单一是造成目前私募债陷入困局的重要原因。扩大信息公开范围是解决的措施之一，目前私募债券的信息披露只局限于定向的投资者之间，影响了其余投资者和投资热情，也造成相关信息不对称的现象产生。扩大信息披露的范围在使信息公开更丰富的同时，也可以提高私募债的市场流动性。在担保方面，也要发挥地方政府的积极作用，可由政府出资成立专门担保机构，或者向相关担保公司注资，提高担保能力，并在担保费上给予一定的折扣，降低中小企业融资成本。此外，还要加强和提高对第三方机构的信息披露管理和要求。私募债券的登记托管机构，要加强对第三方机构信息披露的管理，并要求定期进行相关披露。

第　五　章
上海科技保险

第一节　科技保险内涵、险种分类及标的界定

近年来，为支持科技保险的发展，国家相继出台了《国务院关于保险业改革发展的若干意见》、《关于加强和改善对高新技术企业保险服务有关问题的通知》、《关于进一步支持出口信用保险为高新技术企业提供服务的通知》、《关于进一步做好科技保险有关工作的通知》等相关政策。特别是2014年10月28日国务院印发了《关于加快科技服务业发展的若干意见》，明确提出鼓励金融机构在科技金融服务的组织体系、金融产品和服务机制方面进行创新，建立融资风险与收益相匹配的激励机制，开展科技保险、科技担保、知识产权质押等科技金融服务。

一、科技保险的内涵

科技保险是指运用保险服务的手段，对高新技术企业、研发机构在研发、生产、销售、售后以及其他经营管理活动中，因各类现实面临的风险而导致财产损失、利润损失或科研经费损失，以及对股东、雇员或第三者的财产或人身造成伤害，由保险公司给予保险赔偿或给付保险金，为高新技术企业、研发机构的科技创新提供分散风险的保障。总而言之，科技保险是科技与保险相结合的有效途径，是自主创新、可持续发展、构建和谐

社会的有力保障。

对于科技保险在我国的发展而言，科技保险是由科技部与保监会共同认定的一系列涉及科技活动的保险业务，是一种准公共产品。科技保险能使高投入、高风险的高新技术产业，以及相关活动出现损失后获得补偿，能够有效化解高新技术企业出资人、科技工作者对风险的顾虑，有利于营造良好的科技创新环境，有利于更多的资金、更多的人才在发展我国科技事业中充分发挥作用。

二、科技保险的险种分类

科技保险的险种由保监会和科技部共同分批组织开发并确定，目前已开发的险种包括高新技术企业产品研发责任保险、关键研发设备保险、营业中断保险、出口信用保险、产品责任保险、产品质量保证保险、董事会监事会高级管理人员职业责任保险、环境污染责任保险、专利保险、小额贷款保证保险、项目投资损失保险、雇主责任保险高管人员和关键研发人员团体健康保险和意外保险等相关险种。

科技保险通过财产保险产品、寿险和健康险产品、信用保险系列产品多方位、全过程地保障高新技术企业和研发机构，以提高高新技术企业和研发机构的生存、发展能力。在科技保险险种中，高新技术企业产品研发责任保险、关键研发设备保险和营业中断保险尤其引人关注。

（一）高新技术企业产品研发责任保险

高新技术企业产品研发责任保险保障的对象是研发成果，旨在使研发主体能够规避研发成果在转让、应用初期可能发生的风险，促进科技研发成果的推广应用。如果高新技术企业研发成果存在设计缺陷，该项研发成果在应用过程中因此发生意外事故，造成他人财产损失或人身伤亡，保险公司承担被保险人应负的民事赔偿责任。

研发责任险的保险期间一般为一年，索赔报告期可在保险期间结束后再延长30天。此外，保险双方还可根据实际需要，共同商定事故发生的追溯期。研发责任保险的赔偿限额，由投保人和保险人双方协商

确定。

研发责任保险的保费＝累计赔偿限额×保险费率

影响保险费率的因素主要有：赔偿限额高低、研发成果本身的风险程度、研发成果的应用情况等。

（二）高新技术企业关键研发设备保险

高新技术企业关键研发设备保险仅承保关键研发设备。关键研发设备包括：被保险人所有、租用或管理的用于研发项目且研发工作中不可缺少的主要机器、设备、机械装置及附属设施等。

关键研发设备保险包括物质损失险和物质损失一切险，其中物质损失险的保障范围，既涵盖财产综合险的责任，也涵盖机器损坏险的列明责任；物质损失一切险的保障范围，既涵盖财产一切险的责任，也涵盖机器损坏险的责任。

关键研发设备物质保险的保险期间一般为一年，保险金额按照关键研发设备投保当时的重置价值确定。

关键研发设备保险费＝保险金额×基准费率×个体风险调整系数

（三）高新技术企业研发营业中断保险

高新技术企业研发营业中断保险是指由于火灾、爆炸、雷击、暴雨、洪水、台风、暴风、龙卷风、雪灾、雹灾、冰凌、泥石流、崖崩、突发性滑坡、地面突然塌陷、飞行物体及其他空中运行物体坠落的原因，造成关键研发设备损毁、灭失或丧失使用功能以及存储于其中的科研资料丢失，导致被保险人研发工作中断，保险公司负责赔偿被保险人恢复研发工作至损失发生前状态的追加研发费用。

研发费用包括新产品设计费、工艺规程制定费、设备调整费、原材料和半成品的试制费、技术图书资料费、未纳入国家计划的中间实验费、研究机构人员的工资，委托其他单位和个人进行科研试制的费用以及其他新产品的试制和技术研究直接相关的其他费用。

研发中断保险的保险期间自研究项目实施之日起开始，至研究项目完成之日结束，保险金额为投保项目的总研发经费。

研发营业中断保险费＝保险金额×基准费率×个体风险调整系数

三、科技保险标的界定条件

在科技保险的实际运作过程中，涉及相关险种标的界定条件，一般包括以下标准：

（1）企业高管人员指董事长、副董事长、董事、董秘、总经理、副总经理、总工程师、总经济师、总会计师、总信息师，以及中层关键部门负责人。

（2）企业关键研发人员指技术部门负责人、研究开发项目负责人。

（3）企业关键研发设备应符合以下条件：

①关键研发设备必须是企业研究开发用的关键设备，不包括日常生产生活用设备；

②关键研发设备总数量原则上不超过企业总设备的40%；

③关键研发设备价值（原值）在1万元以上，信息（软件）类企业可包括计算机、服务器、路由器等价值在5000元以上的主要设备。

第二节　上海市科技保险发展现状

2007年7月20日，科技部、中国保监会联合举办了“科技保险创新试点城市备忘录签署仪式”。科技部和保监会分别与北京市、天津市、重庆市、深圳市、武汉市政府以及苏州高新区管委会签署了《科技保险创新试点合作备忘录》，上述五市一区正式成为我国第一批科技保险创新试点城市（区）。2008年8月28日，科技部、中国保监会下发通知确定上海市、成都市、沈阳市、无锡市和西安国家高新区、合肥国家高新区为第二批科技保险创新试点城市（区）。由此，拉开了上海市对高新技术企业开展保险服务的序幕。

近年来，上海市金融业和科技部门以加快推进国际金融中心建设为契机，努力改善科技型中小企业融资环境，促进科技金融业务发展。2008年10月，上海浦东科技金融服务公司成立，开创出多种科技金融新模式。上海浦东科技金融服务公司已通过委托贷款的形式，开展股权质押贷款、联合贷款、信用保险质押等多种融资贷款模式，积极探索实现投资联动。2009年9月11日上海浦东新区政府和上海银监局签署《关于在张江高科技园区开展科技金融合作模式创新试点的备忘录》，启动科技金融创新试点工作，探索通过金融创新促进自主创新的新模式。具体包含：支持共建科技金融合作模式创新试点，选择部分金融机构在张江高科技园区设立科技金融合作模式创新试点，整合政策、资金、项目、信息、专家等资源，共同指导、帮助试点机构探索科技型中小企业信贷模式；支持营造有利于促进科技型中小企业信贷的环境。浦东新区财政通过贷款贴息、担保等模式为科技型中小企业提供支持，加快各种公共服务平台的建设，推动相关中介机构的发展。引导风险投资公司与基金公司等与金融机构共同支持科技型中小企业，推动科技金融风险分担体系的建设，建立科技型中小企业贷款风险补偿机制和信用互保机制。

2010年12月2日，上海市科委与市金融办联合推出“上海市科技型中小企业履约保证保险贷款”试点。针对此项试点，上海市科委专门对科技型中小企业进行了走访和座谈，发现科技型企业普遍具有轻资产、缺担保、无抵押的特点，通常很难获得银行贷款。为解决这一难题，上海市科委与北京中金保险经纪公司共同组织了“上海市科技型中小企业履约保证保险贷款”试点方案，方案中上海市科委与中国银行上海分行、上海银行、浦发银行上海分行合作，每家银行拿出5000万元贷款额度面向科技中小企业，上海市科委则为这3家银行分别匹配100万元的风险补偿准备金，并引入太平洋保险公司提供部分贷款风险保障，同时，企业购买短期贷款履约保证保险。该“科技金融”模式开创了国内“银行+保险公司”联合参与贷款产品的先例。

一、上海市科技型中小企业履约保证保险贷款的背景

上海市科委与相关单位推出科技型中小企业履约保证保险短期贷款试点业务，通过政府、银行和保险公司共同分担贷款风险，旨在缓解科技型中小企业融资难问题，扶持和加快科技型中小企业的健康发展，加强中小企业信用体系建设。

二、贷款对象

（1）注册在上海市科技企业孵化器及张江高新园区内的科技型中小企业；

（2）企业经工商登记，各项证照均在有效期内；

（3）企业在政府部门（如工商、税务、消防、环保、质检、公检法、海关等）及银行均无不良记录；

（4）法人代表（及实际控制人）无不良信用记录，有相关行业从业经历；

（5）企业有一定的实际经营年限，最近1年盈利，并能提供税单、对账单、水电费单等证明材料；

（6）借款额度与企业年销售额、净资产等经营情况相匹配，贷款直接用于企业生产经营活动；

（7）企业无对外担保；

（8）企业主要上下游客户群较稳固。

三、贷款额度、利率、期限及保险费

（1）单笔贷款金额一般为50万—300万元，最高不超过500万元；

（2）利率在人民银行公布的同期贷款基准利率的基础上，根据各借款企业的风险，适当浮动；

（3）贷款期限为12个月以内（含）；

（4）保险费为贷款本息合计的2%，企业按时还本付息后，可享受保费50%的财政专项补贴。

四、企业贷款流程（见图5－1）

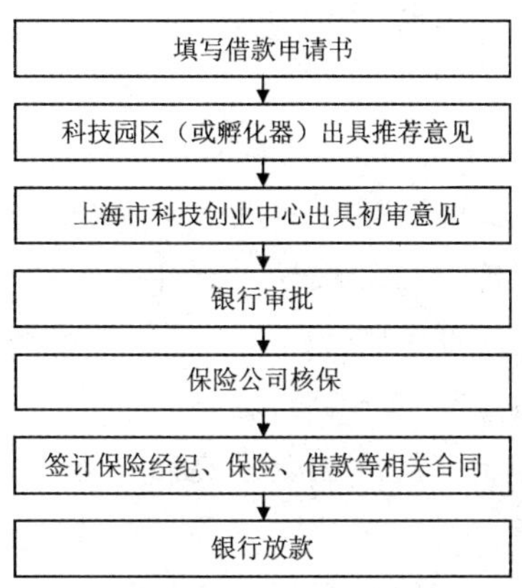

图5－1 企业贷款流程

五、贷款所需资料

（1）企业借款申请书；

（2）营业执照、组织机构代码证、税务登记证（均需正本）复印件；

（3）公司章程、验资报告复印件；

（4）贷款卡复印件与密码；

（5）公司法定代表人、实际控制人身份证或护照复印件；

（6）借款企业近3年财务报表及最近期的财务月报表；

（7）最近1年银行对账单及上年度企业纳税申报表；

（8）上年度、本年度主要购销订单和合同。

上海市科技型中小企业履约保证保险贷款业务经过筛选，第一期有10家科技型中小企业通过了银行的审核，共计发放贷款2380万元。10家企业中，2家为中组部“千人计划”企业、2家为上海市小巨人培育企业、6家为上海市高新技术企业，其中3家企业第一次获得了银行贷款。科技型中小企业履约保证保险贷款大大提高了财政科技投入的使用效益，政府资金以100万元撬动了5000万元的社会资本，而金融机构通过风险补偿机制降低

了贷款风险，通过受理机构增加了对科技型中小企业的了解，减少了后顾之忧。

为了持续推广上海市科技型中小企业履约保证保险贷款业务，2011年推出了第二期业务，贷款规模为5亿元，第二期共有6家银行、3家保险公司正式参与。截至2013年10月，该科技保险险种共完成了三期项目，累积为328家企业提供了12.65亿元的贷款支持额度，为两笔共计1000万元的不良贷款进行赔付，并获得“2011年度上海金融创新成果三等奖”。经过三期项目的持续推广，支持的信贷规模呈逐年几何级增长，特别是第三期项目成效十分显著。一是覆盖面显著提高。第三期项目共为214家科技企业提供了7.4亿元的履约贷款保障支持，覆盖包括电子信息、生物医药、新材料、新能源、高新服务业等在内的众多高新产业。二是履约贷开辟了轻资产科技企业融资新通道，切实解决了轻资产科技企业“融资难”的难题。第三期项目中获贷的信息和服务类轻资产科技企业占比达到57.4%，且都是销售额为2000万元以下的小微企业。三是促进中小微科技企业的成长作用成效显著。经跟踪调查，履约贷款对销售额在1000万元以下的小微企业边际效用巨大，企业获贷后平均销售额增长了165.7%，销售额在3000万—5000万元的企业获贷后平均营业额增长达46.8%。

第三节　科技保险的创新策略

一、阻碍科技保险发展的原因分析

国家相关主管部门对于科技保险非常重视，先后颁布了多个文件鼓励、引导、规范科技保险工作开展。2014年11月21日上海市人民政府发布贯彻《国务院关于加快发展现代保险服务业的若干意见》的实施意见，提出了研究建立科技保险保费补贴机制，鼓励和支持保险公司和保险中介研发适合科技企业需求的创新保险产品，鼓励和支持科技企业投保各类科技保险，扩大科技型中小企业贷款履约保证保险覆盖面，探索科技企业联合投保模式，优化风险定价和损失分摊机制。尽管相关政府部门大力推广科技保险，取得了一定的成绩，但大部分高新技术企业对于科技保险积极性不高，参保企业的比例甚至不到高新技术企业总数的3%。因此，科技保险发展水平与发达国家保险业相比，在广度和深度上都有明显的差距。

（一）广度上

品种单一，业务覆盖范围过于狭窄。科技保险的品种有限，不能完全满足分摊、转移科技风险的需要。例如，高薪技术企业运营过程中面临风险因素很多，涉及研发、生产、销售、客户服务等多个环节，但目前的科技保险产品尚不能满足企业的全面需求。同时，科技保险的发展缺乏层次性，一些高风险领域的保险险种还有待开发。此外，科技保险的宣传推广力度不足，企业对科技保险的概况知之甚少，投保积极性不高。有些企业甚至误解科技保险的功能，把科技保险作为企业参加基本社会保险之后的补充或一般员工的福利。而且由于科技风险的复杂性难以把握，企业即使有投保的意愿也会由于对具体条款存在争议而放弃投保。另外，多数高新技术企业属于初创期的中小企业，出于成本控制考虑，也不愿意投保科技保险，使得科技保险难以开展。

（二）深度上

缺乏个性化。科技保险缺乏创新性金融产品和服务，同业之间业务差异小，趋同性和同质性强，综合化程度低。有效和有针对性地化解科技风险，确保企业经营的稳定是科技企业购买科技保险的核心诉求。尽管目前保险公司对于涉及科技领域的基本险种设置较为完善，但专门针对科技风险的特殊险种还很少，科技保险的科技针对性不强。此外，保险公司自身的科技含量不高。由于科技企业风险的特殊性，保险公司按照传统的产品模式和经营方式难以从根本上满足科技企业需要。从目前的情况看，大多数的保险公司仍然是在传统保险产品的基础上进行改造，按照原有的业务流程经营科技保险险种，未能及时调整组织结构，运用信息技术等高科技手段有限，尚不能提供高附加值的、个性化的科技保险服务。

从外部环境看，在整个金融系统中，保险行业作为具有明显区别于银行、证券等金融领域特点的一个行业，在人们心中的形象一直显得有点朦胧，这种朦胧认识使得人们对保险行业、保险公司以及保险产品的认可度

不高甚至产生负面影响。因此，对于传统保险的观念问题严重制约了科技保险这一新生事物的发展。同时，科技保险发展的相关配套体系不健全。科技保险作为新生事物，其发展过程必然对相关的配套体系，如法律环境、管理体制、社会信用体系等提出新的要求，而我国相关的配套体系还不健全，制约了科技保险业务的发展和创新。

从行业内部看，国内保险业还未真正意义上将全方位服务作为科技保险的基本定位，这种认识上的局限严重制约着科技保险的发展，导致科技保险没有得到长足的发展。同时，科技保险经营尚未做到细分化客户，难以对客户提供个性化服务，缺乏完善的后台管理系统，缺乏对大量管理信息、客户信息、产业信息的收集、储存、挖掘、分析和利用。这样，阻碍了以客户为中心、个性化和高附加值的科技保险险种的创新。另外，在借鉴国外科技保险经验的同时，没有进行适合我国国情的科技保险业务流程再造，使得科技保险的优势没有充分地发挥。

二、促进科技保险发展的创新策略

科技保险需要一个长期的、循序渐进的发展过程，需要监管部门、保险公司、高新技术企业、研发机构等主体同时采取一定的对策，从宏观和微观两个层次把握这个问题。

（一）宏观上

我国目前的环境制约着科技保险的开展，必须采取相应的措施，改善整个运行环境。这包括加快科技保险的立法进程，设立社会资信咨询机构，建立良好的信用体系，加强科技保险第三方评价机构建设，提高科技保险的可行性等。此外，要制定和完善全行业科技保险建设规划和具体信息标准，构建开放型的中国保险行业科技保险信息网以及完善的科技保险监管信息系统，及时披露保险机构和高新技术企业的业务经营情况和风险状况。应吸取发达国家金融危机的教训，建立和完善科技保险风险预警指标体系，做到有严密的风险控制、经常的风险监测、及时的风险报告、审慎的风险评估，并按不同的监管责任，提出防范和化解科技保险风险的预备方案，妥善处置科技保险风险。

（二）微观上

科技保险要在激烈竞争中生存和发展，在建设外部环境的同时，要进行科技保险具体业务的创新。保险行业需要主动、积极应对，采取有效的策略，发展科技保险业务。战略合作策略：在战略导向上，保险行业应该联手科技部门、银行、证券、基金、担保等行业，创建基于科技保险的综合金融服务。通过综合金融服务，科技保险可以推出多样化、一体化服务。保险再造策略：科技保险可以使传统的保险业务流程再造成为可能，业务和技术的紧密结合可以实现业务创新。组织和管理再造：发展科技保险必须及时调整其组织结构，实现从垂直结构到交互式扁平结构的转化。客户策略：实现客户中心为导向的策略，紧密围绕高新技术企业，实施客户关系管理。通过收集资料，形成源数据库，在源数据库的基础上，进行市场细分，建立客户数据仓库，然后应用数据挖掘技术对客户信息进行整理、分析，建立数据模型及利润分析模型。在此基础上，保险行业可以了解每一位高新技术企业客户的需求特点及潜在的利润，从而有条件为高新技术企业设计一对一的、高附加值的产品和服务。

第 六 章
上海科技金融服务平台

第一节　上海科技金融综合服务平台

科技金融服务平台是指统筹科技和金融两个资源，为缓解科技型中小微企业融资难、加速科技成果转化等而设立的综合性服务平台，包括科技金融信息服务平台、科技专家咨询服务系统、科技金融专业投融资机构等。主要功能是通过信息沟通和增值服务，提高投融资效率。开展科技金融试点的阶段性目标之一是要实现促进科技金融结合的中介组织即科技金融服务平台的发展。

从国内情况看，政府在推动经济金融改革方面发挥着至关重要的作用。当前，全国已有 26 家不同类型的“科技金融服务中心”面向科技型中小企业提供投融资服务。根据科技金融综合服务平台建设主体的不同，主要划分为政府主导型的科技金融服务平台、金融机构主导型的科技金融服务平台、民间市场化机构主导型的社会化科技金融服务平台三种类型。

上海市科委科技创业中心在借鉴国内外先进科技金融综合服务平台实践经验时，充分发挥政府的主导作用，以增强金融体系的资源集聚效应和资源配置功能为出发点，高起点地规划、建设科技金融服务体系，构建以政府投入为引导，企业投入为主体，政府资金与社会资金、股权融资与债权融资、直接融资与间接融资有机结合的多元化、多层次、多渠道科技金融，构建了开放兼容的科技金融综合服务平台，以支持科技型中小微型企业发展，促进产业结构加快调整。

一、上海科技金融综合服务平台的构建和结构

（一）上海科技金融综合服务平台的构建

上海市科技创业中心（上海市高新技术成果转化服务中心、上海市火炬高技术产业开发中心）创建于1988年4月。作为建设创新型上海的战略安排，上海市科技创业中心致力于“转化科技成果、落实科技创新政策、孵化科技企业、培育科技企业家”，努力营造良好的创新创业环境，建设上海科技创新创业体系，不断完善自身建设，形成全市创新创业服务网络，进而推进上海科技创新创业服务站点建设，逐步实现了上海科技创新创业服务全覆盖。

2011年，上海市申报促进科技和金融结合试点城市方案获批，力争通过3年的试点，建立健全与上海科技型中小企业以及高新技术产业化发展相适应的“4+1+1”科技金融服务体系，即建设“四大功能板块”（科技信贷、股权投资、资本市场和科技保险），搭建“一个平台”（科技金融支撑条件保障平台），建立健全“一个机制”（科技金融保障机制）。“四大功能板块”中，科技信贷部分的试点工作要求将重点推动银行、小贷、担保等融资服务机构开展机制创新和模式创新，加大科技信贷投放量；股权投资部分的试点工作要求将重点围绕种子期、初创期科技企业的资本需求特点，大力扶持天使投资和早中期风险投资发展；资本市场部分的试点工作要求将重点推进科技资本市场体系建设，建立健全企业上市扶持机制，引导、支持科技企业利用资本市场进行多种形式的融资和再融资；科技保险部分的试点工作要求将重点创新和推广科技保险险种，研发科技融资保险产品，有效发挥保险市场在科技企业融资中的服务和促进功能。科技金融支撑服务平台的试点工作要求将重点建设科技金融综合信息和信用平台，科技企业的信用体系基本建立，科技金融中介机构的服务水平明显提高，科技金融人才队伍基本形成。科技金融保障机制部分的试点工作则要求创新科技金融财税政策扶持机制：创新财政资金投入方式；设立科技信贷风险分担机制；设立风险投资引导和补偿资金；完善税收扶持政策；实施科技金融

创新奖励；开展股权与分红激励试点，建立科技金融结合试点组织保障机制和通畅的沟通协调机制。

随着时间即将跨过 2014 年，上海市级层面促进科技和金融结合试点城市的相关工作取得了阶段性的成果，“4 +1 +1”的板块建设取得了实质性的成果，上海市市级财政设置了 5 个 10 亿元的专项资金，支持科技金融发展，其中：(1) 设立总量规模为 10 亿元的市级财政专项资金，通过市有关国有投资公司以投资参股商业性融资担保机构的方式，支持和引导本市商业性融资担保机构做大做强；(2) 安排总量规模为 10 亿元的科技信贷风险补偿金，针对张江高新区、紫竹高新区和杨浦国家创新型城区，以帮助商业银行提高对中小科技型企业的“信贷坏账容忍度”：容忍度在 1.5%—3% 的部分承担 20%；3%—4% 的部分承担 50%；(3) 设立总量规模为 10 亿元的投资专项资金，通过建立与商业银行的“投贷”、“投保”联动机制，进一步支持和引导商业银行不断加大对中小企业的信贷倾斜力度；(4) 加大积极财政政策支持力度，进一步优化和完善本市小微企业融资环境，建立小微企业信贷风险分担机制，融资担保、信贷补偿各新增 10 亿元资金。

上海市科委在积极参与全市促进科技和金融结合试点城市建设方案中立足自身优势，建立了一整套以平台为载体，以“3 + X”科技信贷体系为核心，以科技金融专员为抓手的覆盖网上网下的最新 O2O 科技金融服务体系，零距离全周期服务于全市的科技型企业，尤其关注为科技型中小微企业解决融资难、融资贵的问题，取得较好成效。

针对造成科技企业融资难和融资贵的信息不对称问题，上海市科委依托市科创中心搭建了上海市科技金融信息服务平台（以下简称“平台”），提供“信息”与“服务”两大功能，“信息”是在建设全市科技企业信息数据库的基础上，向科技企业发布政策资金信息、金融产品信息，向金融机构发布企业金融服务需求，向政府相关部门提供融资动态和统计研究信息，解决信息不对称问题；“服务”则以灵活多样的手段、以平台为载体提供创新性科技金融产品线上申请、提供企业融资申请、项目对接、项目查询服务，同时为金融机构提供专家咨询、科技企业信用评价服务（见图 6 -1）。

为夯实平台的信息与服务两大功能，平台在建设之初就确定了将多方共建作为建设思路，着力体现“共建促共赢，专员推互动”的平台特色。政府各部门（由市科委主导，市金融办、市经信委、上海一行三局等相关政府部门参与）和金融机构（银行、保险公司等金融机构以及天使投资、风险投资机构）以及专业机构（融道网）参与建设与运行，不仅做到了版块的专业化运作，也实现了科技型中小微企业融资批量化、便利化的目标。

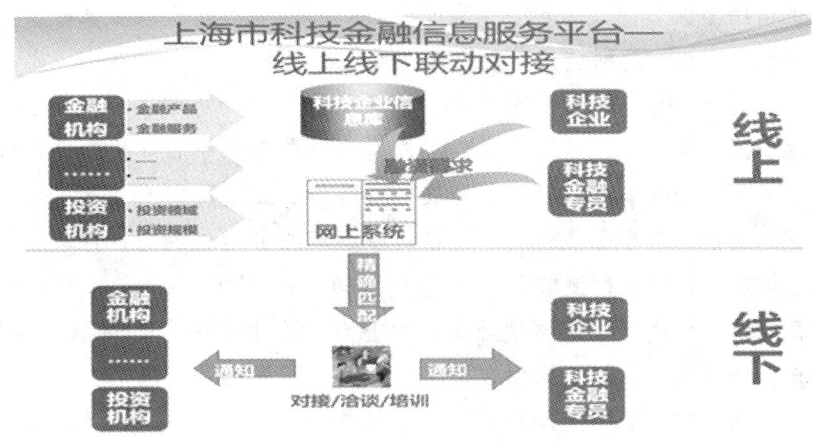

图6－1　上海科技金融信息服务平台运作模式

平台自2013年4月投入试运行以来，取得了明显的社会效益。截至2014年10月底，已与20家银行、4家担保公司、8家保险公司、31家投资机构、8家咨询中介机构共71家金融机构建立了合作关系，发布近500条经筛选的贷款需求信息，100余个股权融资项目。平台收录各类科技金融、专项资金政策多达350多项，涵盖国家和上海市各区县的科技金融相关政策。科技企业库共收录各类认定项目4000余项，企业6000余家。科技金融专家库现有54名专家。科技型中小企业履约保证保险贷、科技小微企业微贷通贷款、科技小巨人信用贷、高新技术成果转化项目信用贷等4项贷款品种以及企业贷款保费补贴等均已在平台实现网上申请，截至2014年10月底平台已累计受理企业贷款申请以及保费补贴申请约2300余家/次，基本涵盖上海全市科技企业总量的1/10左右。

（二）上海科技金融综合服务平台的基本结构

上海以“海纳百川”的姿态融各类平台之长，组建了以政府为主导的

由金融机构和各类市场机构参与共建的综合性科技金融服务平台系统。该平台以政府创新基金为引导，以信息服务平台为基础，以投融资平台为主体，以中介服务平台和信用担保平台为两翼。担保公司本质上属于中介机构，但在高新技术企业融资过程中，担保公司经常与银行等金融机构合作，为科技型企业融资提供服务。鉴于此，担保公司从中介机构中分离，成立专门的信用担保平台，连同中介服务平台一起作为科技金融服务平台的两翼，共同为促进上海科技与金融的有效结合而服务。

（1）基础平台——信息服务平台，即科技金融信息服务平台，是科技与金融资源对接的有效载体，主要功能是为科技型中小企业提供公益性投融资服务，包括收集企业信息、开展融资辅导、促进融资对接等。重点是整合优选科技型中小企业资源，打造统一融资服务申请通道，促进有效融资需求的形成，加强科技型企业与金融机构的动态对接。

信息服务平台以科技型企业信用信息库、企业外部信用评级数据库、担保机构外部信用评级数据库以及科技型企业融资网络为核心，将政府部门、各金融机构、信用担保机构，资信评级公司与科技型企业联系起来，实现各类信息的透明化、共享化，改变科技型企业的信息环境，从而为其提供良好的发展环境。

（2）主体平台——投融资平台。其中，商业银行融资平台主要包括商业银行贷款的申请、审核、后续服务等。符合条件的融资企业首先按照平台要求向有关部门提交融资申请书，提供相关证明文件、财务报表等材料，同时向信用担保平台提供担保；投融资平台服务中心会同银行对项目情况进行分析，结合信息服务平台提供的申请公司基本信息及信用情况，决定是否通过审核；对通过审核的项目，融资企业在支付一定比例保证金或提供相应质押品及担保费的基础上，平台为该项融资寻找适合的合作银行，协商贷款事项；对成功融资的项目，平台有责任督促企业按期还款并将还款具体情况记录保存在企业信用信息库中。

风险投资机构融资平台。平台保持与风险投资机构的长期合作关系，在上海科技金融服务平台网站上定期发布风险投资关注的技术或项目类型，供融资企业参考。融资企业申请某一风险投资机构的股权投资，需提交相关申请资料，并统一由平台管理。平台将初审通过的项目申请材料交由风险投资机构进行审查。风险投资机构会将申请结果统一通知平台，在网站上公示审核结果。

(3) 其他平台。中介服务平台包括信用评价公司、信托公司、保险公司、会计事务所、律师事务所等。融资企业在融资前需将本企业的基本材料提交给上海科技金融服务平台，并由相应的会计师事务所对融资企业的会计报表和各项统计资料、业务报告进行审核，审核完毕后将结果提交给上级监管部门，并据此决定是否为融资企业提供贷款。

由科技金融专员、信贷专员及各类科技、创新、创业、上市和投融资专家组成服务平台是网上网下有效贯通科技金融服务的智能高速通道，是推进科技金融综合平台整合社会资源、深入沟通科技企业金融需求，快速高效为各类科技型企业设计、提供急需金融产品服务的核心队伍（见图6－2）。

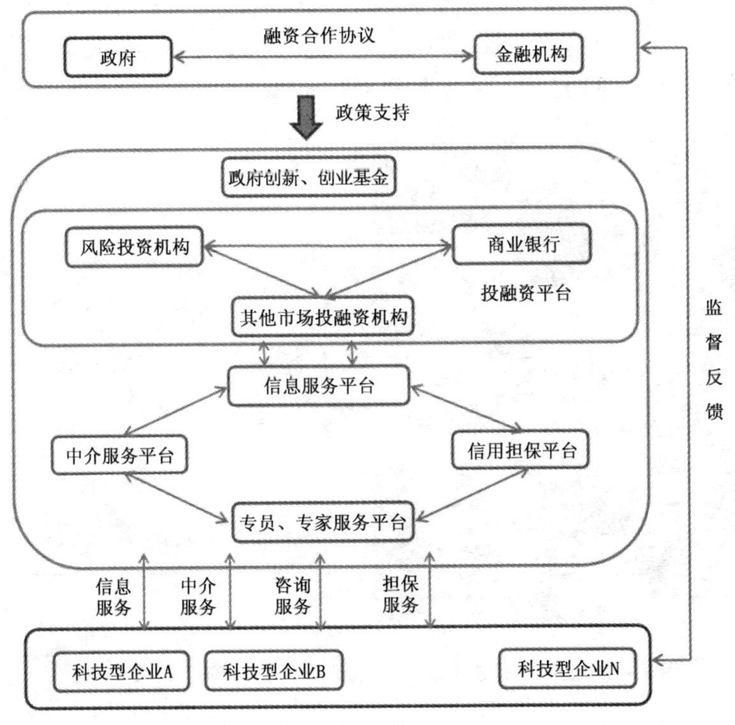

图6－2　上海科技金融综合服务平台运行结构图

二、上海科技金融综合服务平台的运作业绩

2014 年上海科技金融综合服务平台运作取得了显著的业绩。

（一）完善“3 + X”科技信贷体系

2014 年，上海市科技创业中心（以下简称中心）结合近年来的工作实践，充实了“3 + X”科技信贷产品管理制度，涵盖了申请、受理、审核、评审、服务队伍、风险补偿、跟踪统计、保费申请等各环节，从而为科技贷款高效有序运作提供了完备的制度保障（见图 6 – 3）。以平台为载体，以“3 + X”科技信贷产品为核心的科技信贷体系得到进一步完善，科技金融信贷工作取得较好成效。2014 年，中心科技贷款实现额为 12. 9602 亿元，共 402 笔，4 年来累计实现科技贷款 55. 55 亿元，服务企业 1246 家。其中，履约贷累计贷款 26. 86 亿元，服务企业 862 家。

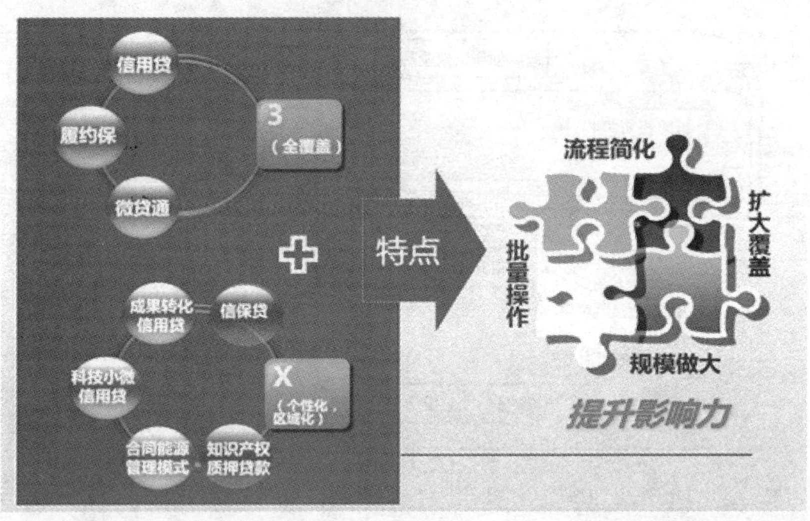

图 6 – 3　上海市科技金融信息服务平台“3 + X”信贷示意图

（二）推进科技金融信息平台建设

在上海市科技金融信息服务平台实现基本业务受理审核网络化的基础

上，中心完成了科技贷款受理审核、保费申请受理、股权融资服务、科技金融专家和专员注册登记等管理系统的开发，打造了“网上申请、联络站审核、线下调查、网上评审、串联审批、网上跟踪”新审核流程。平台已集聚科技企业和金融资源，实现了与区县、与企业、与金融机构信息互交功能，受理审核的效率得到了显著提高。到 2014 年 12 月底，平台注册用户共 1647 户，平台访问量 56.2 万次，发布信息 5117 篇。2014 年 1—12 月，平台在线受理贷款申请 732 家，其中，履约贷 503 家，微贷通 179 家；保费申请受理了 256 笔，落实贷款金额 9 亿多元。

（三）强化科技金融服务体系

为了零距离全周期服务于全市的科技型企业，中心进一步强化了金融服务体系的建设。一是扩大银行产品经理队伍。与 20 家银行、4 家担保公司、4 家保险公司建立了紧密型的科技贷款合作关系，通过联席会议、研讨会、评审会、微信群等形式，开展经常性交流协调。二是强化科技金融服务站建设。依托区县科委，科技金融服务站在原有基础上增加到了 6 个，科技金融服务的范围进一步扩大。三是深化了科技金融专员队伍培育。中心通过多次开展培训和完善工作制度及流程，为科技金融专员进行了专业性强的系统培训，提高了专员们的专业服务能力和水平，科技金融专员由建立之初的 100 人增至 183 人，使科技金融专员队伍成为科技金融服务的有力抓手。四是建立科技金融专家队伍。目前，在平台上注册登记的各类科技金融专家 69 人，其中，贷款评审专家 19 人、股权融资培训专家 15 人、改制上市辅导专家 28 人。中心充分发挥专家在审贷、培训、制度完善等方面的智库作用，提升了工作和服务效率。

（四）科技贷款放贷规模增长显著，2014 年科技贷款总额近 13 亿元

纵观 2014 年全年，科技贷款总额近 13 亿元，其中科技履约保信贷额度近 9 亿元，较 2013 年总体下滑约 2 成；小巨人信用贷信贷额度约 3.6 亿元，较 2013 年同期下滑约 3 成；科技微贷通信贷额度近 4700 万元，仅该产品较 2013 年同期有较大增幅。上海科技贷款情况详见表 6－1。

表 6-1　　科技贷款情况

科技信贷产品	2013 年 1—12 月累计		2014 年度 1—12 月累计		历年累计	
	信贷额（万元）	贷款家数	信贷额（万元）	贷款家数	信贷额（万元）	贷款家数
科技履约保	111035	365	89336	292	268611	862
小巨人信用贷	50956	85	35616	75	202829	270
成果转化信用贷	28360	20	0	0	64110	47
科技微贷通	1150	9	4650	35	5800	44
合计（含其他）	191817	483	129602	402	555544	1246

说明：信贷额和贷款企业以银行审批授信额为统计标的。

（五）第四期科技履约贷款顺利执行

上海第 4 期科技履约贷款执行时间为 2013 年 10 月至 2014 年 8 月 31 日，期间共有 568 家科技企业申请该款科技贷款产品，393 家企业通过初审；上海市科技创业中心共召开了 40 次项目评审会，初审否决贷款项目 124 个；审核推荐了 269 个贷款项目，推荐金额 95990 万元，初审通过率 68.4%；银行批准了其中 242 家企业，贷款金额 84595 万元，贷款落实率 90.0%。第 4 期科技履约保完成贷款金额 84595 万元，较第 3 期的 103788 万元减少 19193 万元，降幅 18.5%，只完成 25 亿元贷款计划任务的 33.8%；但第 4 期履约保银行贷款落实率有一定程度提升，第 4 期落实率为 90.0%，比第 3 期的 85.4% 提高了 4.6 个百分点。科技履约保第 1 期至第 4 期统计汇总情况详见表 6-2。

表 6-2　　第 1—4 期科技履约贷款统计表

序号	项目	第 1 期	第 2 期	第 3 期	第 4 期	累计
1	执行时间	2010/10—2011/7	2011/8—2012/9	2012/10—2013/9	2013/10—2014/8	1—4 期
2	申请企业（家）	87	403	714	568	1772
3	初审企业（家）	78	287	445	393	1203
4	推荐企业（家）	63	198	350	269	880
5	初审通过率（%）	80.7	67.2	78.6	68.4	73.1

续表

序号	项目	第1期	第2期	第3期	第4期	累计
6	推荐金额(万元)	20160	68380	125320	95990	309850
7	银行贷款企业(家)	49	156	299	242	746
8	银行贷款金额(万元)	16400	51870	103788	84595	256653
9	贷款落实率(%)	77.7	80.8	85.4	90.0	84.7

银行完成情况。第4期科技履约保银行完成情况按贷款家数排序，分列前3位的分别是：中国银行88家、上海银行52家、浦发银行42家；按贷款金额排序，分列前3位的分别是：中国银行2.87亿元、上海银行1.88亿元、浦发银行1.66亿元；按贷款落实率排序为：农业银行和招商银行均为100%（均只有2笔贷款）、上海银行98.1%、中国银行91.7%、浦发银行91.3%、兴业银行90.0%。第4期履约保各合作银行完成情况详见表6-3。

表6-3　　第4期履约贷款银行完成情况统计表

（2013年10月—2014年8月）

银行	中心推荐笔数	中心推荐总额（万元）	银行批准贷款笔数	银行批准贷款总额（万元）	贷款落实率（%）	第3期贷款落实率（%）
中国银行	96	32700	88	28665	91.67	82.6
上海银行	53	19300	52	18840	98.11	86.4
浦发银行	46	18950	42	16550	91.30	90.5
交通银行	23	8000	20	6500	86.96	72.5
宁波银行	15	4640	10	3590	66.67	100
农商银行	12	3800	9	2650	75.00	100
兴业银行	10	3100	9	2800	90.00	92.8
中信银行	6	2500	5	2300	83.33	50
南京银行	4	1600	3	1100	75.00	—
农业银行	2	600	2	600	100.00	—
招商银行	2	800	2	1000	100.00	—

续表

银　行	中心推荐笔数	中心推荐总额（万元）	银行批准贷款笔数	银行批准贷款总额（万元）	贷　款落实率（%）	第 3 期贷款落实率（%）
光大银行	0	0	0	0	0.00	66.6
工商银行	0	0	0	0	0.00	—
民生银行	0	0	0	0	0.00	—
合　计	269	95990	242	84595	89.96	85.4

保险/担保完成情况。第 4 期科技履约保担保公司和保险公司的完成情况为：3 家保险公司共完成贷款总额 5.48 亿元，贷款家数 160 家，占总数的 66.1%；2 家担保公司共完成贷款总额 2.98 亿元，贷款家数 82 家，占总数的 33.9%。第 4 期履约保保险公司和担保公司的完成情况详见表 6－4。

表 6－4　　第 4 期履约贷款保险/担保公司执行进度表

（2013 年 10 月—2014 年 8 月）

履约方式	推荐数	推荐金额（万元）	放贷数	放贷金额（万元）
太平洋	106	37900	96	32435
大 地	51	17890	43	15440
太 平	27	8600	21	6950
创业接力	83	30700	81	29370
联合融资	2	900	1	400
合计	269	95990	242	84595

上海市各区县完成情况。第 4 期科技履约保按区县推荐情况分析，浦东新区和闵行区推荐企业数并列最多，达 64 家，但两区推荐的企业通过市科创中心初审的比例却不高，分别只有 78.13%、68.75%，反而推荐企业总数排名中游的青浦区初审通过率最高，达 86.21%，说明青浦区对于科技企业贷款申请推荐的相关工作经验值得其他区县借鉴。第 4 期科技履约保各区县推荐情况详见表 6－5。

表 6－5　　第 4 期履约贷款区县推荐情况统计表

（2013 年 10 月—2014 年 8 月）

区县	区县推荐笔数	中心推荐笔数	中心初审通过率（%）	中心推荐贷款总额（万元）	银行批准贷款笔数	银行批准贷款总额（万元）
浦东新区	64	50	78.13	18100	43	15650
闵行	64	44	68.75	15900	42	14640
杨浦	34	29	85.29	10150	25	8850
奉贤	31	16	51.61	6900	15	6250
徐汇	30	19	63.33	7300	19	7000
青浦	29	25	86.21	8650	21	6925
松江	24	15	62.50	4900	14	4500
金山	24	14	58.33	5190	11	3990
嘉定	24	12	50.00	4300	10	3400
闸北	17	11	64.71	3650	10	3000
普陀	10	7	70.00	2400	7	2400
虹口	10	5	50.00	1150	4	990
崇明	9	6	66.67	2400	6	2000
黄浦	7	6	85.71	1200	5	1200
静安	6	5	83.33	1900	5	1900
长宁	5	2	40.00	1000	2	1000
宝山	5	3	60.00	900	3	900
合计	393	269	68.45	95990	242	84595

贷款企业概况。第 4 期科技履约保的贷款企业基本情况为：年销售额在 1000 万—3000 万元的企业最多，为 92 家，占贷款企业总数的 38.1%；年销售额在 1000 万元以下的企业为 48 家，占贷款企业总数的 19.8%；年销售额在 3000 万元以下的贷款企业合计为 57.9%，占第 4 期科技履约贷款企业总数的半壁江山；而年销售额在 1 亿元以上的企业仅占贷款企业总数的 9.9%，这说明科技履约保重点扶持科技型中小微企业。从贷款企业所处行业分析，高技术服务业企业占比最大，达 44.7%，高技术服务业和电子信

息技术行业贷款企业数相加占比高达贷款企业总数的 59.5%，可见第 4 期科技履约保更凸显了支持轻资产、无抵押、服务型科技企业的特点（见表 6－6、表 6－7）。

表 6－6　　第 4 期履约贷款企业年销售情况表

（2013 年 10 月—2014 年 8 月）

企业年销售规模	企业家数	占比（%）
1000 万元以下	48	19.8
1000 万—3000 万元	92	38.1
3000 万—5000 万元	39	16.1
5000 万—10000 万元	39	16.1
10000 万元以上	24	9.9
总计	242	100.0

表 6－7　　第 4 期履约贷款企业技术领域分类表

（2013 年 10 月—2014 年 8 月）

技术领域	企业家数	占比（%）
高技术服务业	107	44.7
高新技术改造传统产业	41	16.9
电子信息技术	36	14.8
新材料技术	30	12.3
生物与医药技术	15	6.3
资源与环境技术	7	2.9
新能源及节能技术	5	2
航空航天技术	1	0.1
总计	242	100.0

三、2014 年上海科技金融综合服务平台工作动态

（一）2014 年度上海市科技金融工作推进大会

为总结 2013 年上海全市的科技金融工作，进一步发挥科技金融专员的

作用，加快推进建设全市科技金融服务网络的步伐，上海市科创中心于2014年1月9日组织召开了2014年度上海市科技金融工作推进会议。会上，上海市科创中心领导朱正红介绍了2014年本市科技金融工作的计划和工作重点，上海市科委相关部门介绍了上海市科技信贷工作几年来的发展情况和取得的一些成果并对未来上海科技金融工作提出了要求。会议期间还表彰了2013年度的先进科技金融联络站和科技金融专员，并组织了新一批的科技金融联络站签约，来自上海市各区县科委、科技企业孵化器等相关单位的100余位代表参加了该次大会。

（二）科技金融统计工作研讨会

2014年2月20日，上海市科创中心在上海市科委的领导下组织召开科技金融统计工作研讨会，邀请上海市银监局、上海市金融办、上证所、上海股交中心、中投保、上海创投协会、财富里昂证券、上海大学等政府部门和金融、学术机构的10余名专家共同探讨如何加强信息交流共享，做好科技金融统计工作。上海市科委条件财务处到会并介绍上海市科委近年来科技金融工作方面取得的进展和未来工作规划，并呼吁与会各方加强交流合作，进一步推进科技金融统计工作发展。

（三）科技微贷通2014年度科技园区工作会议

2014年2月25日，上海市科创中心召开科技微贷通2014年度科技园区工作会议，来自全市22家国家级科技企业孵化器的相关负责人汇聚一堂，就科技微贷通项目交由国家级科技企业孵化器受理事宜展开磋商。

（四）科技金融统计工作研讨会

2014年2月26日，上海市科创中心召开2014年度科技信贷工作会议，在总结环节通报了第三期科技履约贷款情况，表彰了3家2013年度最佳合作银行——中国银行、上海银行、浦发银行（排名不分先后），并请最佳合作银行代表浦发银行介绍经验；随后上海市科创中心领导严雄代表上海市科创中心和微贷通新增合作担保机构——浦东科技融资担保和浦东融资担保签约，并传达了上海市科委2014年科技信贷工作计划。

（五）上海科技型中小企业信用体系建设研讨会

2014 年 4 月 3 日下午“上海科技型中小企业信用体系建设研讨会”特邀上海市科委、上海市经信委、上海市金融办、张江管委会、央行上海分部等有关金融和信用评级机构围绕如何开展科技领域信用体系建设，优化科技企业数据库，加强信用信息联动，构建科技金融服务平台等议题展开深入讨论。

上海市信用服务行业协会介绍了该协会正与上海市科创中心合作研发一套能有效衡量科技企业核心竞争力、研发能力、发展前景、融资偿债能力、公共信用情况的指标体系和评价标准，通过针对性的报告模板和操作规程得出科学、公正、前瞻的信用评价结论，帮助主管单位、担保方、金融机构全面、深入地了解企业，为科技企业融资提供参考意见，降低贷款担保风险。

上海市科委条件财务处介绍了上海市科创中心科技企业信用数据库的建设情况。该库已存储了 1.5 万家企业的项目数据和科技企业认定情况数据，建立了 1000 家贷款企业的经营情况数据库，为建立科技企业信用数据库提供了良好基础和有力条件，该库将作为上海市科技金融信息服务平台的重要组成部分提供对外查询服务，实现信息披露、联动、共享。

上海正名资信评估有限公司总经理介绍了科技企业信用信息系统、科技企业信用评价指标体系、函待解决的问题、创新点和技术难度等方面情况。

张江高新区管委会企业处谈道：大张江各分园为提升企业管理能级，提供融资、申报等服务，建立了金融服务平台，拥有辖下企业信息库，同时制定了《企业信用管理办法》及《专项资助办法》，为园区管理、服务提供政策支持，建议上海市科创中心在信用体系建设的同时加强和完善制度建设。

上海浦东新区金融局提到：浦东新区于 2011 年与上海银行合作，尝试提供融资银政服务，在合作过程中发现银行最关注企业经营数据，而中小微企业往往财务制度不健全，信息核实只能从侧面进行佐证，尤其税务数据更是对比困难，此外抵押不足也是困扰担保方的重要因素，建议上海市科创中心在体系建设的同时思考如何加强信息比对，规避其中风险。

上海静安区科委谈道：静安区于2013年起在民非组织申报环节应用信用产品，不但帮助主管部门全面了解申报方情况，同时提出信用风险的概念，为审批部门决策提供了参考依据。过去静安区科委进行项目跟踪管理一次最多只能覆盖50家企业，借助信用服务机构的专业服务后扩大了跟踪范围，在提高工作效率，实现政府职能转变等方面成效显著，建议上海市科创中心在政策资金事前、事中、事后环节使用信用产品。

上海市经信委信用管理处对信用体系建设提出了几点建议：（1）以上海市科委自有信息和业务数据为根基进行平台建设；（2）根据上海市科创中心工作经验，进一步深化指标体系、信用评价模式等；（3）尝试与上海市公共信用信息服务平台对接；（4）对科技型企业主要负责人、创业团队的信用信息进行收集、评价，列为重要指标。

最后，上海市科委相关部门对会议进行了总结，确定了平台建设目标：（1）摸清需求，特别要了解金融机构、贷款企业的切实需要；（2）理清思路，进一步完善体系建设的阶段性方案；（3）加强合作，与张江管委会、各区县、各金融机构加强交流；（4）立足市场，对科技型企业进行细分，提供个性化服务；（5）大胆探索，将建设成果融入政策资金审批领域。

（六）2014年合作金融机构工作会议暨不良贷款分析会

2014年4月8日下午，上海市科创中心组织召开了“2014年合作金融机构工作会议暨不良贷款分析会”，14家银行、4家担保公司、2家保险代理公司的相关人员汇聚一堂，交流科技贷款最新进展情况和不良贷款情况。上海市科委条件财务处、上海市科创中心领导到会并参与讨论。

（七）中小企业发行集合中期票据业务介绍会

2014年4月11日上午，上海市科创中心组织召开“中小企业发行集合中期票据业务介绍会”，邀请上海银行投资银行部为有意参于2014年科技型中小企业集合票据发行工作的5家企业代表详细解读在集合票据发行中企业将面临的各种问题。

（八）2014年"创业在上海"创新创业大赛暨第三届中国创新创业大赛（上海赛区）启动会

以"创业在上海"为主题的2014年"创业在上海"创新创业大赛暨第三届中国创新创业大赛（上海赛区）开赛。本次大赛分为团队组和企业组，参赛的团队和企业来自于电子信息、互联网和移动互联网、生物医药、先进制造、新材料、新能源及节能环保等六个领域，通过分赛点海选、创新创业季两个环节的角逐，参赛获奖者共同分享总额超过6000万元奖金的各奖项。活动主办方希望通过大赛载体，进一步营造上海创新创业氛围，引导更广泛的社会资源支持创新创业，促进科技型中小企业创新发展，加快转变经济发展方式，推动上海创新驱动转型发展。

（九）为创新创业大赛举办培训活动五场

为配合2014年"创业在上海"创新创业大赛暨第三届中国创新创业大赛（上海赛区）倒计时工作，6月上海市科创中心邀请多家投资公司的资深专家先后组织五场项目路线培训活动，为参赛团队和企业进行赛前专题培训，培训人数超400人，反响热烈。

（十）2014年"创业在上海"创新创业大赛服务日暨发证仪式举行

2014年7月8日，2014年"创业在上海"创新创业大赛服务日暨发证仪式在上海市科技创业中心举行，上海市科委等多家指导单位的相关领导出席活动，全市1000余名参赛企业和团队代表参加了发证仪式。仪式上主办方邀请了大赛评审专家、参赛企业和团队代表，分别从不同的角度介绍了大赛的评选机制与参赛感受。上海市科技创中心领导介绍了大赛的基本情况并为本次大赛的志愿者授旗。同时，为了更好地服务参赛者、提升他们的创新创业能力、营造创新创业氛围，本次大赛组委会办公室还开展了2014"创业在上海"创新创业大赛服务日活动，邀请投资领域专家、分赛点负责人、评审专家等，解决参赛者的创业难题、让他们了解大赛机制、熟悉大赛情况，如围绕企业和团队的投融资需求举行8分钟路演、围绕创业企业发展瓶颈举行"专家面对面"等活动，现场气氛热烈。

（十一）"创智共享——探索科技金融结合新路径"研讨会成功举行

2014 年 8 月 14 日，《华东科技》杂志社暨《上海科技金融》杂志邀请来自上海市科委、上海市金融办、上海市科技创业中心、上海科技金融研究院、浦发银行等投资机构的专家共同参与"创智共享——探索科技金融结合新路径"研讨会，为上海科技金融的发展献计献策。

（十二）上海市首期科技金融高级研修班成功开班

2014 年 8 月 22 日上午，首期上海市科技金融高级研修班在上海大学正式开班，上海市科技创业中心、上海大学等领导以及来自上海市各区、县科委系统和金融系统的 56 名学员出席了仪式，其中副处级及以上干部 30 余名。本期研修培训总共 6 天分为 12 个模块，涉及科技金融的方方面面，帮助学员们系统性地梳理了科技金融知识体系与相关工作实务。

（十三）第八届上海（中小微企业）金融洽谈会开幕

2014 年 8 月 28 日，为期 3 天的第八届上海（中小微企业）金融洽谈会开幕。在开幕式上，上海市科技创业中心代表与上海金融业联合会代表共同签署了《关于共同成立"科技金融服务平台"的战略合作协议》，并于次日出席上海市张江高新区管委会科技金融服务周开幕式暨活力张江·科技金融主体论坛活动，就"创新科技金融服务模式、激发张江创新创业活力"为题参与圆桌讨论。

（十四）2014 年度第三季度科技金融专员工作会议成功举行

2014 年 9 月 11 日，由上海市科委作为指导单位、上海市科技创业中心主办、浦发银行上海分行协办的 2014 年度第三季度科技金融专员工作会议成功举办，上海市科创中心领导到会并讲话，来自上海市各区县科委、7 家科技金融服务站及部分科技企业孵化器和园区的近 50 名科技金融专员出席会议。会议分别邀请上海市科创中心和浦发银行小企业金融服务中心的相关人员介绍履约贷项目运行情况、浦发银行信贷工厂以及银行审贷步骤，获得一致好评。

（十五）上海市首期科技金融高级研修班顺利结业

2014 年 9 月 26 日，首期上海市科技金融高级研修班在上海证券交易所顺利结业，上海证券交易所、上海大学、上海市科委、上海市科技创业中心等领导向顺利完成所有课程的学员颁发结业证书，并预祝学员们在今后的工作中能够以更为扎实的功底继续探索科技与金融结合，为上海市的科技型企业提供更好的服务。

（十六）第五期履约责任保证保险贷款签约仪式举行

2014 年 10 月 15 日下午，20 家银行、3 家担保公司、3 家保险公司、2 家保险中介公司的相关领导汇聚一堂，和上海市科技创业中心签署了上海市科技中小企业履约责任保证保险（担保）贷款第五期的合作协议。第五期合作协议相较第四期在合作机构方面有所拓展，合作银行由原来的 14 家增加至 20 家，合作的保险公司及保险中介公司数量维持不变，合作担保公司由 2 家调整为 3 家。合作协议中明确了上海市科技创业中心为本项目牵头单位，其他原则无变化，方案中贷款额度提高至最高 800 万元。

（十七）“张江高新区科技金融服务周”系列活动成功举办

由张江高新区管委会指导，上海市科技创业中心参与主办的“张江高新区科技金融服务周”系列活动之科技金融创新服务模式研讨会和科技企业服务日分别于 2014 年 9 月 3 日在张江园区和 9 月 4 日在上海市科技创业中心成功举行。科技金融创新服务模式研讨会吸引了张江园区的 40 名企业家代表及 20 位金融投资机构代表出席，共话科技金融的相关政策和服务创新；科技企业服务日则邀请多位专家和投资机构的负责人为 100 余位科技企业家提供了一整天具有实效的培训和互动讨论，两场活动均受到出席企业的好评。

（十八）上海科技管理干部赴深圳资本市场专题学习

应深圳证券交易所邀请，上海市科创中心于 2014 年 11 月 26 日组织上海市首期科技金融高级研修班学员赴深圳参加深交所举办的上海科技管理干部资本市场专题学习班，安排学员进一步学习资本市场知识，深入了解深圳市科技金融工作的经验和做法。本次培训班组织考察参观了深圳证券交易所、大族激光科技产业集团股份有限公司（002008）、南山区科技创业中心、深圳清华大学研究院。学员对深圳市无论从政府对中小企业的扶持力度还是整个城市中小企业创新创业的整体氛围都留下了深刻的印象。

（十九）创投贷信贷产品即将面世

为进一步促进科技与金融结合，解决科技型中小企业融资难问题，发挥上海市创业投资基金和上海市天使投资基金促进科技型中小微企业发展的作用，在上海市发改委和上海市科委的指导和推动下，上海市科创中心与建设银行上海分行合作开发了一款针对科技型中小微企业投贷联动的信贷产品，即“创投贷”。经过半年的调研认证，产品已基本成型，即将面世。该产品是专门为获得上海市创业投资基金和上海市天使投资基金支持的科技型中小微企业量身定制的纯信用类信贷产品，最高贷款额可达1500万元，贷款期可放宽至2年，能够为被投资企业的发展提供持续的金融支持。上海市科创中心和建设银行正抓紧对一批贷款申请企业进行贷前调查。

（二十）上海市发改委邀请上海市科创中心参与“光伏贷”信贷产品研发

为解决分布式光伏发电企业的融资难问题，2014年12月18日上海市发改委能源处朱明林处长带队到上海市科创中心调研，听取关于开展科技贷款工作的情况汇报，提出如何为上海的光伏发电企业解决银行贷款的问题，并邀请上海市科创中心参与“光伏贷”信贷产品的开发工作。12月25日，上海市科创中心邀请浦发银行、上海银行和招商银行等6家银行到一家从事光伏发电工程的科技企业调研并举行现场产品研讨会。

上述一系列平台活动，有力地促进了科技与金融的有机结合，完善了科技金融体系，对推动上海市科技产业发展、科技成果转化以及经济发展方式转型具有重要的战略意义。上海市科技金融综合服务平台的运作将会为科技型中小企业解决融资困难的现状，吸引更多国内外科技创新要素和资源集聚上海并落地生根，对上海市经济发展有着重要的推动作用。

第二节 上海科技金融知识服务平台

为解决科技型企业融资这一世界性难题，2012年7月，由上海市杨浦区人民政府和上海金融学院联合创办长三角地区的唯一一个科技金融知识服务平台——上海科技金融研究院（以下简称研究院）。

一、上海科技金融知识服务平台建设目标

“科技”与“金融”的结合是强国之路。美国的产业转型与其以风投为主的科技金融模式密不可分；同样，德国的“科技金融全能银行模式”、日本的“科技金融信用担保模式”，都是其科技产业迅猛发展的核心所在。

当前，我国已成为全球第二大经济体，但以科技支撑国家经济社会发展的能力还不强，传统的依靠引进和模仿国外为主的经济发展方式已无法满足我国要求，必须寻找一条推动科技创新驱动国家转型发展的新路。

基于此，研究院紧扣现阶段上海科技金融发展所面临三大核心需求：

第一，当前上海融资体系仍以银行主导，银行的风险规避性与科技型企业高风险性矛盾，导致科技型企业面临“马太效应”，当前亟需通过“科技信贷”产品与机制创新降低信息成本与风险控制成本，畅通银企对接桥梁。

第二，当前上海风险投资市场不发达，作为国际科技金融主流模式的“股权投资”，难以真正发挥其针对初创期科技型企业的融资功能，当前亟需通过机制再造将“股权投资”前移，从根本上提升科技型企业融资能力。

第三，当前上海政府资金支持仍以“一对一”项目资助为主，撒胡椒面式的支持政策难以保证财政资金效率，当前亟需通过政府引导机制创新撬动更多的市场资金支持科技型企业，活跃上海科技金融市场要素。

从三大核心需求出发，研究院凝练出以下五大建设目标：

目标一，以“科技贷款”为支持，打造一套具备上海特色的科技贷款产品创新与风险管理创新模式，构建金融机构与科技型企业的无障碍桥梁；

目标二，以“股权投资”为核心，通过多方合作优化方案促进风险投资前移，助推科技型企业实现资金“输血功能”向“造血功能”跨越；

目标三，以“政府推动政策”为引导，通过一系列政府支持机制设计，将政府支持由“一对一”向“面上”辐射，实现政府财政资金“四两拨千斤”；

目标四，以“科技型企业信用体系”为基础，在科技金融数据库基础上，打造集成数据挖掘，金融模型演练、科技金融量化研究等功能的实验基地；

目标五，以“科技金融创新方案试点”为突破口，汇聚多方资源，打造协同团队、人才培养、学科建设、科学研究一体化的创新阵地。

二、上海科技金融知识服务平台建设成效

（一）多项“科技贷款”应用成果在金融机构上线应用，千家企业获得融资

打通“科技贷款”渠道，是当前上海科技金融体系建设的首要任务和关键节点。研究院把“科技贷款”模式创新研究作为近两年核心工作，自主研发多项“科技贷款”应用研究成果，分别在5家金融机构实质性上线应用，对1100家企业实施贷后管理，对4000家企业进行评估验证与银企对接，有效促进了“科技贷款”业务模式再造，实质性协助商业银行发放科技贷款。

1. 构建上海首个直接切入银行业务流程的科技型企业融资服务系统，在中国工商银行上海市分行、中国建设银行上海市分行上线应用

该系统通过网络公共端架设商业银行与科技型企业的在线沟通机制，通过技术手段实现银行融资产品与企业融资需求自动化双向推荐与快速选择机制；帮助商业银行实现科技型企业贷款辅助决策。该系统还帮助科技型企业规范在线自动化财务管理，有效解决商业银行贷前、贷中、贷后三阶段贷款对象财务状况不透明、财务管理不规范等融资瓶颈，为商业银行开展科技型企业贷款业务创造优良基础。目前，工商银行上海市分行通过

该系统对 81 家科技型企业发放贷款，金额达 1 亿元；工商银行上海市分行通过该系统对近 1100 家个人经营性科技贷款企业实施贷后风险管理；建设银行上海市分行通过该系统对 3 家科技型企业试点发放纯信用贷款。

2. 在杨浦区试点构建科技型企业互联网信用贷款平台，引领上海科技型企业信用贷款新模式

该平台以杨浦区 13 个科技园区的近 4000 家科技型企业为对象，构建企业全面信息数据挖掘与企业风险识别模型，对申请贷款企业进行风险评估，打造科技型企业风险判断与遴选工具，为小贷公司、商业银行推荐杨浦区科技园区优质贷款客户，并根据贷款企业信息数据库的动态更新不断调整不同行业别、不同类型企业的合理发展指标值域，结合已有相似企业贷款额度聚类分析，实现自动批量预估与批量风险预警。目前，该平台已在杨浦区科诚小贷公司、科创小贷公司试点上线，为近 1000 家贷后企业实施风险评估验证。

3. 开创性构建科技型企业贷款审查信息核实系统，在中国银行上海市分行全面上线应用

该系统通过信息验真与地理信息系统的紧密结合，实现对商业银行不同行业别、不同区域、不同贷款阶段与贷款规模的科技型企业贷前与贷后经营信息智能化核实反馈功能。不仅对科技型企业财务指标进行管理，还对科技型企业日常运营指标进行动态管理，实现商业银行贷后动态风险跟踪管理，实现了贷前企业信息核实、贷后企业经营风险跟踪反馈与预警全覆盖。目前，该系统全面进入中国银行上海市分行科技型企业贷前审查与贷后跟踪管理业务流程。

4. 自主研发企业融资能力评价模型体系，在交通银行苏州分行上线，实质性进入交通银行苏州分行信贷审批业务流程

该模型体系根据企业在研发期、种子期、创业期、成长期、成熟期等不同阶段的不同风险特征，分别从团队指标、经营管理指标、财务指标、行业指标四个方面，制定独立的科技型企业信用评级体系及信用评分系统，实现贷款企业分行业、分规模、分类型的贷款风险预估机制，加大非财务

性指标审查以突出企业成长性，以解决企业财务信息不充分、信用记录不完整等问题，并通过分级授权设计来缩短授信审批流程。目前，交通银行苏州分行通过该模型体系发放科技型企业贷款金额达16亿元。

（二）“股权投资”产品创新的基础预研究取得突破，决策咨询成效显著

（1）研究院股权投资研究团队撰写了《大力发展天使投资，打造杨浦“天使之谷”》、《资本项目自由兑换先行先试，推进上海自由贸易实验区建设》、《本市中小企业融资担保模式选择研究》等专报分别得到中共中央政治局委员、上海市委书记韩正同志（2013年）及上海市副市长屠光绍的肯定性批示（2013年）。

（2）研究院科技信贷研究团队撰写的《我国P2P网络借贷平台发展与监管研究》，获上海市副市长屠光绍肯定性批示（2013年）。

（三）多项“政府支持模式”创新成果直接应用于政府部门科技金融政策

（1）研究院与上海市科创中心深度合作，联合开发“微贷通”等科技型企业信贷支持产品，有效提升不同生命周期阶段的科技型企业与科技型企业信贷产品的适配性，提升政府资金支持效率。

（2）研究院与杨浦区金融服务办公室合作，共同推进杨浦区科技型企业互联网信用贷款平台构建，创立政府、金融机构、科技型企业互动新模式。

（3）研究院与嘉定区政府合作，共建嘉定区科技型企业融资支持平台方案，完善科技金融财政支持措施，建立健全科技型企业信贷风险分担机制。

（四）打造开放式的科技金融数据库与科技金融风险模型实验平台，为科技金融模式创新深化打下坚实基础

（1）研究院汇集天使投资数据库、科技型企业经营与财务数据库、科技型企业信用评估与风险管理数据库、区域型科技企业数据库四大数据库，打造长三角最权威、最全面的科技金融数据基地。

（2）研究院作为科技金融苏州模式（交通银行苏州分行）、广东省科技金融实验室研究基地，促进科技金融资源共享、模式互动、协同创新。

（3）研究院还通过特聘教授、兼职研究员等形式，吸纳 IFE 集团、百度公司等国际一流的研发核心力量，研发了科技金融信用风险评估、科技金融风险预警等一系列核心模型。

（五）打造“需求牵引、开放联合”的机制体制创新框架

（1）创新专家咨询白名单制。研究院根据研究院发展、项目攻坚、学术难题突破等需求编制国内外的专家白名单，并通过学校、共建单位、合作单位等渠道和权威专家取得联系与合作，由研究院联络部负责与这些权威专家的日常联系与互动。这些来自政府部门、科研机构、行业企业的顶级专家保证研究院专家库的权威性和专业性，其中包括全国人民代表大会财政经济委员会副主任委员吴晓灵、联合国贸发组织梁国勇主任、美国 IFE 集团 CEO 杨太乐、科技部条财司科技金融处处长沈文京、银监会创新处处长罗猛、国务院发展研究中心产业经济部部长赵昌文。研究院根据战略咨询、业务指导、项目评审等现实需求，分别选取对应的专家，组成专家小组分类灵活地为项目研究提供高端指导、技术支持和咨询服务。

（2）创新推广教授制度。研究院选聘具有研究能力和行业工作能力的研究人员作为推广教授，向政府、行业、金融机构、科技企业推广研究院的科研成果，并整合各方力量，试验新的科技金融运行模式。目前已经聘请 1 名教授专职，2 名教授兼职从事该项工作。在推广教授的努力下研究院与政府部门、行业组织双向互动，共同组织科技金融沙龙与讲座，有效促进政府、高校、行业之间的信息交流与共享，截至目前已经举办 24 场。

（3）对内创新“流动站”模式，集聚校内、共建单位及服务对象单位高层次人才 26 名，通过整合研究团队以迅速响应行业和市场需求，同时通过微信平台和沙龙形式及时充分的交流最新信息，实现人才进站、项目进站和信息进站并举。

（4）对外创新“研究基地”模式，作为研究院衍伸领地，支撑研究院与合作单位和服务对象的长期合作，研究院紧扣现阶段上海科技金融发展的三大核心需求，在上海市科创中心、杨浦区金融服务办公室、上海股权托管交易中心、广东省科技金融实验室、交通银行苏州分行分别设立了 5 个研究基地，共享行业资源。

三、上海科技金融知识服务平台运行情况

（一）理事会制度运行情况

1. 理事会会议制度

理事会定期召开理事会会议，主要负责研究院发展的统筹工作，确定中长期发展规划，制定日常运行规章制度，审议并通过具体研究项目。研究院分别于2014年1月9日、6月9日召开了第一届理事会第一次、第二次会议，明确了研究院未来发展规划及运行管理细则。

2. 与需求对接的理事会作用发挥

与需求对接是理事会的重要职责。研究院通过邀请来自政府部门、科研单位、金融机构等的专家学者和行业领袖组成理事会，有针对性地就"科技贷款"创新、"科技型企业股权融资"创新、"科技金融政策支持"创新、"科技型企业信用体系"创新四个方向的前沿研究项目设定、开放式协同运作方式等问题向理事会成员征询意见，确保研究内容与市场需求紧密对接。

理事们实质性从事如下工作：促进了研究院科技型企业融资服务系统在建设银行上海市分行的上线运行；为"科技贷款"创新团队深入科技银行调研提供了多方面便利支持；促进了"科技型企业股权融资"创新团队与投资公司"投贷结合"项目需求对接；发挥政府金融支持政策方面的丰富研究经验，为科技型企业融资支持政策创新方面的研究提供重要咨询指导；协助研究院团队汇聚和共享政府端口数据资源，实质性助推杨浦区试点构建科技型企业互联网信用贷款平台构建。

（二）学校配套支持情况

研究院在对接需求、协同研究、人事管理、科研考核等方面大胆推进体制机制创新尝试，学校将研究院作为政策创新"试验田"，成为学校创新发展、定位提升的重要抓手。

前任及现任校长亲自挂帅担任研究院院长和理事；确立了研究院重大事项的校内议事制度；举全校之力，给予研究院人、财、物全方位配套支持；独立制定科研考核制度，全面配合研究院知识服务转化。

（三）协同组织运行情况

1. 构建“共建单位、研究基地、项目合作单位”三位一体的协同联盟

研究院以协同共建的方式，联合政府部门、金融机构、行业协会、中介机构等多方力量，打破协同主体之间的体制壁垒，实现校政、校企的资源整合，为完善的科技金融研发实践平台的建立奠定了基础，形成了以“科技金融”为主题，以“理事会”为核心，以流动站建设和团队建设整合校内资源，以共建单位、研究基地和项目合作单位等方式整合校外资源，构建了研究院数据库、人才、行业网络等众多资源。这些资源由研究院统一部署。

研究院共建单位杨浦区人民政府派了工作人员在研究院工作，接受研究院领导，负责双方合作项目。研究院通过理事会的例会制度、日常工作中的项目导向制，独立推动研究院资源的有效运用。

研究院研究基地包括上海市科技创业中心、杨浦区金融服务办公室、上海股权托管交易中心、广东省科技金融实验室、交通银行苏州分行5个研究基地，为项目协同研究打造了良好的资源条件。

研究院项目合作单位包括美国IFE金融工程集团、上海市科技开发交流中心、上海市信息中心、上海市科委、浦东新区科委、工商银行、建设银行、中国银行、豫商集团、上海遨问创业投资管理有限公司、大成律师事务所等近20家单位，以合作项目的形式广泛吸收各方协同力量开展技术攻关。

2. 构建“以需求为导向、以项目为核心、以转化为目的”的项目协同机制

根据行业需求和研究专长，研究院凝练方向，协同建设了4个知识服务团队，每个团队依托4—5个协同单位，充分发挥各协同单位的学科和研究优势，并由各领域知名专家担任团队带头人，使各单位资源形成研究合力。

研究院的项目大部分来自外部的市场需求，外联与推广部充分广泛地

接触行业与市场，将客户的需求划分为应用型、战略型、试新型和攻坚型四类，根据不同的情况，按照不同方式推进。

对于比较复杂的需求，如战略型、试新型、攻坚型则在项目开始前有较长的需求互动和外脑协同整合环节，研究院与协同单元一起整合国内外资源，协同分工、推动项目运行。为了更好地保证研究质量，大型的项目、共建单位杨浦区政府的科技企业互联网信用贷款，研究院由大项目部来管理，直接由执行院长负责组团与协调。

以项目为纽带，研究院建立各研究团队之间的互动平台，使各团队相互支持与成果共享。在杨浦区的大项目中，研究院和杨浦金融办协同合作，院内的四个团队又一起协同，由“科技贷款”创新团队和“科技型企业信用体系”创新团队为主、“科技型企业股权融资”创新团队和“科技金融政策支持”创新团队为辅，共同投入项目的运行。

3. 实施灵活的校内外兼职研究员流转机制

流动站作为集聚人才的平台，以研究院和协同单位为依托，以数据库建设和知识服务两大方向，组建预研究团队，通过内训和科技金融沙龙实现人员进站、信息进站和项目进站。研究院承担项目后，部分相关研究人员进入项目组，项目结束后，兼职研究员重新回到流动站工作。

时薪制专家和特聘教授根据不同的专业特长分别进入项目指导、项目评审和项目小组完成各项工作。对于攻坚项目有重大作用的专家以特聘教授方式固定合作关系，其他专家以专家库方式保持合作关系。

四、上海科技金融知识服务平台实效性情况

（一）人才流动机制及专兼职队伍建设情况

1. 研究院在夯实校内专职研究队伍的基础上，通过“旋转门”制度组成人才柔性流动机制，集聚了一流稳定的协同团队

通过“旋转门”制度盘活存量、激活流量，一方面鼓励现有专职研究人员“走出去”，到政府部门挂职锻炼，到校外企业践习分析科技金融创新发展问题，到国内外高校或国际机构合作研究项目创新研究方法和手段；

另一方面以咨政任务和项目研究为导向，将国内外相关领域的优秀研究人员“引进来”，根据课题需要聘请高校、政府部门、科研院所、行业机构等专业人员为特聘教授、兼职研究员、驻所研究员等，对科技金融创新面临的热点问题、重大问题开展联合攻关和深入研究。

2. 施行“咨询流动制”、“项目合作制”、“首席专家负责制”，实现了以项目为核心的人才协同互动机制

在特聘教授、兼职研究员等人才引进的基础上，研究院实施了更加灵活务实的人才互动机制，具体包括咨询流动制、项目合作制、首席专家负责制。

研究院实施咨询流动制。研究院各参与方互相邀请专家以学术讲座、学术沙龙、大型学术论坛等方式实现资源整合。通过时薪制聘用兼职研究人员，促进与外界专家学者交流思想、交融智慧，丰富理论和实践创新，为研究院项目决策创新和政策创新夯实基础。

在具体的研究开展方面，研究院采取项目合作制和首席专家负责制，根据新形势下科技金融所涉及的多方面问题，精选国内外知名学者担任首席专家，负责各领域咨政研究课题的顶层设计和课题研究的全面开展，明确课题研究的具体分工，实现研究人员之间的优势互补、协同创新。

（二）创新人才培养模式改革、拔尖创新人才的协同培养成效

1. 协同创设前沿专业

以科技金融为纽带，产学研通力合作，在行业科研合作中敏锐地抓住需求变化并将信息通过学科部及时和学校教学部门沟通。2013 年，在对行业充分调研和论证的基础上，设立了电子商务（支付清算方向）专业，并成功实现该专业方向 2014 年招生计划，该专业方向为全国高校首次设立。

2. 协同打造行业优课

科研反哺教学能力的深化与提升，通过校内协同，跨学科搭建科研教学平台，实现教学科研资源的双重整合。例如在上海金融学院《资产定价》、《金融风险控制》等课程的建设过程中，以上海金融学院国际金融学院、信息管理学院和应用数学系教师组成的科技金融研究团队，共同打造

课程建设资源库，带动跨学科教学团队，科研反哺教学成效明显。

3. 协同打造校外学生实践基地

依托于研究院，上海金融学院2013年5月申报的“中国工商银行股份有限公司上海市分行实践教育基地”获批“本科教学工程”国家级大学生校外实践教育基地建设项目；2012年6月申报的“国际商务大学生创新创业实践基地”获批第一批上海高校创新创业教育实验基地。通过积极组织参与上述基地建设，进一步增强了科技金融的辐射与带动能力。

（三）对区域发展的重大影响

1. 合作建设杨浦区科技金融功能区

研究院在杨浦区政府大力支持下，在杨浦区开创性试点构建科技型企业互联网信用贷款平台，以杨浦区13个科技园区的近4000家科技型企业为对象，引领上海科技型企业信用贷款新模式，有效活跃了科技金融市场要素，在全市取得了广泛的社会反响。

2. 实质性推动上海主流金融体系向科技金融倾斜

研究院构建上海首个直接切入银行业务流程的科技型企业融资服务系统，工商银行上海市分行通过该系统对81家科技型企业发放贷款，金额达1亿元；工商银行上海市分行通过该系统对近1100家个人经营性科技贷款企业实施贷后风险管理；建设银行上海市分行通过该系统对3家科技型企业试点发放纯信用贷款。研究院一系列开创性的研发成果植根并应用于金融机构业务流程，有效促进了金融机构支持科技企业融资力度，在行业企业获得了广泛认可，对金融机构科技金融业务流程再造产生了实质性作用。

3. 决策咨询推动上海科技金融发展

研究院的一系列决策咨询成果，在完善科技金融生态环境、促进科技金融支持方式的转变方面起到了显著作用。6项成果转化为中央和上海市政府内参，对“股权投资”模式培育与科技金融支持政策发挥了积极影响。研究院关于科技型企业融资服务平台等研究成果，获得了科技部、银监会

的肯定，为研究院成果在全国推广打下良好基础。

（四）国家、地方、行业、企业以及国际各方的支持与认可度

1. 国家层面的支持与认可

研究院与国务院发展研究中心、中国银监会、国家科技部、全国人大常委会财经委等保持了较好的联系与互动，这些机构给予研究院科技金融创新政策引导并参与了研究院的各类活动，例如国务院发展研究中心的赵昌文教授曾来院做讲座并指导工作；主管科技金融的科技部科技金融部沈文京处长和中国银监会创新处处长都多次来研究院调研和指导工作；研究院多名专家积极参与了各类科技金融会议，为国家科技金融的政策发展献言献策，共获得 4 项国家级课题。

2. 地方层面的支持与认可

地方层面，研究院获得杨浦区、普陀区、浦东新区、嘉定区政府的政策支持及相关研究资源支持，其中杨浦区副区长担任研究院副理事长，参与研究院科技金融创新的顶层设计。研究院科技金融创新团队撰写的《上海市小微企业金融支持机制创新研究》荣获第九届上海市决策咨询研究成果一等奖（2014）。6 份专报转化为中央和市政府内参，其中 4 份获得了上海市市级领导肯定性批示。

3. 行业、企业与国际支持与认可

科技企业融资是公认的全球性难题，各国在科技金融上做了不同的探索，研究院通过和美国 IFE 金融工程集团合作、学习美国、德国、中国台湾等国家和地区的先进经验，并和国际前沿的一流团队保持联系与互动。

与行业企业深入互动，联合攻关解决科技金融创新难题。研究院联合协同单位在上海首次开展科技金融产品与机制创新试点，开启信贷融资、股权融资服务项目，通过整合政府、高校、行业企业等资源，积极搭建小微科技型企业与金融机构合作的桥梁，不断开辟小微科技型企业融资的渠道，切实为小微科技型企业解决融资难题提供帮助。目前，多项应用研究成果在金融机构上线应用，解决了千家企业的融资难题。

五、上海科技金融知识服务平台未来建设计划

(一) 体制机制建设计划

首先，完善研究院内部公司治理。即在非法人实体的内部实行公司化治理，研究院以推动科技金融发展为主要职能，有明确的社会价值导向，各级研究人员和管理人员按工作业绩或劳动贡献获取收益。研究院在刚性的预算约束下，建成合理的财务结构，通过协同创新借用外脑共同突破科技金融发展难题，形成科技金融的建设高地。

其次，推出公司化改制试点。即研究院在前期发展的基础上，整合资源，调整架构，邀请行业和社会的相关机构加盟设立公司，公司下设各工作小组，管理层负有监管执行、协调各资源帮助工作小组完成任务的责任。小组在工作进程中有任何超出职权及能力范围等的问题可即时向上级回（汇）报以求得协助。通过“下达→受领→回报”形成一个完整的回路沟通机制，以提升贯彻执行力，从而达到追求更高工作效率的目的。

再次，注册成立公司和反哺计划。即研究院成为公司，市场化运作，以成熟的大数据技术和科技金融资源集群，向政府部门、行业和相关机构出售智库服务、行业服务维持企业运行，同时向国际金融机构联手，构筑科技金融高地，以推广运用破解科技企业融资难的经验。同时实施反哺计划，研究院是上海金融学院的技术资源库，所有资源与学校无偿共享，上海金融学院作为股东和董事长单位，与研究院共同致力于科研向教学的转化，推动教学与人才培养到达新高地。

(二) 业务发展计划

首先，以杨浦区的科技金融振兴计划为起点，凝练科技贷款为核心的上海经验，并向全上海市推广。练好内功，扩大数据库的广度和深度，通过数据挖掘、图挖掘、文本挖掘等技术加深和拓宽数据库的功能运用；并对金融模型进一步开拓和验证，提高模型的科学性和适用性，同时全力推动上海金融学院在科技金融研究与教学上取得实质性进展。

其次，在全市范围内探索科技企业与多层次金融市场对接的技术通道，

投贷结合，使科技企业获得金融的强大支撑。推动上海经验向长三角地区辐射，带动长三角地区科技金融企业的发展。在和国际国内多方位联合开发的过程中，建设全国科技金融数据库，并整合各类资源，为科技企业的多层次融资提供全方位服务，使研究院成为全国范围内的科技金融研究与发展的智力支持单位，并以此使上海金融学院成为科技金融研究孵化与学科建设的重要基地。

最后，着力于科技金融数据库的不断创新。在上海科技金融研究院建立及运营的针对科技型企业的财务信用系统及风险管理系统基础上，随着研发的数据库投入运营，越来越多的中小科技型企业将登录平台，数年后，无论是研究院还是政府机构、银行，都将从此数据库的“大数据”中尝到甜头。上海科技金融数据库将以上海为基地，向各地区辐射，引导与推动各地区科技金融的发展。建成全国科技企业数据库、全国科技资金数据库、科技企业信用挖掘系统为子系统的全国科技金融资源库，真正成为科技金融研究与发展的一个高地，并以此为依托带动上海金融学院在科技金融研究与创新人才培养方面的发展与飞跃。

第三节　上海社会化科技金融服务平台

科技金融公共服务平台容易导致政府越位及缺位问题。科技金融公共服务平台越位主要体现在科技金融担保、引导基金等方面市场化程度较低、政府干预较多、资金效率不高。如当前科技企业担保中政府财政性担保处于主导地位，民间担保所占份额很低；科技中小企业信用担保体系过分依赖于政府担保，造成政府财政负担加重，政府风险放大；而科技中小企业金融风险本来就是市场现象，政府担保越位表明政府承担了过多本来可由市场管理和分散的风险。科技金融公共服务平台缺位是指本来应当由政府生产和提供的科技金融公共产品和服务，科技金融公共服务平台却没有充分尽职尽责，导致科技金融公共供给不足。目前缺位主要表现在两方面：一是政府没有发挥信息集大成的政府优势，建设解决科技企业信息不对称的信用信息体系；二是政府主导的科技金融对中小科技企业的支持覆盖面

很低。

一、上海社会化科技金融服务平台现状

当前上海各类科技金融社会化服务平台主要体现在科技金融研发合作、产业链合作、官产学研合作等方面的产业联盟建设。众多科技金融产业相关者共同参与，共同整合产业资源、市场资源、政府资源等。

科技金融社会化服务平台具有以下优势：其一，单一科技金融公共服务平台是“输血”，容易造成政府失灵；而政府及各类市场机构整合的社会化科技金融服务平台则是“造血”，是可持续的商业模式。其二，目前科技企业金融需求越来越个性化、多元化及综合化，单一机构提供的科技企业金融支持难以满足其需求，需要科技金融公共及社会化服务平台互相协调、补充，合作提供全方位服务。其三，单一金融机构从事科技企业金融支持有自身瓶颈和优势：如小额贷款公司、担保公司等存在资金和信用瓶颈，却拥有中小科技企业信息收集和成本优势（“有腿没钱”）；银行等金融机构服务科技中小企业具有成本及信息瓶颈，却拥有资金优势（“有钱没腿”）。不同类型机构取长补短，容易形成有效建设科技企业信息不对称的金融支持集成模式。总之，科技金融社会化服务平台形成了有利于科技金融创新的社会评价机制、社会激励机制、社会监督机制。

当前上海各类科技金融社会化服务平台主要有以下几种有特色的模式：

（一）政府牵头的杨浦“投贷联盟”（半社会化科技金融服务平台）

2010 年 3 月 23 日由杨浦区人民政府、上海农村商业银行、上海创业投资有限公司、上海市再担保有限公司发起，由从事科技型中小企业投融资业务的相关投资机构、商业银行、担保机构等自愿组成杨浦科技金融“投贷联盟”。这是针对中小科技企业轻资产，难以满足银行贷款条件，容易面临“融资难”、“融资贵”等问题，探索建立科技投融资新机制，开展投贷联动业务试点。

“投贷联盟”成员不断扩大。截至 2014 年底，浦发银行、上海银行、硅谷金融集团、清科集团、IDG、上海市创投公司、中信建投、太平洋保险公司以及杨浦区创业中心等相继入盟，并建立了定期信息交流制度。

“投贷联盟”基本运作模式是：对于已经引进股权投资的科技型中小企业，商业银行在符合相关法律法规、金融政策以及银行内部信贷政策的前提下，按照投资额的一定比例进行配比贷款，开展投贷联动。参加投贷联盟的商业银行在已经发放贷款的科技型中小企业中，筛选具有股权融资需求的客户，优先推荐给联盟内的投资机构，开展贷投联动。对属于政府重点扶持产业、有技术或商业模式创新、市场发展空间大、具有优秀管理团队的科技型中小企业的借款，由担保机构提供担保，企业以固定资产、股权、自有知识产权或其他资产作为抵押、质押或反担保措施，担保机构和商业银行承担相应的责任。政府通过购买服务，引进风险投资咨询公司，对具有投融资需求的早中期科技企业进行先行筛选；以联盟成员为主，建立银行、担保、再担保和政府政策性贴补参与的融资风险共担体系。

杨浦“投贷联盟”发挥了“风险共担、收益共享”的配套机制，使股权融资和银行贷款形成合力，打出科技金融服务“组合拳”，并不断丰富投贷联盟功能内涵。联盟成立以来，发行了杨浦区政府引导基金与各类金融机构合作的科技中小企业集合债券，实现了政府创新创业引导基金的引导力、项目自有和贷款资金的扶持力以及风险投资的市场配置力“三力合一”。硅谷银行与VC、PE机构完善投贷联盟的利益和风险共担机制，实现商业银行与风险投资深度融合。此外，杨浦科技金融“投贷联盟”举办投融资对接会，涵盖金融大数据、云计算、物联网、清洁能源应用等产业领域；加强与快创营、创新工场、大学生接力基金等机构合作，批量筛选一批早中期企业，开展项目与资金、资本对接。

（二）政府参与的张江科技金融服务联盟（半社会化服务平台）

2014年8月29日，上海市创业投资行业协会与张江高新区管委会签署了合作备忘录，宣布张江科技金融服务联盟成立。张江科技金融联盟是实现科技企业和金融机构之间资源、信息共享和沟通的服务平台，旨在推动建立科技金融合作网络，促进科技资源和金融资本的有效对接。

目前张江科技金融联盟还包括上海金融业联合会、上海股权投资协会等10家发起单位。未来会吸纳一些保险、银行等金融行业单位进驻，建立一个最全面的科技金融服务平台。

（三）社团主导的浦东科技金融服务联合会（社会化服务平台）

作为一个承接政府职能转变的社会组织，浦东科技金融服务联合会被赋予实现“金融机构与科技企业有效对接及缓解中小企业融资难”的使命。其拥有的浦东科技投融资综合服务平台是全国唯一一个获科技部立项支持的科技投融资网络服务平台（浦东科技投融资综合服务平台，www. pdtif. com）。此平台类似于汇聚金融产品的“淘宝商城”，科技企业可以比选各类金融机构和金融产品；金融机构则如同在“淘宝商城”开了一个网店，拓展了一条成本低廉的营销渠道。

在线上服务的同时，浦东科技金融服务联合会还在线下积极开展服务。2014 年举办了“浦东新区企业金融服务专项”政策解读会、“张江移动互联网孵化器专场”投融资路演等活动，解决金融机构与中小科技企业信息不对称的问题。此外，还联合高校以及其他社会机构，开展科技金融、资本运作、公司战略等课程培训，组织评选最具投资价值企业、最佳科技金融服务机构、最佳科技金融创新产品等活动，帮助金融机构和科技型企业成长壮大。

（四）浦发银行主导的中国科技金融天使联盟（社会化服务平台）

2014 年 11 月 1 日，浦发银行主导，相关政府部门、科研机构、银行、天使投资、创投、股权基金、券商、各板交易所参与的中国科技金融天使联盟成立。

中国科技金融天使联盟以打造中国硅谷银行为战略目标，搭建跨界的服务平台，打造科技小巨人服务体系，企图为科技型企业提供综合化金融服务平台，并尝试探索机制、产品、服务等方面创新。

2014 年，浦发银行推出“科技小巨人”金融服务体系，标志着科技金融服务能力迈上新台阶。截至 2014 年三季度，浦发银行服务的科技企业数已突破 10000 户，累计培育各板上市企业超过 200 家，搭建超过 100 个合作平台，为科技型企业提供的授信支持超过 1200 亿元。浦发银行在全国设立了 14 家科技支行和科技特色支行。此外，浦发银行还构建纵贯总分支行三级的立体化、多层次、覆盖全国的科技金融专业服务网络，组建专业团队，设计专属产品，建立专门流程，为科技型企业提供涵盖各发展阶段的一站式、全程化金融服务。特别是在产品创新方面，运用投资银行思维提供股、

债、贷三位一体的综合金融服务，通过贷投联动、股权 + 债权、融资 + 融智等多工具组合灵活满足科技企业的综合需求。

在目前服务科技企业的现有基础上，浦发银行将努力提供业态跨界、市场跨界、平台跨界、O2O（即 Online To Offline，将线下商务机会与互联网结合在了一起，让互联网成为线下交易的前台）跨界等四大跨界服务，为科技型企业客户打造一个满足各时期需要的四大服务联盟，即天使联盟、成长联盟、上市联盟、战略联盟，从而最终成就科技型企业的发展壮大。中国科技金融天使联盟是浦发银行打造“科技小巨人”服务体系的重要一步。今后浦发银行还将继续探索并成立“成长联盟”、“上市联盟”、“战略联盟”等新型金融服务平台，力求以专业化的服务覆盖科技型企业的全生命周期。

二、上海社会化科技金融服务平台存在的问题

与阿里巴巴及印度等先进社会化科技金融服务平台相比，上海社会化科技金融服务平台在核心龙头企业主导行业上、下游及互联网的科技金融服务平台、科技金融非正式服务平台等方面存在差距及缺陷。同时，上海社会化科技金融服务平台发展还面临体制机制障碍。

（一）上海核心龙头企业主导的行业性、互联网属性科技金融服务平台不成气候

金融业本质是一种信息产业。阿里巴巴是一个巨大的数据采集和加工中心，也是一个评估科技中小企业信用的体系及数据库。其通过阿里巴巴、支付宝、天猫、淘宝等一系列平台，对卖家进行定量分析，前期搜集包括平台认证和注册信息、历史交易记录、客户交互行为、海关进出口信息等，再加上卖家自己提供的销售数据、银行流水、水电缴纳甚至结婚证等。同时，还引入了心理测试系统，判断企业主的性格特征。所有信用信息汇总后，将数值输入网络行成评分模型，以此为依据进行广泛的科技企业信用评级及金融服务。因此，阿里巴巴企业服务平台区别于一般私人公司，具有电子商务行业性及服务中小企业的社会性，其服务对象许多是中小科技企业，应该说，其中小科技企业服务内容已经上升及转化为社会化供应链

科技金融服务平台。

由于上海企业创新及发展环境存在问题，改革开放以来，尽管上海出现了一大批中小企业，但中小企业在上海生存比较困难，中小企业冒尖的很少。最近一二十年，上海几乎没有出现非常有影响力的私企或者国企，更没有出现阿里巴巴、腾迅这样的互联网巨头。因此，也无法出现核心企业主导的行业性、互联网属性的社会化科技金融服务平台。

（二）上海非正式组织的科技金融服务平台薄弱

印度班加罗尔科技金融服务平台的一大特色就是其科技金融机构与美国硅谷沙丘路（风险投资公司聚集地，Sand hill Road）有着广泛联系，存在一个靠私人人际关系、非正式组织的印美科技金融合作服务平台。通过印美双边非正式组织的科技金融服务平台，沙丘路风险投资机构容易把各种科技金融创新氛围、理念、信息、资金及经验的火种播撒到印度班加罗尔。

而上海历来重视政府及正式机构的作用，非正式组织的科技金融服务平台作用经常被忽略及轻视。

（三）上海社会化科技金融服务平台面临体制机制障碍

成熟完善的社会化科技金融服务平台需要合理、公平的体制机制。比如，美国硅谷银行最大的成功经验就是投贷联动，但在我国金融分业监管体系下，作为金融中心的上海，要进行金融跨界服务同样有许多阻滞之处。另外，社会化科技金融服务平台需要的一些配套体制机制，如轻资产中小科技企业信用体系、知识产权保护体系等，而这些配套机制目前在上海也是薄弱环节。

三、上海社会化科技金融服务平台创新思路和建议

（一）政府将社会化科技金融服务平台能够自主管理的事务交给其管理

为进一步推动各类社会化科技金融服务平台的成长及成功，上海相关政府主管部门积极转变职能，将社会能够自主管理的事务交给社会管理，

为科技金融社会化组织发展让渡空间。同时，为社会化科技金融服务平台争取各项政策优惠（如政府购买服务、办公用房、人才培养、开展活动等提供支持），形成科技金融工作推进合力。

（二）激发各类社会化科技金融服务平台的发展活力

借鉴各国利用半官方、非官方机构、非正式机构促进科技金融做法，建立科技金融“政府与社会合作”渠道，充分发挥行业协会、产业联盟、中介组织、大学、研究机构、科技金融龙头企业及科技金融非正式机构等在创新上海社会化科技金融服务平台的关键作用。扶持现有各类科技金融产业联盟（尤其是核心龙头企业主导的行业性、互联网属性科技金融服务平台）发展，组建科技创新和科技金融市长（区长）咨询委员会、上海科技金融研究院之类半社会化、社会化组织。

（三）完善上海社会化科技金融服务平台所需的体制机制环境

首先是多层次金融市场体系还有待进一步健全，以满足新商业模式、新业态在科技创新方面的需求；其次，金融机构体系也需要更加契合科技企业的融资需求，无论在直接融资还是间接融资方面；最后，金融机构需要开发出更有针对性的科技金融产品、工具体系，“不能拿提供给制造业的金融产品、工具来服务科技企业”。此外，为了提高社会化科技金融服务平台的效率、降低融资的成本，要完善上海科技企业金融支持的基础环节——上海科技金融信用体系；在上海现有企业信用体系基础上，靠政府和社会各方面力量加快建立科技企业的信用体系。

第 七 章

上海科技金融政策支持体系

第一节 上海科技金融政策支持体系的现状及成效

一、上海科技金融政策支持体系的发展

2012 年至 2014 年，随着上海自贸区和国际金融中心建设的深化，上海市科技金融支持体系建设越来越强调完善金融市场本身，突出市场对于资源配置的决定性作用及明确政府的引导作用。因此，上海市金融政策逐渐由直接支持向间接支持转变，前者集中于对中小科技企业进行财税与金融支持，后者则强调对创业市场、互联网金融及资本市场等建设的支持。

（一）加强中小科技企业的财税与金融直接支持

2012 年，根据国务院《关于进一步支持小型微型企业健康发展的意见》的文件精神，上海市政府密集发布了对于中小企业的金融与财政支持政策，分别在中小科技企业融资租赁担保、商业银行信贷风险补偿以及金融服务平台的建设上，加强对科技企业融资的支持。

1. 开展小微科技企业融资租赁担保试点

2012 年，上海市开展了科技企业融资租赁担保试点的工作，将信用担保作为政策工具引入融资租赁领域，激活了小微科技企业融资租赁市场，

从而为小微科技企业的融资租赁活动拓宽了路径，降低了成本。

政策性担保是破解小微科技企业融资租赁难题的关键。在试点期间，上海市政府主要依托中国投资担保有限公司上海分公司、上海再担保有限公司、上海联合融资担保有限公司等政策性担保机构进行承保，为符合条件的中小企业向融资租赁企业的租赁行为进行担保。根据融资租赁“先予偿付、再行追偿”违约索赔机制，中小科技企业如果发生融资租赁违约的情况，担保机构须就担保合同部分先行偿付，之后再向承租人（中小企业）进行追偿。这样一来，就大大降低了融资租赁公司因为信息不对称而带来的经营风险。因此，信用担保充当了政策工具的角色，激发了融资租赁企业为承租人（中小企业）提供融资的意愿。

科技企业融资租赁担保试点成功的保障在于“自主选择、自主决策”原则。在试点期间，有融资租赁需求的小微科技企业根据自身情况选择是否申请融资租赁担保，租赁公司则根据承租人的情况，自主决定是否给予融资租赁，而专业担保机构则依据其内部评审制度和决策程序，自主决定是否为小微科技企业提供融资担保。而政府则依照“市场主导，政府引导”的原则，在不干涉各企业自身运营的情况下，积极协调、引导和监管融资租赁担保的试点。这样，“自主”机制就充分发挥了市场的资源配置基础作用，避免了决策失误可能带来的系统性损失。

融资租赁试点有利于科技企业和融资租赁企业的共同发展，为两者未来的良性互动打下了基础。此次试点要求申请参与的融资租赁企业，注册资金在 2 亿元以上、中小企业融资租赁业务达到一定规模、在上海拥有良好的声誉、有优秀的管理团队、健全的内部制度和良好的风控能力，并承诺对中小企业融资租赁实现优惠费率，项目内部收益率原则上不高于 10%。而参与的中小企业则要求是处于成长期的科技型、创业型等新兴的中小企业。在这样的要求下，科技企业就可以通过租赁担保找到有实力且愿意服务中小科技企业的租赁公司。双方的合作，一方面为科技企业提供了资金和设备，为其发展壮大提供了条件；另一方面则增加了融资租赁企业与中小科技企业之间的联系与互信，为融资租赁后中小企业业务的发展奠定了基础。

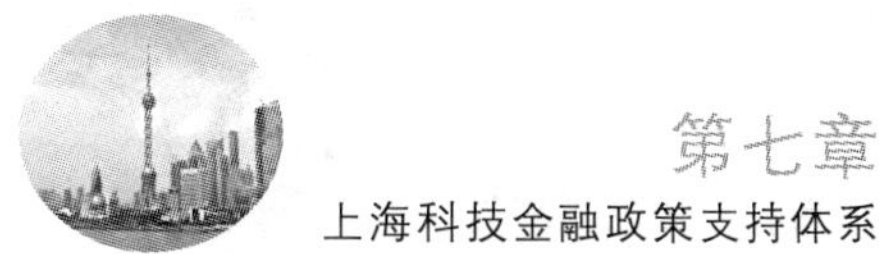

2. 建设小微科技企业信贷风险补偿机制

2012 年 6 月，为了进一步引导和鼓励商业银行对小微企业投放贷款，从而为其发展解决资金难题，上海市政府根据《国务院关于进一步支持小型微型企业健康发展的意见》制定了《上海市小型微型企业信贷风险补偿办法》以及《上海市科技型中小企业信贷风险补偿暂行办法》，通过对商业银行中小企业信贷进行风险补偿来缓解“惜贷”难题。

基于以上两种办法，上海市政府将建立起基于市、区两级财政的小微企业信贷风险分担机制来支持与鼓励上海市各商业银行开展对小微企业和张江、紫竹、杨浦高科技园内科技企业的信贷业务。也就是说，通过成立上海市商业银行信贷风险补偿财政专项资金，对商业银行在对符合条件的小微企业投放信贷过程中所产生的超过一定比例的不良贷款净损失进行相对应的风险损失补偿。譬如，对于中小微企业不良贷款率在 3% 以内的，净损失由商业银行自行承担；不良贷款率超过 3% 的部分，由上海市信贷风险补偿资金承担 1% 以内的不良贷款净损失；而当各商业银行在“张江、紫竹、杨浦”等区域内发放的科技型中小企业贷款年末不良率超过 3% 时，对不良贷款处置所发生的实际损失中超过 3% 且小于 5%（含）的部分，在相关商业银行实施尽职追偿的前提下，由市和区县两级政府补偿 50%。以上种种风险补偿机制的规定降低了商业银行对中小企业，特别是科技型中小企业发放贷款的风险，对缓解商业银行“惜贷”问题有着重大意义。

3. 加快科技企业融资服务平台建设

在接连出台融资租赁担保、信贷风险支持政策之后，上海市政府又于 2012 年 9 月出台了《关于推进本市小微企业融资服务平台建设的指导意见》，希望利用科技企业融资服务平台为载体来加强科技企业获得健康发展所必须的融资能力，改善其融资环境。

科技企业融资服务平台主要是指依托科技园区、工业园区、专业市场、行业协会等机构，发挥其贴近科技企业的优势，帮助商业银行与科技企业相互了解，为科技企业提供政策咨询、融资辅导、融资受理、信息核查、批量推荐等服务，在金融机构与科技企业对接中发挥桥梁作用，实现科技企业融资的便利化、批量化和多元化。上海市政府以科技园区为依托，目

前已经构建的科技型中小企业融资服务平台包括上海市张江高新技术产业开发区下的各分园、上海杨浦国家创新型试点城区下的各科技园区以及上海紫竹国家高新技术产业开发区等分别构建的科技中小企业融资服务平台。

利用科技中小企业融资服务平台推动中小科技企业融资。科技中小企业融资服务平台集中受理中小科技企业的融资申请，经分类处理和信息核实后，根据商业银行的目标市场定位、风险偏好和贷款准入标准，批量推荐给商业银行，为中小科技企业融资提供便利化和批量化服务。同时，中小科技企业融资服务平台既可向中小科技企业介绍股权投资、集合债券、集合票据等直接融资工具，又可为中小科技企业引进融资担保公司、小额贷款公司等非银行金融机构，为中小企业多元化融资提供配对服务。

科技中小企业融资服务平台促进商业银行与中小科技企业的良性互动。由于平台与银行的对接，中小科技企业与商业银行之间的规模不对称与信息不对称问题在很大程度上得到了缓解，商业银行可以就平台反馈的信息明确其目标客户与市场，从而形成专业化的组织机构与专业人员，形成专门的授信业务流程、授信审批模式、风险控制手段以及考核奖励机制，从而降低为中小企业授信的门槛。

4. 加强小微科技企业财政支持

在完善了对小微科技型企业的一系列技术层面的金融政策支持之后，上海出台了市政府关于贯彻《国务院关于进一步支持小型微型企业健康发展的意见》的实施意见，从而为进一步推进小微科技型企业发展提供了政府财政的直接支持（见表7－1）。

表7－1　2012年以来上海市公布的科技金融政策

序号	政策文件名	颁布时间
1	中小微企业融资租赁担保业务试点方案	2012年
2	上海市小型微型企业信贷风险补偿办法	2012年
3	上海市科技型中小企业信贷风险补偿暂行办法	2012年
4	关于推进本市小微企业融资服务平台建设的指导意见	2012年
5	市政府关于贯彻《国务院关于进一步支持小型微型企业健康发展的意见》的实施意见	2012年

续表

序号	政策文件名	颁布时间
6	关于加快上海创业投资发展的若干意见	2014 年
7	关于促进本市互联网金融产业健康发展的若干意见	2014 年
8	关于本市进一步促进资本市场健康发展的实施意见	2014 年

首先，财政支持体现在落实税收优惠与行政收费减免上。上海市政府明确指出了上海市地税局、上海市财政局及上海市发改委在税费减免中的角色，提出要继续落实国家与市级层面的中小科技企业税收优惠政策。具体为：在 2015 年年底前，对年所得额低于 6 万元（含 6 万元）的小型微利企业，减按 50% 计算应纳税所得额。而对于符合产业导向的科技企业，因经营困难不能按时缴纳税款的，在向主管税务部门提交申请并按照相关规定审批通过后，可以在 3 个月内缓缴税款。同时在 2014 年年底前，落实对上海市小微企业 12 项行政事业费取消的规定。

其次，财政支持表现在对于科技企业的直接资金支持上。上海市政府提出要适时设立上海市中小企业发展基金，主要用于引导社会资金，支持中小微型企业融资增信，参与小型微型企业集合信托计划发行等。市政府还鼓励向中小企业发展基金捐赠资金，对企事业单位、社会团体和个人等向该基金捐赠资金的，企业在年度利润总额 12% 以内的部分，个人在申报个人所得税应纳税所得额 30% 以内的部分，准予在计算缴纳所得税税前扣除。同时鼓励各区县加大对科技企业的直接资金扶持力度，要求其设立的企业扶持基金要进一步偏向中小科技企业。

（二）突出金融市场自身建设的科技金融间接支持

2014 年以来，在集中出台对于科技企业的支持政策之后，随着自贸区建设和国际金融中心建设的深入，上海市对于科技金融的发展越来越重视金融市场本身的完善与发展，强调充分发挥市场配置资源的决定性作用。创业风险投资市场，互联网金融与资本市场的完善与发展成为本轮上海科技金融政策出台的重点。

1. 加快推进创业风险投资市场建设

2014 年 7 月，为了全面深化科技体制改革，充分发挥市场对资源配置的决定性作用，在推进上海创新型城市建设的思想指导下，上海市政府发布了《关于加快上海创业投资发展的若干意见》，为推动创业投资市场的发展，促进产业升级及新兴企业特别是科技企业的健康发展奠定了基础。

推进创业风险投资市场建设的远景目标是将上海打造为具有国际竞争力和影响力的创业投资中心，近景目标为实现“五个一”。即到 2017 年，吸引培育一支国内外知名的创业投资管理队伍（1000 人）；集聚打造一批业界有影响力的品牌创业投资企业（100 家）；引导带动一批创业投资资本（新增 1000 亿元）；投资培育一批新兴产业细分行业的领头羊企业（1000 家）；打造一个享誉海内外的创业投资集聚高地。

为此上海市政府要充分发挥其引导作用，带动各类资本进入创业投资领域。具体需要：（1）建立健全创业投资引导基金持续投入机制，通过市财政连续 3 年新增安排市战略性新兴产业发展专项资金 10 亿元，专项用于补充上海市创业投资引导基金，从而鼓励和引导社会资金进入创业投资之中。（2）吸引境外专业机构组建人民币创业投资基金。探索在有效监管的前提下，开展境外机构投资人参股人民币基金一次性结售汇试点，打通境外创业投资参股人民币创业投资企业的结汇通道；进一步简化外资参股人民币创业投资企业相关行政审批流程。（3）鼓励国有企业集团参与设立创业投资企业，探索新的鼓励与约束机制，最大化国有企业产业的收益。（4）鼓励天使投资的加快发展，通过上海市天使引导基金，鼓励和激励民营资本投资天使基金。（5）鼓励重点产业的并购，结合本市重点发展的产业领域转型升级的实际需求，鼓励本市各产业集团积极开展境内外产业并购投资，适时组建创业投资企业以开展集成电路、生物医药等重点领域产业的并购整合。不断完善并购涉及的外汇、融资和产业等相关配套政策。（6）丰富创业投资企业募集资金渠道。鼓励和支持运作规范的创业投资企业的发展，在法律法规允许的框架范围内，创新各类募集手段，通过上市募集、发行企业债券、发行资金信托和募集保险资金等方式，拓展融资渠道，形成市场化、多元化的资金来源。

2. 促进互联网金融产业健康发展

互联网金融产业自身就是科技与金融产业的汇合，随着近来数据化与网络化的发展，互联网金融无疑将会在未来的金融产业中扮演关键的革命者角色，上海市要建设国际金融中心就必须把握好发展互联网金融的契机。鉴于此，上海市政府在2014年8月公布了《关于促进本市互联网金融产业健康发展的若干意见》，希望为互联网金融产业的跨越发展与产业聚集塑造良好的社会氛围、法律环境，并提供必需的政策支持。

推动互联网金融集聚发展需要加强对其的政策支持。上海市出台的互联网金融激励政策包括：（1）鼓励有条件的企业发展互联网金融业务，申请有关业务许可或经营资质。（2）加大对互联网金融企业的支持培育力度。对于互联网金融产业内的重点领域予以财政支持。（3）拓宽互联网金融企业融资渠道，发挥上海市政策性引导基金的作用，鼓励和探索设立天使基金为创业期的互联网金融企业提供资金帮助。支持社会资本发起设立互联网金融产业投资基金、并购基金，鼓励各类机构投资有发展潜力的互联网金融企业。支持互联网金融企业在境内外多层次资本市场上市（挂牌）。（4）支持持牌照的金融机构向互联网金融方向创新、拓展与转型，利用金融机构本身的经验优势与资本优势，进一步实现跨越创新。

促进互联网金融产业发展需要完善其基础设施建设，改善其外部发展的社会与法律环境。上海市政府推出的主要措施包括：（1）通过人才引进政策和人才培养政策吸引、集聚互联网金融人才；（2）鼓励互联网金融领域创新研究；（3）加强互联网金融领域信用体系建设的政策支持力度；（4）通过鼓励持牌金融机构与互联网金融企业在彼此擅长的经营领域合作，构建互联网金融产业联盟，完善互联网金融企业发展的配套支撑体系；（5）营造互联网金融企业发展所需的良好法治环境，加大对互联网金融企业专利、软件、品牌等知识产权的保护力度。

3. 推动资本市场进一步健康发展

为了充分利用资本市场在金融市场中配置资源的作用，完善金融市场体系，从而带动科技金融和科技企业的发展，2014年9月，上海市政府印发了《关于本市进一步促进资本市场健康发展的实施意见》，为科技企业借

助资本市场进行一系列的融资活动提供更多可能。

坚持发展金融市场服务实体经济，鼓励与支持发展多层次的上海资本市场服务功能。具体措施包括：（1）鼓励包括股票市场、债券市场、商品期货市场、金融期货市场在内的资本市场发展。（2）提升股权托管交易市场对于中小科技企业的服务功能，加快上海股权托管交易市场综合金融服务平台的建设。股权托管交易市场重点服务上海市科技型中小企业，交易市场的壮大有利于探索适合中小科技企业的金融产品创新，增强市场资源集聚、整合和配置功能。做好与多层次的资本市场对接，有利于推动上海股权托管交易市场的健康发展。（3）逐步放开市场空间，完善和促进上海市非公开市场交易机制及发行制度，健全私募投资二级市场，培育合格的机构投资者。

充分发挥资本市场的资源配置属性，推进企业创新发展。（1）推动科技企业在多层次资本市场的上市与挂牌。鼓励科技企业到主板、中小企业板、创业板、全国中小企业股份转让系统和上海股权托管交易中心等市场挂牌，并加强对中小企业改制与上市挂牌的服务工作。（2）依托资本市场，推动企业的改革与发展。企业在资本市场上的市场化重组，有利于各类资本的融合发展，使得企业组织架构更为现代、透明。这为新技术、新产业、新模式、新业态企业的加快发展创造了条件。（3）支持企业借助资本市场开展并购重组。充分尊重企业的市场主体地位，突破地域、部门、行业与所有制的限制，鼓励各类资本公平参与并购重组，促进企业股权有序顺畅流转，从而为有前途的新兴科技企业、新兴科学技术的迅速壮大创造条件。

二、上海科技金融政策支持体系的成效

近年来，上海市依托建设全球金融中心与自贸区发展的历史机遇，大力发展科技金融，力图利用科技与金融的交互发展，使金融中心的建设落到实处，推动经济的发展。随着上海市政府对于小微科技企业的财政与金融支持政策不断地推出与落地，上海市科技金融支持体系在宏观层面的中小企业融资平台建设、财政支持，具体层面的金融机构汇聚、金融产品创新，以及细分领域的信贷市场、担保市场及资本市场等各方面都取得了非

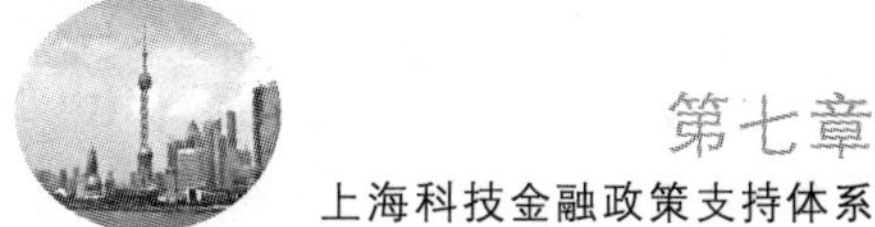

常大的成效。

（一）宏观层面来说，在纲领性文件的指导下，上海市科技金融支持平台建设初有成效，政府财政对于科技金融的支持作用得到加强

第一，上海市出台了《上海市人民政府关于推动科技金融服务创新、促进科技企业发展的实施意见》，作为推动科技金融的纲领性文件，确定了上海市科技金融发展的框架和体系。

第二，上海市搭建了两大科技金融的平台，即上海市政府与各科技园区合作的科技型中小企业融资服务平台、政府与各金融机构合作搭建的金融机构系统平台。平台的建设有助于消除中小企业融资的信息不对称，使得企业融资的资讯更加透明，融资风险也更加可控。同时科技金融平台也增加了金融机构与企业之间的沟通，使金融机构可以根据中小企业的需要定制金融产品。

除了全市层面的科技金融平台，各区县政府也十分重视科技金融平台的建设。以浦东新区为例，自 1993 年起，浦东就开始了科技金融服务平台的探索和建设，先后建成了浦东生产力促进中心、浦东科技金融服务联合会，通过政府与中小科技企业以及各类金融机构的联结，依托网络信息平台发布科技金融政策，收集会员信息，了解中小企业的融资需求，推动了企业与金融机构的互动，从而鼓励金融机构开发各种为科技企业“量身定做”的金融产品。2014 年，浦东张江高科技园区开展了“张江科技金融服务平台”的试点，依托产业园的信息与规模优势，通过批量银企对接等方式来有效解决中小科技企业与金融机构之间的信息不对称、规模不对称、收益不对称的难题。

第三，上海市政府加大了对科技金融的财政支持，以撬动社会资金进入中小科技企业。在出台“3 + 2”个十亿元支持政策之后，上海市政府已经完成了对于中小科技企业融资多方面支持的初步建设。一方面是建立风险池，通过分担商业银行的坏账损失来鼓励其对中小企业放贷；另一方面是实施奖励政策，激励商业银行向中小型科技企业放贷的行为。除此之外，上海市还成立了引导风险投资基金，通过政府财政的支持，鼓励风险投资对于创业期的中小科技公司进行股权融资。最后，上海市政府还通过对融资性担保基金机构的注资，扩大了机构的资本，从而撬动更多的银行

信贷。

这些政府政策在撬动社会资本进入中小科技企业的过程中起到了重要的引导作用，为科技企业的发展贡献了力量。还以浦东新区为例，自“十一五”以来，浦东新区累计向科技金融领域投入超过50亿元，撬动了超过700亿元资金进入浦东科技企业。其中，截至2013年8月，上海银行与浦东新区政府的银政合作，已累计向小微企业发放近340亿元的贷款，为800多户小微企业提供了超过3150笔服务，其中60%为中小型科技企业。除此之外，在股权投资上，浦东新区政府也利用种子基金、风险基金、引导基金等直接投资或引导风险投资和股权投资机构向浦东新区的中小科技企业投资超过100亿元。

（二）从具体层面的金融机构与科技金融产品来看，上海市科技金融发展汇聚了各种金融机构，创新了多种科技金融产品，为科技企业发展创造了条件

1. 依托国际金融中心与自贸区建设，上海科技金融建设形成了有层次的金融机构体系，引入了各方面的市场主体，支撑了科技金融市场体系发展完善

上海市科技金融体系汇聚了硅谷银行、商业银行及其科技金融服务专业特色银行、股权投资机构、服务科技企业的融资担保机构，及小额贷款公司等各科技金融市场内的主体，从而在系统层面为有着不同融资需求、不同融资能力及处于不同融资发展阶段的中小科技企业提供了可以依托的不同融资服务金融机构。目前，上海市在健全金融机构体系建设上取得了初步成效。首先，上海市借鉴美国硅谷银行的模式，成立了浦发硅谷银行。其次，上海主要的高科技园区内（如张江、紫竹和杨浦）成立和引入了专业服务中小型科技企业的科技银行。除此之外，上海吸引了大量股权融资机构的进驻，而且随着自贸区的发展，这一优势还在继续扩大，服务型和小微企业的融资担保机构数量也在迅速增加。最后，小微贷款机构在上海的发展也有了明显的成果。

浦东作为上海建设国际金融中心的桥头堡，是上海金融机构最为密集的区域之一。截至2014年8月，浦东已经拥有了各类金融机构达到4269家，相较2013年，增加了1046家，增长率为32%。其中，监管类金融机构

共有825家，股权投资及管理类机构1987家，融资租赁企业284家，小额贷款与担保公司共37家。除此之外，浦东新区还集聚了上证所、上期所、股权托管中心等要素市场，这些多元化的金融机构为满足各类企业的不同融资需求提供了保证。

虹口区同样在汇聚金融机构上成效显著，特别是在风险投资和对冲基金领域。截至2014年9月，虹口集聚了840家以上的金融机构，包括公募基金及其子公司、私募基金、第三方支付机构、PE和VC等。其中，虹口对冲基金园区集聚机构超过150家，管理资产规模超过500亿元。不仅如此，虹口区在2014年10月还设立了“上海风险投资中心”，为虹口区进一步吸引服务创业期科技型企业的风险投资企业集聚拉开了序幕。

嘉定区的金融谷也是上海建设金融机构系统的亮点之一。嘉定金融谷是上海金融中心整体规划中“一城一带一谷”中的一谷，是以现代金融服务外包体系为基础，金融产业为核心的高端产业服务区。以打造金融硅谷为目标，嘉定金融谷将会建设成为金融及服务外包企业总部基地、金融交易结算中心、金融创新产业集群、金融机构服务支持中心、互联网金融基地，从而与陆家嘴联动共同构成前中后台一体化的金融服务体系，其建设意味着上海市金融机构体系将更加完善。

2. 政府与金融机构合作推出创新型科技金融产品是拓展中小型科技企业融资途径的关键步骤

不同于大企业融资，中小型科技企业普遍有着轻资产、多技术的特点，这使得它们很难获得传统意义上的银行贷款，且中小科技企业由于自身的特点，对于融资有着诸如还款期限、还款方式、抵押方式等多样化的独特需求。因此，只有不断推出贴合中小科技企业特点的创新型金融产品，才能最大程度帮助其发展。上海市科技金融的一大措施就是通过政府、科技园等与金融机构的合作（银政合作），开发各类创新产品，以满足中小科技企业的需求。这里以浦东新区和杨浦区的金融创新为例来介绍上海的金融产品创新情况。

（1）浦东区政府联合金融机构大力开发新型金融产品，通过知识产权质押，发展投保、投贷等一系列方式来拓宽中小型科技企业的融资渠道。近年来，依托浦东金融中心和自贸区的建设，张江高科技园区推出多项新

型金融产品与服务，大力建设“1+2n”的科技金融格局，“1个综合授信平台为服务支点，有n个科技金融产品和n条科技融资渠道在支点周围延伸成服务平台的扇面”。在这种科技金融格局下，园区企业不仅可选择多个金融服务产品，还能享用金融机构为其量身定制的各种融资方案。目前，张江高科技园区有超过200种科技金融产品可以服务园区企业，超过3万家企业已经受惠。

（2）杨浦区整合多方资源，也推出了多种金融产品。例如，银园宝就是一种整合了银行、园区、政策性担保机构等多方的业务优势和风险偏好的金融产品。它建立起园区推荐项目并参与部分贷后管理、政府担保增信、银行放贷以及三方风险共担的模式。银园宝的推出帮助天臣威讯、华碧检测等4家原本不符合银行贷款条件的科技型中小企业获得了首期1000万元的1年期贷款，年化成本为7.5%—8.5%。此外还推出了中小企业集合私募债、“银园保险”、“贷投通”、“创智天地”3号中小企业集合委贷、中小企业集合中期票据、保单质押融资、硅谷银行“内审外贷”产品、“融合”系列产品等。杨浦区通过对科技保险的积极探索，不断尝试科技金融服务创新，逐步实现银行、园区、担保、保险多力合一、优势互补，在不断完善多元化风险分担机制的同时，化解了科技型中小企业的融资风险，较好地解决了融资信息不对称的问题（见表7-2）。

表7-2　杨浦区部分创新金融产品情况

序号	产品名称	产品模式	备注
1	中小企业集合私募债	对接银行理财资金池，吸引社会资本设立私募债承销基金，将销售环节前置，首创“按需定制、多层担保、以大带小、统一发行”模式	国内首单科技园区带领园区企业发行的私募债
2	“银园保”	园区推荐项目并参与部分贷后管理，政府担保增信，银行放贷，风险分担比例为银行15%、园区45%、区担保中心40%	荣获上海金融创新奖
3	“银园保险”	在“银园保”的基础上引入了保险机制，风险分担比例为银行20%（信用）、园区30%、区担保中心30%、保险公司20%	
4	“贷投通”	在“银园保”的基础上，采取“投资期权+定向回购”的模式，将贷款和股权投资有效结合	

续表

序号	产品名称	产品模式	备注
5	“创智天地”3号中小企业集合委贷	由区担保中心担保，将有投资需求的社会闲散资金集合起来，通过银行委托贷款，为有融资需求的中小企业提供资金支持	“群对群”融资模式
6	“创智天地”4号中小企业统借统还	一是由上海再担保公司担保，国家开发银行为平台公司发放批发贷款；二是由社会担保公司担保，平台公司负责筛选项目、贷款审核和贷后管理，并通过银行委托贷款方式为中小企业分批提供贷款	“点对点”和“点对群”相结合的双层融资模式
7	中小企业集合中期票据	由上海再担保公司担保，区担保中心反担保，组织若干家中小企业，汇总发行额度，使用统一名称，在银行间债券市场分期发行	
8	保单质押融资	企业将应收账款向保险公司投保，将保单质押给银行进行融资	
9	硅谷银行“内审外贷”产品	硅谷银行在国内贷审，借款企业海外子公司通过应收账款质押方式从国外取得美元贷款，再通过非贸易结汇将美元贷款转移至上海总部	
10	“融合”系列产品	含投保结合、保贷结合、投贷结合、投保贷结合4个子产品，用投资可能带来的高收益弥补贷款、担保可能带来的高风险	

（三）从科技金融的产品工具细分上看，上海市科技金融在信贷融资、信贷担保、股权融资的规模上均有提升，服务中小科技企业的成效显著

1. 就信贷融资而言，2013年上海市在科技信贷与小额贷款公司信贷规模上取得了明显的增长，中小企业覆盖面显著扩大

（1）科技贷款规模增加，服务企业数量扩大。2013年科技贷款总量较2012年有较大幅度增加，科技信贷总额增加68977万元，贷款企业增加259家，同比分别增加56.2%和115.6%；就单个贷款品种而言，科技履约贷信贷总额增加59165亿元，贷款企业家数增加209家，分别增长114.1%和126.7%；小巨人信用贷信贷总额增加29856万元，贷款企业家数增加63家，分别增长141.5%和286.4%。

（2）小额贷款公司数目增加，为中小科技企业的融资提供了便利。截至2013年12月末，上海全市已有116家小贷公司获批筹建，注册资本总额160亿元，其中111家小贷公司已获批开业。已开业小贷公司累计放贷26715户47543笔1071.84亿元，贷款余额9148户10042笔189.11亿元。其中面向小企业贷款余额3409户4009笔104.39亿元，占比55.20%，环比略降，向1283家科技企业发放贷款达81.61亿元，环比增长3.37%。

2. 就担保贷款融资而言，融资担保机构实力大增，科技类企业占总担保比例增加

通过政策引导，上海市利用上海国盛集团有限公司等3家有关市级国有投资公司重点开展了对11家"管理规范、信用良好、风控完善"的商业性融资担保机构的投资参股洽谈工作，积极支持和引导本市商业性融资担保机构做大做强，不断拓展商业银行与商业性融资担保机构的合作空间，增强商业性融资担保机构的实力和信心。目前，上述3家市级国有投资公司已完成了对上海联合融资担保有限公司等7家企业的资本金注入，注资金额10.4亿元；与上海九星融资担保有限公司等4家担保机构的洽谈工作，也正在积极有效地推进落实之中。

截至2013年12月，上海市拥有72家融资担保机构，注册资本总额达170.33亿元，累计提供融资担保金额2675.59亿元，融资担保余额7923户333.99亿元。而担保机构的融资性担保余额中，投向科技类融资性担保余额为30.17亿元，占比9.03%，较2012年增加了1.03个百分点（见表7-3、表7-4）。

表7-3　2013年上海市小额贷款公司贷款统计情况表

项目名称 \ 时间	2013年12月	2012年12月	增幅（%）
贷款余额（亿元）	189.11	149.75	26.28
放贷企业数（家）	9148	5969	53.26
其中：1. 小企业贷款余额（亿元）	63.30	50.42	25.55
小企业贷款余额占总贷款余额比例（%）	33.47	33.67	-0.20
小企业贷款户数（家）	3585	2095	71.12
2. 科技企业贷款余额（亿元）	13.90	11.90	16.81

续表

项目名称 \ 时间	2013 年 12 月	2012 年 12 月	增幅（%）
科技企业贷款余额占总贷款余额比例（%）	7.35	7.95	-0.60
科技企业累计贷款金额（亿元）	81.61	55.92	98.21
科技企业累计贷款户数（家）	1283	955	34.35
已开业小额贷款公司数（家）	111	87	25.59

注：本表统计范围为上海市经审核批准并已开业的小额贷款公司，数据由上海市金融办提供。

表 7－4　　2013 年中心科技贷款完成情况统计表　　单位：万元

科技信贷产品	2012 年度		2013 年度		历年累计	
	信贷额	贷款家数	信贷额	贷款家数	信贷额	贷款家数
科技履约贷	51870	156	111035	365	179275	570
小巨人信用贷	21100	22	50956	85	167213	195
成果转化信用贷	35750	27	28360	20	64110	47
科技微贷通	—	—	1150	9	1150	9
其　他	13999	19	195	4	14194	23
合　计	122719	224	191696	483	425942	844

注：信贷额和贷款企业以银行审批授信额为统计指标。

3. 从股权融资的角度看，随着上海股权托管交易中心、新三板市场以及风险投资市场的建设与扩大，中小科技企业通过股权交易融资的渠道与规模都得到了显著的拓展

部分区县对于科技企业股权融资模式的创新，也为中小科技企业的融资提供了新的选择（见表 7－5）。

表 7－5　　2013 年上海市担保机构融资性担保统计情况表

项目名称 \ 时间	2013 年 12 月	2012 年 12 月	增幅（%）
担保余额（亿元）	333.99	420.81	-20.63
担保企业数（家）	7923	6158	28.66

续表

项目名称 \ 时间	2013年12月	2012年12月	增幅（%）
其中：债券发行户数（家）	12	30	-60.00
其中：1. 科技企业担保余额（亿元）	30.17	35.79	-15.70
科技企业占总担保额比例（%）	9.03	8.2	1.03
2. 债券发行担保余额（亿元）	7.88	14.14	-44.27
已获批准担保机构户数（家）	86	80	7.50
持有效许可证机构数量（家）	72	71	1.41

（1）上海股权托管交易中心两大板块服务中小科技企业的股权融资效果显著。上海股交中心是全国范围内的OTC（场外交易）平台，目前主要有两个板块，Q版是针对小微企业融资问题的股权报价系统，挂牌企业可以通过Q版平台定向增资扩股或参与发行私募债券等各种方式进行融资。而E版则为上海股交中心非上市公众股份转让系统，是为净资产超过500万元，可以进行IPO股改的中小企业提供挂牌和交易的新版市场。Q版和E版交易平台为中小企业的股权融资创造了条件。数据显示，截至2014年10月，Q版挂牌企业达1708家，股权融资额度达5.25亿元，债权融资1.55亿元；E版挂牌企业达242家，融资总额近38亿元，其中通过定向增资方式的股权融资为24.64亿元，债券融资12.92亿元。

（2）发展迅速的新三板市场也是中小科技企业获得融资的新版市场。就2013年度而言，新三板共有356家挂牌公司，其中有50家上海公司，占总数的14.04%，其中24家企业是信息技术行业的企业，占比48%。这一年共有156家公司实现挂牌，其中有42家是上海公司，约占当年全部新增挂牌公司总数的26.92%。在2013年新三板市场中全部55家实现定向增资的企业中有5家上海公司，融资总额为1.5924亿元，占全市场融资总额的16.86%。而在112家实现股份交易的新三板公司中同样有5家上海企业，累计完成交易量243.1878万股，约占全部交易量的1.16%；累计完成交易金额2062.5693万元，约占全部交易金额的2.53%。

（3）对于科技企业股权融资模式创新的鼓励与支持，是现阶段解放中小科技企业融资能力的重要措施。上海市政府与各区县政府对融资模式的创新发展都十分重视，也取得了一些成果。如，有着科教优势的杨浦区就推出了上海首单“新三板”企业股权质押贷款。在杨浦区金融办的协调推动下，浦发银行创智天地支行为“新三板”挂牌企业——上海新眼光医疗器械股份有限公司发放300万元纯股权质押贷款。这是杨浦区深化科技金融创新，推动传统金融机构与“新三板”市场对接，服务科技型小企业发展的一项创新举措。

第二节 科技金融政策支持体系的国内经验

一、北京中关村国家自主创新示范区的科技金融政策支持体系

中关村是我国第一个国家级高科技园区，拥有国内乃至全球最密集的人才智力和高端科技研发资源，是我国高科技产业的策源地。进入新世纪以来，中关村管委会把科技金融列为全局工作的重中之重，大胆探索、先行先试。2011年1月，国务院批复《中关村国家自主创新示范区发展规划纲要（2011—2020年）》，提出要把中关村建设成为国家科技金融创新中心。2012年8月6日，国家发改委等9部委会同北京市政府印发了《关于中关村国家自主创新示范区建设国家科技金融创新中心的意见》，进一步确立了中关村在国家科技金融体系中的战略地位，不断完善科技金融政策支持体系建设。

（一）多维度的中关村科技金融政策支持体系初步形成

自2011年以来，中关村以“一个基础、六项机制、十条渠道、六大工程”为核心，不断建立健全科技金融政策支持体系：一个基础，即企业信用体系建设；六项机制，即信用激励机制、风险补偿机制、以创业投资为核心的投保贷联动机制、银政企多方合作机制、分阶段连续支持机制、市场选择聚焦重点机制；十条渠道，即天使投资、创业投资、境内外上市、代办股份转让、担保融资、企业债券和信托计划、并购重组、信用贷款、信用保险和贸易融资、小额贷款；六大融资服务工程，

即企业信用培育工程、科技担保融资服务工程、信贷专营机构培育工程、科技信贷创新工程、风险补偿机制搭建工程、银企交流公共服务平台建设工程。

针对企业不同发展阶段的融资需求特点，中关村先后出台了多项科技金融支持政策。在创业投资方面，出台了《中关村天使投资和创业投资支持资金管理办法》；科技信贷方面，出台了《中关村“展翼计划”工作方案》、《中关村企业担保融资扶持资金管理办法》等；在融资租赁方面，出台了《中关村融资租赁支持资金管理办法》；在改制上市方面，出台了《中关村支持企业改制上市资助资金管理办法》、《中关村并购支持资金管理办法》；在风险补偿机制方面，出台了《中关村小微企业信贷风险补偿资金管理办法》；在工作机制方面，制定了《中关村百千万科技金融服务平台建设方案》和《中关村科技金融伙伴工程实施方案》；在互联网金融方面，出台了《支持中关村互联网金融产业发展的若干措施》。以上政策在引导金融机构开展科技金融产品创新，服务中小微科技企业方面起到了显著成效，探索形成了促进技术和资本高效对接的工作机制。

（二）信用体系及补贴政策逐步完善

为了将手中掌握和分配科技金融资金进行有效的配置、管理和运作，中关村管委会出台了各项信息体系建设和补贴政策，不断创新各种融资方式，建立健全园区内科技企业的信用体系，融资规模迅速扩大。一方面，中关村出台了支持担保融资的相关政策，对“瞪羚企业”、留学人员创业企业等，提供担保便利，实行担保费优惠、补贴及贴息；对合作担保机构实行费用补贴。另一方面，中关村安排相应的资金，根据信用等级对园区内的科技企业和银行给予贴息、风险补贴等支持，积极发展信用贷款、知识产权质押贷款、股权质押贷款。此外，中关村还出台了支持设立科技金融信贷专营机构的政策，通过给予企业一定的贴息、对银行和担保机构给予一定的购（建、租）房补贴和风险拨备补贴等优惠措施，积极推动各专营机构在园区内开展创新业务试点。

中关村的信用评级借鉴了国外制度，对企业信用采取动态评定的方式，根据企业每年的经营、财务等状况，进行定量分析，并对企业的主管、所属行业做定性分析。通过定性分析和定量分析的综合，确定企业的还款和盈利能力。中关村征信报告分为3种（参见表7－6）。

表7－6　　中关村征信报告类型与内容

序号	报告类型	报告内容
1	标准征信报告	最简单的信用评级级别，只是简单地审查企业是否处在运营、有没有法律上的违规、企业注册资本金数额等基本信息
2	深度征信报告	属于深度征信报告，较为严格。信用评级机构不但要在网络上核查企业资料，还要实地走访企业，包括评价企业领导人、评价行业发展情况、确定企业具有还款能力等
3	评级报告	最严格，要经过仔细的核查，查看财务审计报告、税务明细等

中关村企业信用星级评定的方法是：初次申报企业信用星级评定的企业，在当年完成一个贷款周期并按期履行还本付息后，可申请获得“信用一星”级别；完成第二个贷款周期并符合相关条件的，可申请增加一个星级，依次递增，最高可获得“信用五星”级别。中关村管委会在实施担保融资、信用贷款、信用保险和贸易融资、小额贷款等政策时，按中国人民银行当期贷款基准利率给予企业一定的利息补贴。一星级企业贷款贴息比例为20%，每增加一个星级，贷款贴息比例增加5%，五星级企业贷款贴息比例最高为40%。

经过多年的发展，中关村在实施企业信用培育工程方面实现了六个方面的创新：一是创建了一个信用工作组织体系；二是制定了一套信用制度；三是开发了一系列信用服务产品；四是培育了一批信用服务机构；五是建立了一套信用信息系统；六是形成了一套信用激励机制。目前中关村企业信用促进会会员达到4500多家，累计有近万家次企业使用各类信用产品1.8万余份。由于成绩卓著，中关村已被国家发改委誉为全国中小企业信用服务体系建设示范“标间”。

（三）“1＋6”支持科技企业创新创业的税收政策逐步辐射全国

2010年底，为进一步激励中关村示范区创新创业的积极性和创造力，

国务院原则同意了中关村“1+6”系列先行先试改革政策，“1+6”的“1”是指搭建中关村创新平台，“6”是指试点实施股权激励、税收优惠、高新技术企业认定等6项政策（详见图7-1）。2012年，这些政策在中关村全面落地。

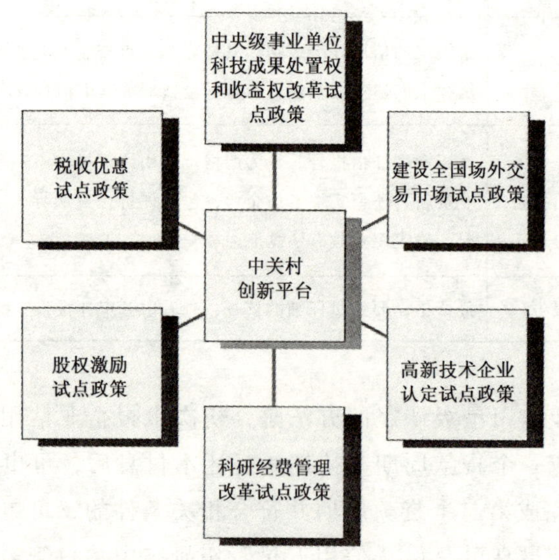

图7-1　中关村“1+6”先行先试政策体系

在国务院的总体部署下，财政部、科技部、国家税务总局大力支持中关村国家自主创新示范区的建设工作，先后下发了《财政部、国家税务总局对中关村科技园区建设国家自主创新示范区有关研究开发费用加计扣除试点政策的通知》（财税［2010］81号）、《财政部、国家税务总局对中关村科技园区建设国家自主创新示范区有关职工教育经费税前扣除试点政策的通知》（财税［2010］82号）、《财政部、国家税务总局关于对中关村科技园区建设国家自主创新示范区有关股权奖励个人所得税试点政策的通知》（财税［2010］83号）和《科技部、财政部、国家税务总局关于完善中关村国家自主创新示范区高新技术企业认定管理试点工作的通知》（国科发［2011］90号）等四个文件，将示范区先行先试四项税收政策予以明确（详见表7-7）。

表 7-7　　中关村先行先试四项税收政策内容

序号	主要内容	政策依据
1	自2010年1月1日起至2011年12月31日止，示范区内科技创新创业企业从事规定的研究开发活动，允许实行加计扣除的研究开发费用范围，包括符合规定的“五险一金”费用（企业依照国务院有关主管部门或者北京市人民政府规定的范围和标准为在职直接从事研发活动人员缴纳的基本养老保险费、基本医疗保险费、失业保险费、工伤保险费、生育保险费和住房公积金）；专门用于研发活动的仪器、设备的运行维护、维修等费用；不构成固定资产的样品、样机及一般测试手段购置费；新药研制的临床试验费等	《对中关村科技园区建设国家自主创新示范区有关研究开发费用加计扣除试点政策的通知》（财税[2010] 81号）
2	自2010年1月1日起至2011年12月31日止，对示范区内的科技创新创业企业发生的职工教育经费支出，不超过工资薪金总额8%的部分，准予在计算应纳税所得额时扣除，超过部分，准予在以后纳税年度结转扣除	《财政部、国家税务总局对中关村科技园区建设国家自主创新示范区有关职工教育经费税前扣除试点政策的通知》（财税[2010] 82号）
3	对示范区内科技创新创业企业转化科技成果，以股份或出资比例等股权形式给予本企业相关技术人员的奖励，技术人员一次缴纳税款有困难的，经主管税务机关审核，可分期缴纳个人所得税，但最长不得超过5年。 在2010年1月1日至2011年12月31日期间经有关部门批准获得股权奖励的技术人员，可享受上述延期纳税的优惠	《财政部、国家税务总局对中关村科技园区建设国家自主创新示范区有关股权奖励个人所得税试点政策的通知》（财税[2010] 83号）
4	自2010年1月1日起至2011年12月31日止，对中关村示范区内高新技术企业认定条件进行调整：一是对于示范区内注册满半年不足一年的企业可以参加认定；二是对核心自主知识产权的范畴进行了扩充，增加了反映创新成果的“国家新药、国家一级中药保护品种、经审（鉴）定的国家级农作物品种、国防专利、技术秘密”，并对技术秘密的概念进行了解释，等等。对符合战略性新兴产业及研发费占比达到10%的企业，允许以技术秘密作为知识产权申报	《科技部、财政部、国家税务总局关于完善中关村国家自主创新示范区高新技术企业认定管理试点工作的通知》（国科发火[2011] 90号）

2013年8月，科技部、财政部和国家税务总局联合发布通知，将中关村示范区高新技术企业认定管理试点工作期限延长3年。此前不久，研发费用加计扣除等3项支持科技企业创新创业的税收政策也获延期，并推广到东湖、张江国家自主创新示范区和合芜蚌自主创新综合试验区试点。2014年12月3日，国务院总理李克强主持召开国务院常务会议，部署在更大范围推广中关村试点政策、加快推进国家自主创新示范区建设，并决定把6项中关村先行先试政策推向全国。包括加快落实先期已确定推广的科研项目经费管理改革、非上市中小企业通过股份转让代办系统进行股权融资、扩大税前加计扣除的研发费用范围3项政策，以及此次将推开的股权和分红激励、职工教育经费税前扣除、科技成果使用处置和收益管理改革等3项政策。同时，还决定在所有国家自主创新示范区、合芜蚌自主创新综合试验区和绵阳科技城，推广实施4项先行先试政策，包括：（1）给予技术人员和管理人员的股权奖励可在5年内分期缴纳个人所得税；（2）有限合伙制创投企业投资于未上市中小高新技术企业2年以上的，可享受企业所得税优惠；（3）对5年以上非独占许可使用权转让，参照技术转让给予所得税减免优惠；（4）对中小高新技术企业向个人股东转增股本应缴纳的个人所得税，允许在5年内分期缴纳。同时，围绕鼓励引进海外高层次人才、拓宽科技企业融资渠道、支持设立适应科技企业特点和需求的保税仓库等，研究推动在中关村开展新的政策试点。

（四）大数据携手互联网金融打造中关村大数据金融服务平台

2013年是大数据元年。2013—2014年，中关村初步建成了比较完整的大数据产业链，形成了一定的产业集群规模，并在此基础上将大数据技术应用于金融行业，推动科技金融和互联网金融相结合，于2014年初夏建立了中关村大数据金融服务平台，进一步完善了自身的科技金融政策支持体系，为企业提供多源数据融合、风险控制体系、信用评级、互联网金融系统、信贷业务等服务。

2014年2月19日，中关村发布了《关于加快培育大数据产业集群，推动产业转型升级的意见》，陆续出台了一系列措施，完善有利于大数据产业发展的政策环境，聚集大数据创新资源；搭建大数据服务平台；培育大数据技术创新联盟、标准联盟等产业组织；加强区域合作，建立“京津冀大数据走廊”等。2014 年 2 月 20 日，由工信部电信研究院、中关村互联网金融协会、京东商城、亿赞普、拉卡拉等 50 余家单位参与组建的中国国内首个面向数据交易的产业组织——中关村大数据交易产业联盟正式成立。2014 年 6 月 19 日，中关村大数据交易产业联盟专家顾问委员会成立暨中关村大数据金融服务平台签约仪式在京举行，意味着中关村大数据金融服务平台正式成立。同时，《中关村数海大数据交易平台规则》（征求意见稿，以下简称《规则》）也在当日正式发布，这是我国发布的首个行业规范。《规则》从保护交易当事人的合法权益和社会公众利益出发，遵守公开、公平、公正和诚实信用的交易原则，规范交易市场内的一切交易活动，从交易平台、交易主体、交易对象三个方面规范交易市场行为，对在线数据交易、离线数据交易、托管数据交易等三种数据交易模式进行规范。平台自 2014 年 2 月底启动以来，已产生 85 笔交易，交易额达 112 万元。虽然成立时间不长，但中关村大数据金融交易平台的建设单位——北京数海科技有限公司已经与北京银行中关村分行签订了战略合作协议，迄今为止已经获得了累计 20 亿元的综合授信。此外，平台还与新时代证券公司签署了全面战略协议，共同探讨数据资产证券化等相关业务。

二、武汉东湖国家自主创新示范区的科技金融政策支持体系

武汉东湖新技术开发区（简称东湖高新区）成立于 1988 年，2009 年《国务院关于同意支持东湖新技术产业开发区建设国家自主创新示范区的批复》明确指出，东湖高新区可以参照中关村的有关政策开展科技金融改革创新试点，推动科技与金融更紧密结合，加快形成完善的科技金融服务体系。

（一）打造“资本特区”引导科技金融资源集聚

东湖高新区科技金融发展的核心举措是通过政策引导，促进金融机构和创新型科技企业集聚，为金融企业“输血”科技型中小企业创造宽松、公平的市场环境。围绕光电子与新一代信息技术、先进装备制造、新材料、新能源与新能源汽车、高技术服务业等五大高新技术主导产业，以及光通信、激光、芯片及显示、数字内容等 14 条产业链，东湖高新区充分发挥财

政科技投入的引导作用，先后出台了 15 项科技金融服务专项政策，获得省政府 2 项、市政府 9 项金融专项政策支持，形成了东湖示范区 26 项科技金融创新政策支持服务体系（参见表 7－8），涵盖企业上市、创新性贷款试点、融资租赁、融资担保、股权投资等各个方面，惠及各类金融机构、投资机构及融资服务机构，成为全国一流的政策优厚、主体密集、投资活跃、机制灵活、功能完善的“资本特区”。

表 7－8　武汉东湖高新区科技金融政策试点内容

试点内容	主要文件	政策内容
股权激励和科技成果转化	《东湖国家自主创新示范区企业股权和分红激励试点办法》和《工作细则》	对于国有及国有控股的院所转制企业、高新技术企业、高校和科研院所以科技成果作价入股的企业、民营企业、创业投资、股权投资类企业等的技术人员和企业经营管理人员，明确股权奖励、股权出售、绩效奖励和增值权奖励等，调动创新创业积极性
科技金融改革创新	《信用体系建设实施意见》、《信用贷款试点实施办法》、《鼓励担保机构从事融资性担保业务实施办法》、《鼓励创业投资企业发展的实施意见》	建立政府引导、市场化运作的区域性信用体系和中小企业开展融资担保体系；对试点企业的信用评级费用补贴、贷款贴息奖励，对试点银行、风险投资、担保机构建立风险补贴和奖励机制，鼓励金融机构为科技型中小企业开展融资服务
政府采购自主创新产品	《东湖国家自主创新示范区开展政府采购自主创新产品实施细则》、《武汉市自主创新产品目录》	政府采购、重大工程采购等财政性资金采购中优先购买，支持首创型产品顺利进入市场
鼓励创新创业财政税收政策	《武汉市技术先进型服务企业认定管理办法》	对技术先进型服务企业减征企业所得税，服务外包业务收入免征营业税；职工教育经费税前扣除，支持技术先进服务型企业创新
市场主体准入	《支持东湖国家自主创新示范区建设的意见》	放宽出资限制，允许以专利、标准等知识产权作价出资，允许以研发技能、管理经验等人力资本作价出资，鼓励科技人员创办他业

续表

试点内容	主要文件	政策内容
组织申报国家科技重大专项	《关于强化企业技术创新主体地位提升企业自主创新能力的若干意见》	产学研联盟优先承接国家重大科技专项，奖励科技企业国家重大科技专项，国家级战略联盟和省级战略联盟的牵头企业，鼓励企业开展创新活动
高层次人才引进和培养试点	《关于在东湖高新区建设人才特区的若干意见》、《关于东湖国家自主创新示范区对高级人才奖励的实施意见》等	对高级人才按其上一年度所缴工薪个人所得税省、市、区三级地方留成部分100%的标准予以奖励，鼓励各类高级人才在示范区创业和工作

特别是自2012年8月武汉出台《关于促进东湖国家自主创新示范区科技成果转化体制机制创新的若干意见》（简称“黄金十条”），并获批试行三项先行先试财税政策（“税三条”）以来，东湖高新区科技创新创业活力不断增强，武汉大学、华中科技大学、武汉理工大学、中南民族大学、江汉大学等高校相继出台细则，鼓励教师创业及科技成果转化，先后有587个人才团队、1000多名博士到园区创新创业。2013年，武汉东湖高新区新增高新技术企业191家，高新企业总数累计达672家，进入全国高新区第一方阵。

（二）完善融资机制吸引金融机构集聚发展

东湖高新区在学习借鉴其他示范区经验的基础上形成由“两个平台，五种方式”为核心内容的科技金融创新体系。“两个平台”分别指以武汉科技投资公司和武汉科技创新投资有限公司为主体的科技投融资平台，以及由武汉科技担保有限公司为主体的担保平台。“五种方式”包括创新财政投入方式、科技创业投资引导基金资助方式、科技型中小企业信贷融资方式、星火科技示范户小额贷款贴息方式和科技保险融资方式。东湖高新区科技金融体系在企业信用体系建设的基础上，建立了包括信用贷款、质押贷款、创业投资、境内外上市、融资租赁、信用保险及贸易融资、天使基金、并购重组在内的八种融资渠道，并相继出台了相关政策和实施细则。针对政府、金融机构、金融中介服务机构和科技企业这四大科技金融体系的参与

主体，东湖高新区制定了信用激励机制、风险分担补偿机制、多方合作机制、差异化持续融资机制、金融人才激励机制、科技金融创新与风险防范互动机制等六项科技融资机制（参见图 7－2）。

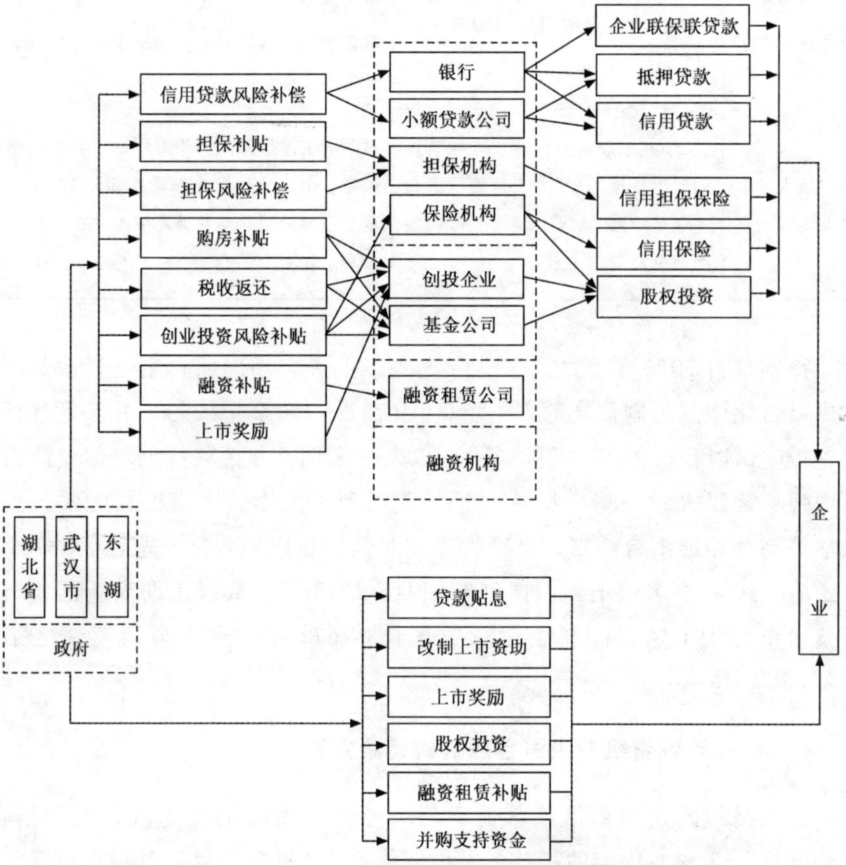

图 7－2　武汉东湖高新区科技金融政策体系

按照出台的优惠政策，对在“资本特区”新设或者迁入资本特区的金融机构（重点是金融新业态），按照其注册资本的 1% 给予奖励，最高奖励金额为 3000 万元，对打造资本特区需要重点引进的金融机构最高可奖励 5000 万元。目前，东湖高新区科技金融专项投入累计约 6 亿元，集聚了证券、保险、小贷、担保、融资租赁等各类金融机构 30 多家，股权投资及管理机构达到 225 家，新增数量超过此前历史存量的两倍多。全国 21 家银行中有14家在东湖高新区设立科技（分）支行，成为国内科技支行最密集的区域。同时，华中石化交易所、湖北合汇金贵金属经营有限公司、应收账款交易管理公司、金融仓储管理公司、迷你付第三方支付公司、中金高科金融服务公司等新兴金融机构积极落户高新区，呈现出各类金融机构和创新性科技企业集聚发展的良好态势。

（三）搭建服务平台推动科技金融联动发展

2011年11月17日，光谷“资本大厦”启用揭牌，开启了东湖高新区以之为核心打造金融服务集聚平台建设的新阶段。目前光谷资本大厦已经吸引8家要素市场、90余家国内外知名投融资机构和金融配套机构入驻运营，为科技型企业提供一站式、全方位、多层次的投融资服务。同时，东湖高新区积极推动示范区信用体系的“三个一”建设：成立一个组织，即“东湖企业信用促进会”；设计一个系统，即“科技型企业信用评级评价系统”；建立一个数据库，即覆盖3000多家企业的信用信息数据库。再次，东湖高新区还进一步加快示范区中介服务体系建设，设立或引进19家专业服务机构和67家一般中介服务机构。专业服务机构包括科技金融服务协会、创业投资行业协会、信用评级、知识产权评估等；一般中介服务机构如国内外知名律师事务所、会计服务外包基地、涉外法律服务平台、会计师事务所等。其中，科技金融服务协会先后组织了180多场银企、证企及金融服务推介会，引导金融机构开展股权质押、应收账款质押、知识产权质押、信用贷款、融资租赁、夹层融资、保证保险贷款、投保贷、“三板通”等创新性融资数百亿元，涉及企业近千家。此外，东湖高新区还尝试多元化的投融资信息平台服务模式，通过光谷信用网、金融超市、科技金融网等信息服务平台，收集企业融资需求信息5.6万余条，汇集银行机构、小额贷款公司及国内外知名风投机构200多家，为成长期科技型企业提供金融信息对接服务。

（四）健全资本市场拓展科技企业融资渠道

为了拓宽融资渠道、促进资本形成、优化资源配置、分散市场风险，武汉东湖高新区积极构建多层次的资本市场体系。“新三板”是东湖高新区建设资本特区的重要一环。2012年8月3日，国务院正式批准在北京中关

村试点6年的非上市股份公司股份转让系统扩大试点，武汉东湖高新区、上海张江高新区和天津滨海高新区成为首批扩大试点地区，东湖高新区也是中西部地区唯一的试点地区。

同时，被称为“四板市场”的区域股权交易市场也在东湖高新区迅猛发展。武汉股权托管交易中心是湖北省区域性的场外交易市场，挂牌对象为湖北省非上市、非公众和具有较高成长性的企业。武汉股权托管交易中心已托管东湖高新区内企业共107家，托管总股本34.25亿元；共有35家东湖高新区的企业在中心挂牌交易，挂牌企业总股本5.54亿股，挂牌企业总市值36.40亿元。其中武汉博奇玉宇环保、襄阳佰蒂生物科技已和券商签订辅导协议，升级转板至“新三板”。截至2014年7月，该中心累计为86家公司开展股权融资业务141笔，实现融资总金额82.45亿元。其中，股权直接融资6.74亿元，股权质押融资75.64亿元。为东湖高新区19家企业融资28笔，总金额10.62亿元。其中，股权直接融资1.47亿元，股权质押融资9.15亿元。该中心堪称是东湖高新区服务中小企业融资的资金“蓄水池”，也是培育企业上市的“孵化器”和“预科班”。

东湖高新区已经形成了覆盖沪深主板、中小板、创业板以及全国股份转让系统新三板、省级股权托管交易中心四板乃至券商柜台市场五板的多层次资本市场，在中部地区走在前列，为处于不同发展阶段的企业提供了多种治理架构和融资模式的选择。目前，武汉东湖高新区企业积极通过多层次资本市场融资，目前该区上市企业33家（沪深主板上市26家、海外上市7家），“新三板”挂牌企业52家，四板挂牌企业207家，通过资本市场融资累计570亿元。除银行金融机构外，237家股权投资及管理机构也聚集于此，管理资本超过300亿元，近两年每年光谷企业的股权融资额均超过30亿元。

（五）改革行政审批促进科技创新产业发展

2014年以来，东湖高新区先期启动26项工作，通过创新投资管理制度、深化行政管理与服务改革、建立事中事后监管模式等工作，促进投资和贸易便利化，探索建立更符合国际同行规则的行政管理审批服务体系。工商登记施行“先照后证”；探索外资准入前国民待遇的审批登记管理模式；建立“一表申报、一口受理、三证联办”的工作机制；完善“园区服务企业、街道服务群众、机关服务基层”的三条线服务体系；制定东湖高新区行政权力和服务、园区服务企业、街道服务百姓三个事项清单；夯实监管基础，打造全新的政务信息管理服务系统；转变监管方式，依靠信用监管促进市场主体诚信经营。东湖高新区还通过深化科技体制改革、促进创新要素聚集、建立创新创业平台体系等，促进科技与经济社会发展深度融合，实现创新驱动发展。出台了《东湖国家自主创新示范区条例》；实施高校院所职务科技成果管理改革试点；实施“海外公民证”、“海外华裔证”和外籍高层次人才“绿卡”制度；启动建设国家中部转移技术中心；推进产业（工业）技术研究院建立企业化、市场化、专业化运营机制，探索产业技术创新联盟和行业协会运作新机制，推动联盟确定法人地位。

同时，东湖高新区还通过深化科技金融融合、实现金融有序开放、激活民间资本活力等，聚集金融要素资源、完善金融服务经济社会发展方式，打造国家级科技金融创新中心。鼓励银行机构设立科技贷款专营机构，试点设立可贷款、可投资的科技小额贷款公司；成立光谷科技金融服务公司和武汉集成电路产业投资基金；开展主要内容为“三集中一轧差”的跨国公司总部外汇资金集中运营管理试点；开展外商投资企业外汇资本金结汇管理方式由“支付结汇制”改为“意愿结汇制”的改革试点；支持符合条件的民营企业发起设立风险自担的民营银行，吸引民间资本设立科技担保公司、小额贷款公司；出台促进民间资本金融业专项政策，加大对民间金融业务补贴和风险分担。此外，东湖高新区还努力拓展贸易服务功能，提升贸易便利化水平，扩大服务业对外开放，改善和优化开放环境。在东湖综保区内启动跨境电子商务平台、特色保税展示交易平台和大宗商品贸易平台建设；推行实施关检合作“三个一”（一次申报、一次查验、一次放行）；启动国际贸易“单一窗口”建设；在湖北全省范围内率先试点实施“一线放开、二线管住、区内自由”的监管模式；逐步开展国内外快递企业办理国际快件属地报关业务，逐步允许设立外商独资专业服务机构、经营性教育培训机构。

三、深圳市国家自主创新示范区的科技金融政策支持体系

深圳市国家自主创新示范区的前身是深圳高新区，始建于 1996 年 9 月，

当时规划面积仅为 11.5 平方公里，是国家“建设世界一流高科技园区”的 6 家试点园区之一。2014 年 6 月，深圳建设国家自主创新示范区获批，成为我国首个以城市为基本单元的国家自主创新示范区，总面积达 397 平方公里，涵盖了深圳市 10 个行政区和新区的产业用地，相当于近 35 个深圳高新区，超过原深圳经济特区面积，可以说是再造了一个“科技特区”。

（一）政府牵头构建科技金融政策法规体系

“科技金融”一词是深圳科技局于 1993 年首次提出，意在通过科技与金融相结合，推动当地高新技术发展。2012 年，深圳对两年前大部制改革而诞生的科工贸信委进行了再次改革，重新设立了独立的科技主管部门——科技创新委，加挂深圳高新区管委会的牌子。同年 3 月，国家启动科技和金融结合试点工作；4 月，深圳成立了由金融、科技、财政、税务等 10 多个部门组成的科技和金融结合试点领导小组，领导小组办公室就设在科技创新委；6 月，深圳科技金融服务中心在科技创新委挂牌。由此，深圳形成了促进科技金融结合工作的三级工作架构：深圳市促进科技和金融结合试点工作领导小组→领导小组办公室（深圳市科技创新委员会）→深圳市科技金融服务中心（深圳高新区服务中心），为科技金融结合工作提供了组织保障。深圳市科技金融服务中心，由深圳高新区服务中心加挂深圳市科技金融服务中心牌子，承担深圳市科技金融服务中心的职责任务。目的是为了进一步发挥该中心的资源优势和成功经验，为科技金融创新探索新的道路，也标志着科技金融结合试点工作向纵深开展，向深圳全市铺开。

在政府的牵头组织下，深圳充分发挥金融业发达的优势，不断加大金融对科技创新的支持力度，形成了包括银行信贷、证券市场、创业投资、担保资金和政府创投引导基金等覆盖创新全链条的金融服务体系，并相继出台了相关促进政策。2012 年 4 月，深圳出台了《深圳市关于改善金融服务支持实体经济发展的若干意见》，着重解决实体产业企业融资难、融资贵问题，创新科技研发资金的管理办法，进一步发挥金融对实体经济发展的支持和服务作用，加强经济发展方式转变和产业转型升级，在国内引起强烈反响。随后，深圳还出台了《关于促进科技和金融结合的若干措施》，旨在推进科技和金融结合融资平台建设，探索科技资源与金融资源对接的新机制。同时，深圳开展充分调研，基本摸清了全市科技金融服务情况，制定了《深圳市促进科技和金融结合试点工作三年行动计划》。在此基础上，深圳大力实施自主创新主导战略，制定出台了国家创新型城市建设的“1+4”文件，实施全国首部国家创新型城市发展总体规划，率先发布促进科技创新的地方性法规，出台了加强自主创新“33条”政策措施、努力建设国家自主示范区实现创新驱动发展的“1+10”文件、引进高层次人才政策等系列文件。2014年6月获批国家自主创新示范区之后，深圳还将享受国务院支持中关村科技园区先行先试的各项政策及其配套措施，如中央级事业单位科技成果处置权和收益权改革试点、税收优惠试点、股权激励试点、科研经费分配管理改革试点、建设全国场外交易市场试点、高新技术企业认定试点等。此外，国务院还特别支持深圳结合自身特点，在科技金融改革创新、建设新型科研机构、深港经济科技合作新机制等方面进行积极探索。至此，深圳业已形成较为完善的科技金融政策法规体系，引导社会资源加速向创新领域聚集。

（二）面向市场打造科技金融服务平台

深圳市科技金融服务中心自2012年成立以来，积极面向多层次的资本市场体系，打造了八大公共服务平台：国际科技商务平台、创业投资服务广场、社会事务平台、文化建设平台、创新总裁俱乐部、创业服务平台、知识产权服务平台、国际技术转移平台。其中的创业投资服务广场更是科技金融结合的范例，先后入驻机构共40家，现入驻机构23家，战略合作机构20家，友好合作机构60家，总计达100多家，涵盖VC&PE、银行、券商、产权交易、担保、法律、会计等中介服务机构，入驻机构和战略合作机构管理资金达到300亿元。2014年深圳获批国家自主创新示范区之后，进一步面向资本市场对上述平台进行了改革与调整，围绕促进科技和金融结合这一核心点，努力搭建十大科技金融服务平台：（1）科技金融高端人才服务平台。加快引进海内外熟悉和掌握科技、产业和金融知识的团队和高端人才，为科技金融工作提供人力资源。（2）科技金融培训咨询服务平台。与专业机构合作开展促进科技与金融结合的培训和咨询服务。（3）科技金融企业孵化服务平台。鼓励和支持各专业孵化器建设科技金融企业孵化器，通过提供虚拟注册、公共秘书服务、投资机构介入等手段，帮助微型高科技企业成长。（4）知识产权服务平台。聚集知识产权战略咨询、信

息检索、分析服务、专利代理、版权登记、举报投诉、涉外维权、司法鉴定、知识产权评估及交易等机构，积极开展知识产权质押融资业务等一站式服务。(5) 国际技术转移服务平台。充分发挥深圳国际科技商务平台、高新区国际孵化器和创投广场等技术转移机构的资源优势，通过科技金融结合促进国际技术转移。(6) 科技金融创新服务平台。积极探索支持科技创新的融资方式，鼓励设立科技型产业引导基金、天使投资基金和科技小额贷款公司，创新金融为科技和产业服务手段。(7) 信用体系服务平台。与人民银行征信中心、深圳企业信用中心和深圳鹏元个人征信中心合作组建全方位信用信息咨询窗口。(8) 项目产品信息交流平台。与深圳高新区高新产品网等合作，搭建科技和金融项目产品信息交流平台，减小推介成本，拓展合作机会。(9) 投贷联动服务平台。鼓励和帮助银行与风投机构交流和联动，多方筹资，解决科技型中小微企业融资需求。(10) 科技金融中介机构服务平台。聚集评估、会计、律师事务所及担保、保险、信用、专利服务等中介机构开展科技金融专业中介服务。

(三) 各类主体创新科技金融产品服务

从政府层面而言，深圳鼓励金融机构积极创新科技信贷模式，为科技企业发展解决融资难问题；牵头组建深圳新产业技术产权交易所，陆续开发出中国智能资产指数、中美知识产权200指数等具有创新意义的科技金融产品；成立政府科技扶助基金，加速科技成果产业化日；成立中小企业信用再担保中心，为深圳市担保行业发展提供支持与动力。同时，各类金融机构不断创新各类金融产品和服务。银行类金融机构发挥间接融资主渠道作用，重点开发适宜科技型企业发展规律、满足不同类科技型企业融资需求的服务模式和业务品种。例如，平安银行深圳分行制定了《平安银行专利权质押贷款产品管理办法》、《平安银行商标权质押贷款产品管理办法》和《平安银行版权质押贷款产品管理办法》，对有关权利的价值评估、质押率和资金用途等进行细致界定；开发银行深圳市分行通过聘请汽车、机械等行业专家实地走访比亚迪新能源汽车项目，并出具专家意见书，借用外脑辅助银行信贷决策。此外，在科技金融专业银行建设方面，金融机构与科技部门计划开展科技金融合作模式创新试点，探索设立前海科技银行等各种创新型金融机构，成立专门从事科技金融服务的科技支行。

与此同时，经历了2008年的金融危机后，银行贷款的严格风险审查为小额贷款公司的发展提供了良好契机。2009年初，深圳出台《深圳市小额贷款公司试点管理暂行办法》，打开了小额贷款公司发起成立的制度限制。小额贷款公司的审批时间和流程快捷，审贷模式灵活多样，迅速成为众多中小企业短期筹措资金的首选方式。截至2013年3月31日，深圳共有71家小额贷款机构经批准正式开业经营，注册资本合计人民币101.13亿元；自开业以来累计发放贷款50.98万笔，为社会解决了558.11亿元融资需求；新增贷款100.32亿元，贷款余额84.82亿元。

随着科技金融的深度发展，科技保险及服务模式创新成为深圳保险机构的重点突破方向：（1）创新科技保险产品。保险机构为高新技术企业开发知识产权保险、首台（套）产品保险、产品研发责任险、关键研发设备险、成果转化险等创新保险产品。（2）支持保险机构与银行、小额贷款公司等合作开发知识产权质押贷款保险、信用贷款保险、企业债保险、小额贷款保证保险等为高新技术企业融资服务的新险种。（3）完善科技保险风险分担机制。畅通政府、保险机构、企业之间的信息共享渠道，支持保险机构、银行、再保险机构和担保机构等共同参与科技保险新产品风险管理工作。

最后，担保与信托机构也在深圳科技金融政策支持体系中起着非常重要的作用。为提高融资性担保机构的融资担保能力，深圳支持担保机构创新担保方式，开展担保转期权、担保转股权等新业务，推动担保与创业投资结合，实现担保对初创期、成长期高新技术企业的全面覆盖。为发展企业信托融资，深圳支持信托机构探索发行面向社会投资人的高新技术企业信托金融产品，促进民间资本支持高新技术企业发展。

此外，深圳的创业风险投资和私募股权投资机构也快速发展。截至2010年底，深圳市备案创业投资企业50家，管理资本170亿元，创投机构的数量和管理资本总额占全国的1/3，私募基金管理规模超过3000亿元。2010年，中国创业投资公司综合排名本土前50强中，深圳占居14席，其中前20名深圳占有9家，深圳创新投公司是国内最早成立至今实力最强的创投公司。截至2010年底，深圳私募基金管理规模超过3000亿元，约占全国的1/3。2012年，股权投资行业发展迅猛，全年新增股权投资基金企业1450家，实收资本382.0亿元。全市股权投资基金企业累计达到3544家，

注册资本（含认缴资金）2879.3 亿元，实收资本 1990.1 亿元。2012 年中国创业投资机构前 10 强中，深圳占居 5 席，其中达晨创投、深圳创新投分列第 1、2 名。

第三节　上海科技金融政策支持体系存在的问题

2014 年 5 月，习近平总书记在上海考察调研时指出："当今世界，科技创新已经成为提高综合国力的关键支撑，成为社会生产方式和生活方式变革进步的强大引领，谁牵住了科技创新这个牛鼻子，谁走好了科技创新这步先手棋，谁就能占领先机、赢得优势。"他希望上海努力在推进科技创新、实施创新驱动发展战略方面走在全国前头，走到世界前列，加快向具有全球影响力的科技创新中心进军。深入贯彻习近平总书记系列重要讲话精神，上海就必须牢牢牵住科技创新这个牛鼻子，以科技金融作为"全球科技创新中心"支撑点，深入分析上海在推进科技创新与金融发展过程中存在的问题和挑战，始终立足国内、放眼全球，着力实施创新驱动发展战略。

一、融资服务体系存在的问题

总体而言，金融对上海科技创新的支撑作用相对不足。上海虽然已经出台了多项政策，大力鼓励和支持各类金融机构开展中小微企业融资产品创新试点，但是总体来说，这些产品创新都是针对发展期和成长期的企业的，针对初创期的科技型企业的金融产品和金融服务还是微乎其微，远远不能满足初创期的企业融资需求。同时，上海天使投资人的数量有限、资金覆盖面很小，企业融资难的问题在初创期这一层面仍然表现比较突出。从创业投资规模来看，2012 年上海被投资企业数量和金额分别为 113 家和 152.41 亿元；北京分别为 236 家和 219.66 亿元人民币，约为上海的 2.1 倍和 1.4 倍。硅谷地区 2012 年创业投资金额达到 65 亿美元（约 410 亿元）。从科技银行发展看，浦发硅谷银行年报显示，截至 2012 年底，浦发硅谷银行存款余额为1135万美元，贷款余额为零，尚未开展贷款业务，营业收入主要来自存放同业收入和政府财政补贴；而与浦发硅谷银行几乎同时成立的硅谷银行伦敦分行，经营业绩迅速增长，截至2013年1月，已拥有100多个私募基金客户（PE）或创业投资客户（VC），存款余额为5900万英镑，贷款余额超过1.6亿英镑。这些数据的比较说明，银行等金融机构对上海科技型企业的支持力度还严重不足。

特别是，在我国资本市场和债券市场“以批代管”的政策倾向下，上海的科技型中小企业既难以获得银行的间接融资，也难以进行直接融资。在“重审批、轻监管”的政策框架下，即使是优质的成长期和成熟期科技企业都难以获得上市或债券发行资格，股权类投资基金退出渠道狭窄，市场中介机构发展缓慢，投资风险难以广泛分散，社会资本无法得到有效动员，中小企业股权转让系统即“新三板”尚处于试验阶段，需与股权交易平台做好衔接配合等工作，真正发挥作用需要过程，而各类债券性质的理财产品带来的期限错配和资源错配风险正在积聚。

同时，对比北京中关村，上海科技型企业进行各类融资获得所必须的信用体系建设进程略显迟缓，条块分割的信用数据管理体制阻碍了信用评级业务的发展，风险投资机构和商业银行投资面临较大的道德风险，制约了金融机构的信心和积极性，影响了投融资供给效率。例如，2014年度上海市科技金融工作推进的重点是建设包含500家科技型中小企业信息的信用数据库，并完成100家科技型中小企业的信用评级试点工作，然而时至今日科技型中小企业信用体系建设方案还在研讨过程中，相关数据库、建设方案、评级模型，以及对接金融机构实现信用评级与信贷产品开发，都还没有一个相对完整、系统的制度设计。

此外，随着科技与金融双向推动加速和新一轮国资改革浪潮的到来，国有创投理应在科技型中小企业融资过程中发挥更大的作用。然而对比深创投、苏创投和粤科金融集团，上海目前还没有一家国有创投企业成为国内领军型的公司。面对国内创投业的激烈竞争，上海亟待通过集团化发展整合现有的国有创投公司，重点对上海科技投资公司、上海创业投资有限公司资源进行整合，加快推进集团化控股式决策管理模式创新，构建集股权融资和债权融资、直接融资和间接融资、融资担保和风险保障于一体的科技金融服务体系，打造强大的多元化科技金融服务平台，为科技型创新

创业企业提供全生命周期、全功能形式的投融资服务。

二、财税政策支持体系存在的问题

中国科学技术发展战略研究院发布的《国家创新指数报告 2013》表明，我国研发经费快速增长，2012 年达到 10298.4 亿元，稳居世界第 3 位，占全球份额由 2000 年的 1.7% 提高到 11.7%，与美、日差距有所缩小（参见图 7-3）。随着国家研发经费投入的增长，我国企业创新也取得了长足的进步，逐渐成为全社会研发经费投入和研发活动的执行主体，企业创新成果也大量涌现。但是，我国企业的创新投入强度和创新绩效却亟待提高，2012 年，全国规模以上工业企业 R&D 经费占主营业务收入的比重为 0.77%，仅比 2000 年提高 0.2 个百分点；新产品销售收入占主营业务收入比重为 11.9%，仅比 2000 年提高 0.8 个百分点（参见图 7-4）。

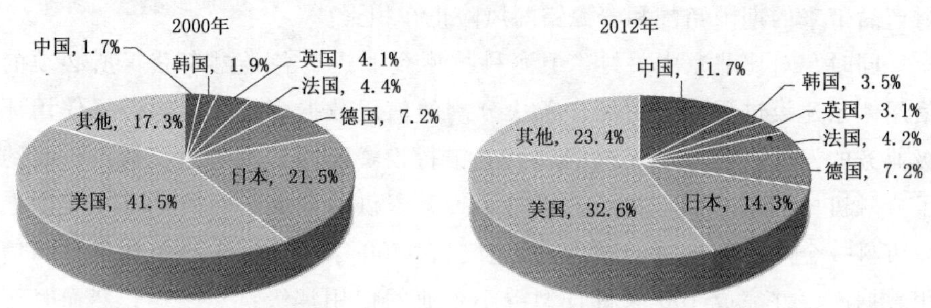

图 7-3 部分国家 R&D 研发经费占世界总额比重（2000 年、2012 年）

从上海市层面来看，为充分发挥财政资金的引导作用，上海立足于本市金融基础和经济发展实际，积极探索提高财政科技资金使用效益的方式和途径，通过“拨改贷”、“拨改投”、“拨改补”、“拨改保”、“拨改奖”等多种方式，引导银行、创业风险投资、保险等各种资金投入，促进科技成果转化和产业化，支持科技型中小企业和战略性新兴产业发展。浦东新区政府也相继成立了创业风险投资引导基金和创业投资基金，将原本以直接拨款形式投入的政府财政资金有效放大，有效缓解了科技型中小企业的“融资难”问题。然而，对近年来浦东新区财政科技投入的绩效评价研究表明，尽管浦东财政资金在科技促进技术产业化、科技促进技术交易市场发

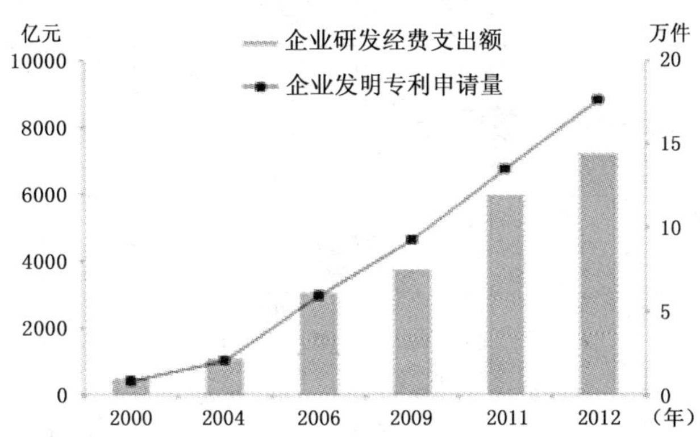

图 7－4　中国规模以上工业企业研发经费及发明专利申请量

展和科技促进新产品发展这三方面作用较为明显，但政府财政科技投入和科技直接产出的关联度仅为 0.621，在促进科技直接产出方面效果不明显（段春艳、尤建新，2013）。究其原因，一方面，浦东新区政府在财政科技投入上的力度虽然比较大，但增速不稳且波动较大，难以保证科技产出的稳定快速增长；另一方面，浦东新区政府财政科技投入倾向于投向代表经济发展的生产总值（GDP）、新产品产值及高新技术产业产值的增长，对基础研究、原始性创新及高质量科技成果奖励等投入力度不足（参见表 7－9）。

表 7－9　　浦东新区财政科技投入绩效评价数据

年　份	2006	2007	2008	2009	2010
财政用于科技的经费支出（亿元）	17.79	20.18	23.92	21.77	
发明专利授权数（件）		409.00	841.00	1557.00	1503.00
国家科学技术奖（项）		13.00	6.00	4.00	9.00
上海市科学技术奖（项）		60.00	60.00	43.00	45.00
高新技术产业产值（亿元）		1318.98	1471.18	1767.18	2255.52

续表

年 份	2006	2007	2008	2009	2010
经认定的高新技术企业数（家）		624.00	398.00	654.00	774.00
新产品产值（亿元）		1600.51	1647.42	2005.70	2181.33
新产品产值率（%）		31.00	29.20	28.50	25.70
技术交易合同数（份）		2545.00	2294.00	2518.00	2550.00
技术交易合同成交金额（亿元）		83.90	95.73	129.97	121.03
生产总值（GDP）（亿元）		2793.39	3150.99	4001.39	4707.52

进一步对比2009—2013年北京与上海两地研发投入的经费支出，从总量和经费投入强度两个方面来看，上海都距北京有较大的差距，并且这种差距有进一步拉大的趋势。2012年北京研发经费支出为1063.4亿元，上海为679.5亿元；2013年北京已经增加到1200.7亿元，上海仅为737亿元。2013年北京研发经费投入强度，也即研发经费占全市GDP的比重达到6.16%，而上海仅为3.40%（参见图7-5、图7-6）。

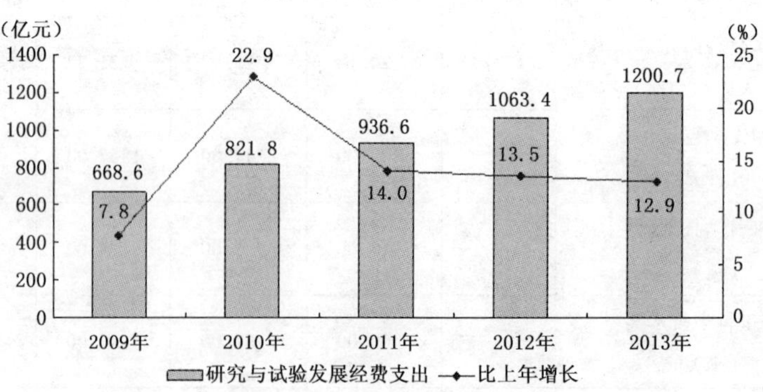

图7-5 北京2009—2013年R&D经费支出

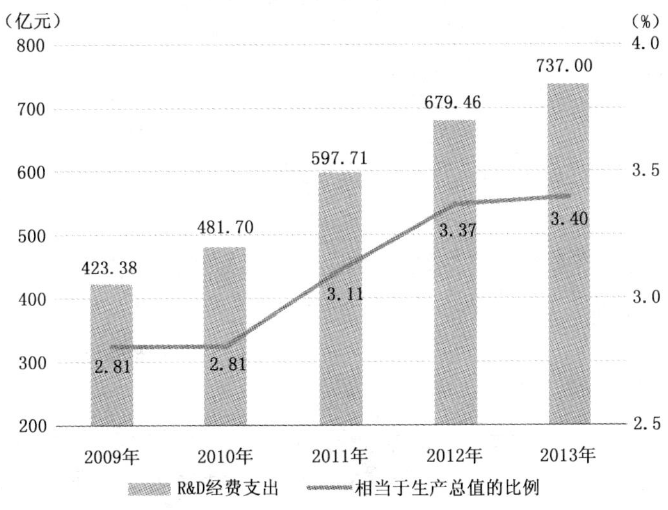

图 7－6 上海 2009—2013 年 R&D 经费支出

除了财政经费投入的绩效问题，上海的税收激励政策无论是数量还是效果也与北京具有较为显著的差异。2011 年，中关村享受研发费用加计扣除和职工教育经费税前扣除政策企业数较上年增加了 62.3% 和 73.6%，远高于上海张江。2011 年中关村企业加计扣除总额较 2010 年增加了 58.44%，平均每家企业研发费用加计扣除额强度上升了 14.86%；对张江示范区 102 家企业 2011 年研发费用加计扣除情况的调查显示，张江企业虽然均增加了研发投入，但仅有其中 28.4% 的企业研发投入增长高于 40%。

三、科技成果转化存在的问题

目前，上海的科技创新成果产业化体系尚不完善。这主要体现在两个方面：其一，高校科技成果转化率相对较低。目前，上海市高校科技成果的平均转化率仅为 20%，与发达国家 60%—80% 的水平相差甚远。与国内对比，上海在万人技术成果成交额上仅次于北京，但指标差距却相差 4 倍。其二，相关中介服务机构还不够发达。上海的相关中介服务机构以拥有政府背景的生产力促进中心、科技企业孵化器、科技咨询与评估机构、技术交易所、创业服务中心等为主（参见表 7－10），其多样化服务能力、市场化水平和国际化程度都远远不能满足科技创新成果产业化的实际需要。

表 7-10　　上海科技中介服务机构主体构成情况

机构类别	服务内容	典型机构
孵化转化机构	直接参与服务对象的技术创新过程，依据市场需求和科技创新政策导向为科技成果的产业化进程提供全程支持	·上海浦东生产力促进中心 ·上海市小企业（生产力促进）服务中心 ·上海市科技创业中心（上海市高新技术成果转化服务中心、上海市火炬高新技术产业开发中心） ·上海市企业技术创新服务中心（上海市高新技术产业促进中心） ·各高校、园区、市、区两级政府科技部门创办及专业技术科技企业孵化器
技术要素市场	为科技创新要素资源的合理流动与配置提供服务	·上海技术产权交易所（上海联合产权交易所） ·上海技术交易所 ·上海创业投资有限公司 ·上海市研发公共服务平台 ·上海市知识产权服务中心（上海知识产权（专利信息）公共服务平台） ·各类相关金融服务机构、律师事务所、会计师事务所、项目可行性论证评估机构
科技咨询机构	利用技术、管理和科技等方面的知识为创新主体的研发过程提供支持监测、咨询等服务	·上海科技情报研究所咨询中心 ·上海对外科学技术交流中心（科委直属） ·上海科技开发交流中心 ·各类工程技术研究中心、国家重点实验室、科技咨询机构、工程咨询机构等

特别是从科技中介服务业的发展情况来看，上海科技服务体系仍处于发展完善过程中，与发达国家完善的各类科技服务相比，还有很大差距，整体的市场化运作水平仍然较低。一是引领作用尚不明显。上海科技服务业总体规模偏小，对 GDP 的拉动作用还未能有效显现。上海知识密集型服务业增加值占 GDP 总规模 2011 年仅为 23% 左右，远小于发达国家 55% 的平均水平。同时，科技服务业对地区生产总值的贡献率在 2010 年仅为 0.16%。二是服务能力参差不齐。首先，各类服务机构能力参差不齐。孵化

转化类机构资源结构相对单一，企业化运作程度不一！技术产权市场专业化水平不断提高，但也存在服务板块行政色彩浓厚、缺少全局性长远规划、基础设施不够完善、信息资源交流机制不够顺畅的问题。风险投资市场积累了一定的经验，但与北京、深圳等地相比还存在一定差距。科技咨询服务专业化水平较高，但国际资源共享能力和国际竞争参与度较低。其次，服务行业分布集中，产业匹配仍有缺口。服务行业主要集中于制造业、信息传输、计算机服务和软件业，而环保技术、生物医药等急需的科技服务并没有得到满足。三是服务效率仍显滞后。科技服务行业劳动生产率同国际大都市和国内先进城市相比仍有差距。国内来看，科技服务业劳动生产率还略微落后于广东和江苏等省区。而同国际对比，2011 年纽约市专业科学与科技服务业的人均收入为 7.4 万美元，以当年兑换利率折合人民币 61.2 万元/人，远高于上海当前水平。

四、政府管理体系存在的问题

目前包括上海在内的我国各级地方政府科技管理体制的显著特征之一是“头重脚轻”现象，省级政府科技管理部门具有较强的宏观调控与管理职能，机构健全，人员充实，经费也较为充足；向下到了区县，政府科技管理部门的职能、机构、人员和经费都大为削弱；再往下，到了乡、镇、街道，基本上没有专门的政府创新管理机构，科技管理工作愈显薄弱。科技管理机构不健全，致使基层政府对科技金融的调控和管理作用得不到应有的体现（参见 7 – 11）。

表 7 – 11　　中国政府科技管理体系的纵向结构

行政序列	科技行政机构名称	行政编制规模	二级机构设置	直属单位	下属单位
国务院	科技部	200 人以上	12 个司局室	20 个以上	众多
省市区	科技厅	100 人左右	10 个以上处室	10 个以上	较多
区县市	科技局	10 人左右	2—3 个科室	1—2 个	基本没有
乡镇街	无	无	无	无	无

地方政府科技管理体制的这一特征，直接导致创新资源的配置不合理。

以上海市 2007—2012 年的地方财政科技拨款情况为例，尽管最近 6 年当中，上海市市级财政科技拨款和上海各区、县财政科技拨款均总体呈现上升趋势，且区、县财政科技拨款总体增长趋势要好于市级财政科技拨款，但是区、县财政科技拨款一直都要小于市级财政科技拨款。2012 年，上海市级财政科技拨款达到了 1311699 万元，而区、县财政科技拨款共计 1142582 万元。

再具体到 2007—2012 年上海市、区（县）两级政府科技主管部门——科委的财政科技拨款情况。在 2008 年之前，在上海市、区（县）两级科委的财政科技拨款分配结构中，市科委占有绝对优势，都占到全部财政科技拨款的 70% 以上。2008 年和 2009 年有所回落，总体上市科委在全部财政科技拨款中的占比仍然占优势；但是自 2010 年以来，区、县科委所能获得的财政拨款又再次与市科委拉开差距，且这种差距有进一步扩大的趋势（参见图 7 - 7）。

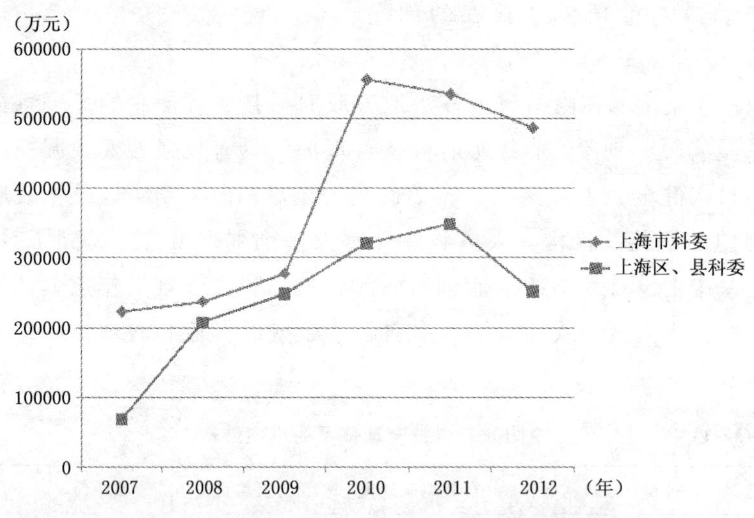

图 7 - 7　上海市财政市、区（县）科委拨款结构

上述情况在我国政府的创新资源配置中并不是个案，这从一个侧面反映出基层政府科技管理机构在创新资源配置中相对弱势的状况。特别是，自 1996 年以来，上海市政府的社区管理主要以街道办事处为主管单位，实行的是行政模式，即“两级政府，三级管理，四级网络”。在城市创新体系乃至国家创新体系的建设过程中，区（县）、街道、社区等基层政府

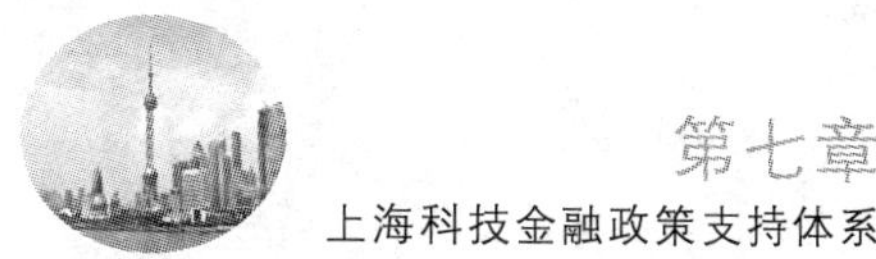

科技管理机构承担着非常重要的责任，身处科技研发、成果转化和创新、创业管理的第一线，理应在创新资源的配置中获得一定优势。而且，创新资源向基层政府科技管理的倾斜，也有利于凸显出各地方的区域特色和资源优势，从而真正推动科技创新活动与地方经济发展和产业结构转型的结合。但是在上海市政府科技管理的实现进程中，由于中央财政相对于上海市地方财政的优势，上海的地方科技项目及相关的创新资源配置与科技部“保持一致”；而上海市政府相对于区、县政府具有财政优势，街道、社区肩负一级政府的管理职能却没有一级财政，更是严重制约了创新资源的流向，忽略了不同层级政府之间各自的职责与分工，导致地方差异化的科技创新需求难以得到满足，地方有限的创新资源不能高效地配置到需要的领域。

此外，上海市政府对科技服务业的管理服务仍存在制度缺位。政府在扶持科技服务机构发展的职能定位方面，存在一定的功能失位。一是行业管理体制的“缺位”与“越位”。一方面政府职能部门现有的条线管理很难跟得上科技服务业的动态变化；另一方面政府在行业介入程度上又存在某些“越位”，科技管理部门“政务、事务、服务”相分离的改革仍不彻底。二是行业运作机制上的“缺位”与“越位”。一方面表现为缺乏规范科技服务市场秩序的行业法规体系，另一方面又表现出对独立规范执业的“越位”干预，即使已经脱钩改制的科技服务机构，也还存在着不够彻底的现象。

第四节　完善上海科技金融政策支持体系的建议

随着上海市政府对于科技金融支持力度的加强，以及财政、金融政策的不断出台，上海市科技金融的发展取得了非常大的成效，金融机构的发展壮大、金融市场的成熟完善，带动了科技企业融资难度的降低和企业的不断发展。但是，由于中小科技企业与金融机构的信息不对称、科技活动的公共物品属性导致科技金融市场失灵与残缺，中小科技企业面临的融资难题远没有解决。上海市政府如何最大程度的鼓励、引导、完善科技金融

与金融市场，改善中小科技企业在创业期、发展期、成长期等各个阶段不同的资金需求，是决定上海建设国际金融中心、创新中心的重要问题所在。这里，我们初步提出完善上海科技金融政策支持体系的若干建议。

一、健全融资服务体系，创建科技金融中心

（一）积极推动民间资本成立科技银行，拓展现有的融资体系

虽然早在2012年上海浦东发展银行与美国硅谷银行合作成立了中国首家科技银行——浦发硅谷银行，但是要改善目前科技银行业务发展的困境，必须一方面及时推广自贸区金融开放创新的经验，逐步放开人民币资本账户，另一方面则要借助民营资本进入银行业的大潮，鼓励民间资本单独或合作设立科技银行，并借助自贸区优势向国家层面争取利率和汇率政策的最大自主权。坐拥上海A股市场的便利和优势，股权投资行业的繁荣是上海科技金融发展的重要方向。应鼓励VC和PE为主的创业风险投资机构与科技银行等新型的金融机构合作，降低科技贷款的审查成本和风险，减少与科技型中小企业的信息不对称，确保科技型中小企业获得资金支持走向成功，且不稀释股权。

（二）推广自贸区金融开放创新经验，开展跨境创新业务

应将上海自贸区离岸金融业务的权限向浦东金融核心功能区乃至整个上海范围内拓展，鼓励金融机构大胆开展国际投融资业务。要尽快推广复制中关村科技金融的成功政策经验，大力支持鼓励各类金融机构开展诸如融资租赁、国际信用证、国际保理等创新性业务。鼓励科技型企业通过融资租赁的方式获取科技研发设备、器材、场所等，鼓励有条件的科技型企业通过申请设立融资租赁公司的方式直接开展融资租赁业务，并参照上海自贸区享受税收优惠，同时适用中关村的股权激励个人所得税分期纳税等优惠政策。除了让其享受与股权投资机构同等的政策待遇之外，还可以借鉴上海自贸区的做法，向相关金融主管部门申请，允许融资租赁公司在开展融资租赁业务的同时能够兼营与主营业务有关的商业保理尤其是国际保理业务，为科技企业的跨国贸易提供金融支持

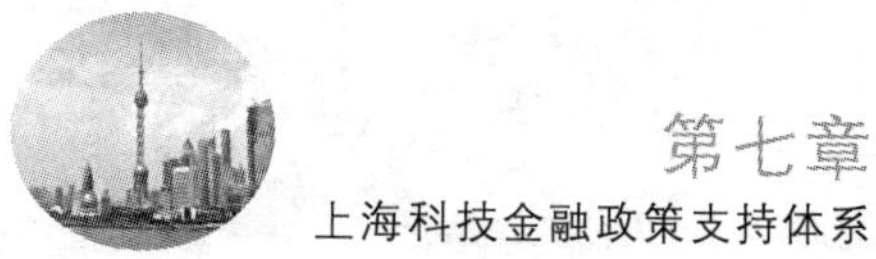

和信用保障。

（三）支持保险公司拓展责任保险服务领域，分散企业科技创新风险

上海应联合推动自贸区和全球科技创新中心建设，深化科技保险试点，完善科技保险保费补贴机制，支持企业购买科技企业产品研发责任保险、关键研发设备保险、出口信用保险、员工忠诚险等科技保险产品和服务。研究发展科技再保险，研究推动保险资金参与上海基础设施建设、战略性新兴产业培育和重大科技项目投资。完善创新信用保险服务，支持科技企业开拓国际市场。要鼓励保险公司开拓信用保险的业务，充分利用信用保险的风险管理、信用保障、促进销售和融资推动功能，鼓励区内保险公司、商业银行与科技型中小企业联合开展信用保险以及贸易融资等系列金融服务，支持企业开拓国内外市场。积极推动金融机构与中国出口信用保险公司合作，为科技型的出口企业开展出口信用保险。

（四）提高诚信标准，加速科技企业的信用体系建设

从上海科技金融的整体推动来看，科技企业的融资需求没有常规化的解决渠道，主要制约因素之一就是信用体系建设的滞后。目前上海自贸区提出了建立全国最高标准的信用体系的任务，上海在科技金融发展过程中要充分借助这一便利条件，加大信用体系建设的宣传和教育力度，加速企业信用体系建设的进程，重点打造科技企业信用数据库，加强信用分类监管和激励约束建设，加强对信用产品使用的支持服务，建立以企业的优良信用获取融资的金融信用体系。

（五）依托上海的信息产业优势，打造全球互联网金融中心

上海应汲取自贸区的开放创新理念，引领全球互联网金融的发展潮流。特别是要携手苏、浙两省，加快聚集阿里巴巴等优秀的互联网金融企业，打造全国领先的互联网金融中心。可考虑依托上海金融学院的科技金融研究基地，成立专门的长三角互联网金融研究院和长三角互联网金融行业协会，制定促进长三角地区互联网金融创新发展的相关文件，并建立专门的互联网金融产业园。积极推动长三角互联网金融行业协会出台行业自律条约，借助各方社会力量，对互联网金融细分行业制定申报政策条件；长三

角互联网金融研究院要及时发布互联网金融行业发展、风险防控等行业分析报告，加强互联网金融的公益宣传。

二、优化科技金融服务环境，推进科技成果转化

（一）调整科技服务业发展路径，优化市场运作环境

上海要将科技服务业列入现代服务业的主要产业来培育，进一步优化科技服务业的市场化运作环境以有效激发服务活力。就具体发展路径而言，关键是以高效服务科技创新创业、推动科技成果转化为目标，以体制、机制创新为动力，以科技服务基础设施建设和服务能力建设为重点，坚持政府引导、社会参与、分工协作、多元发展的方针，促进各类服务资源融合，引进与培育各类创新服务机构，打造上海科技服务特色和品牌，形成符合市场经济运作要求和城市创新体系建设要求、与国际通行规则衔接和科技成果转化效应显著的科技服务体系。

（二）强化战略与基础研究，重视科技服务业集群建设

上海要进一步提高对科技成果转化的重要性认识，加强宏观指导与规划，充分发挥政府在科技创新管理、政策法规建设和市场运行体系建设方面的推动引导作用，并将科技中介服务机构的总体发展规划纳入科技金融战略制定过程中，重视调研分析、战略整合与政策调整。要明确科技中介服务机构对国家和区域创新的重要作用，通过政策调控和规划布点，加快科技中介机构的集群建设，在张江等有较强科技成果转化需求的区域聚拢一批行业自然集中、专业服务特色鲜明的科技服务机构。要通过建立有效的数据采集与统计制度进行长期跟踪研究，尽快规范和统一科技中介服务机构的分类体系和统计口径，建立统一的统计类目、分类体系和统计口径，逐步优化科技服务业内部结构。

（三）产学研结合激发市场需求，转变科技成果转化模式

上海要以产学研协同创新模式的转变为切入点，激发科技成果转化市场需求，实现由高新技术项目向要素资源流动平台的切换，进一步完善产

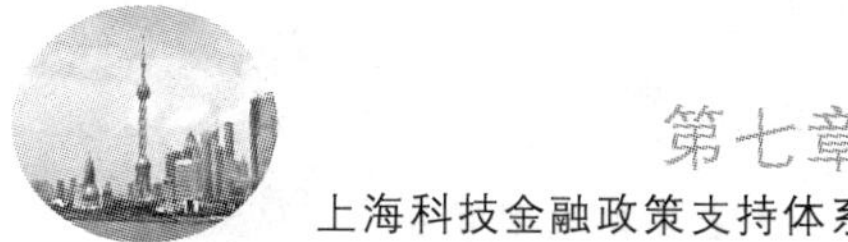

学研协作机制。特别是要重点围绕科技金融发展，以技术产权交易服务机构的纵深发展推进要素资源流动平台建设，推动产权交易、知识产权评估、投融资服务等相关服务机构的繁荣。要以推进路径的转换为抓手，努力提升科技中介服务机构的服务能力与水平，充分发挥市场机制在科技创新资源配置中的基础作用，同时强化政府引导，实现单纯由“政府主导”向“政府推动与市场调节相结合”的转变。要充分汲取发达国家科技中介服务机构发展的经验，适应市场需求及时调整服务取向，实现由面向“大型企业技术革新”向“科技型中小企业技术创新”的转变，努力让科技中介服务机构成长为科技型中小企业创新服务体系的主体和伙伴。

（四）创新服务模式与运行机制，增强科技中介服务机构活力

上海要借助混合所有制经济改革的东风，积极引导多种所有制主体的服务机构和多元化的市场运作模式进入科技成果转化领域，特别是通过加快国企改制和科技事业单位非营利化改革进程，通过培育和发展非营利性和营利性的科技服务机构，形成多种所有制形式和多种模式的协同创新态势。一方面，要尽快突破原来相对单一的经营模式，实现多元投入与多种经营模式的协同，激发服务活力，提升服务绩效；另一方面，要注重分类指导、全面推进，研究不同类型科技成果转化服务的特点和规律，加强科技中介服务机构功能的提升。例如，对生产力促进中心、科技企业孵化器等孵化转化类机构，应重点提升其“产业链专业化”；对技术评估、交易等技术要素市场服务，则重点提升其“资源融合度”；对科技咨询服务，则重点提升其“信息网络化”水平。

（五）整合政社企各类资源，降低科技成果转化成本

上海要尽快建立科技金融服务中心，搭建科技金融公共服务平台，整合政府机构、科研院所、高等院校和社会上的各类信息研究分析机构的信息资源，通过立法和制度规范推动科技金融资源的信息整合、共享与优化配置。要发动政府、社会、企业三方力量共同投资建立区域性科技金融信息网络，积极开展“两库一平台”（科技金融政策法规信息库、科技金融资源检索信息库和行业协作中间平台）建设，通过设立研究专项与特定补贴机制，加快建立行业数据库。要以科技中介服务行业协会及其联盟建设

为抓手，鼓励各类科技中介服务机构加入成为会员，实现业内企业主导和企业家的自主管理，建立行业自律制度和科技中介服务机构的信誉评价机制，健全行业沟通机制和诚信体系，鼓励科技中介服务机构和科技企业通过协会与政府和公众沟通对话，提高行业对外联系的整体能力。要通过加快基础设施建设、调整用地开发机制等手段，降低科技中介服务机构的商务运行成本，提高科技成果转化的效率。特别是要对构建科技服务产业集群所涉及的园区和楼宇载体尽快落实空间载体服务保障，鼓励工业用地向研发用地与生产性服务业用地的转换，并在楼宇开发等方面给予相应补贴。

三、增加财税政策支持力度，做强科技金融主体

（一）持续完善财政政策，加大科技金融的财政支持力度

上海要构建政策性金融服务体系。应逐步改变偏向重大专项和科技计划的传统投入模式，进一步建立健全基于市场机制的科技经费投入体系，逐步由专家评审选择机制向市场选择机制过渡，以自主创新为导向，发展集科技投资、补贴、担保、贷款、奖励、信息公开、知识产权评估保护等为一体的政策性金融服务体系，有效弥补市场失灵环节，同步建立防止国有投资平台垄断创业项目和金融资源的制约机制。要尽快建立健全科技金融的风险补偿机制，在全市范围内建立一定规模的科技信贷风险补偿基金，对针对科技型中小企业开展科技信贷所预提的风险拨备给予一定比例的补贴。要建立担保机构风险补偿基金，为科技型中小企业融资提供担保或再担保的担保融资机构由于企业违约所造成的经济损失，可由基金给予一定比例的补贴。要建立创业投资风险补偿基金，对创业投资机构或天使投资人投资于早中期的科技型中小企业产生的投资损失，给予一定的补贴。要由财政出资设立科技金融专项资金，主要用于补贴金融机构对科技型中小企业初期的投资，帮助其度过发展初期的资金瓶颈。政府还可通过股权投资方式，扩大服务于科技型中小企业的金融机构规模，带动更大规模的社会资本进入科技金融领域。

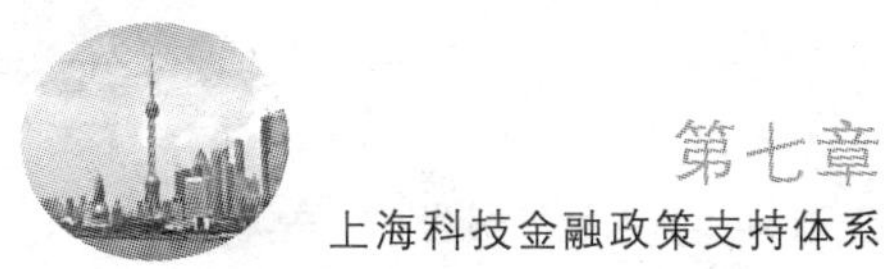

（二）创新税收激励政策，降低科技金融主体的税负水平

上海市应充分发挥自贸区、张江国家自主创新示范区和“四个中心”建设的政策先行先试优势，减轻各类科技金融主体的税收负担。要采取普惠与定向扶持相结合的方式，尽快推广复制上海自贸区和北京中关村的税收优惠政策。普惠政策上要提高从业人员的计税工资基数，降低科技服务业的税负水平，并完善对非营利型机构的税收减免政策法规体系。同时，借鉴自贸区“负面清单”管理模式和中关村的科技企业税收优惠机制，明确税收优惠的主体，区分金融机构服务的对象，建立试点地区的重点科技服务业发展目录以及对应的税收优惠清单，对金融机构为科技型中小企业提供金融服务所获收入，按照占企业收入的比例享受分段税收优惠。该类金融机构计提的准备金免税，允许税前扣除，并允许参照高新技术企业15%的税率缴纳企业所得税。适时开征资本利得税，根据资本利得获取时限长短设置不同的税率，超过一定的期限可予以减免税的优惠。

（三）改革调整个人所得税政策，重视高端人才激励

为鼓励更多人才参与科技金融发展，上海应通过个人所得税政策的调整，建立更为完善的人才吸引制度。应借鉴OECD有关国家鼓励天使投资的经验，研究制定有关对私人投资者投资非上市公司的个人所得税及损失税前弥补的相关优惠政策，对从事创业投资的天使管理团队在撤出股权时所获得的股权转让收益予以免税。要积极推广中关村税收优惠政策，对给予技术人员和管理人员的股权奖励、职务发明者个人所获得的科技成果转化收入、中小高新技术企业向个人股东转增股本等形成的收入，都可以采取一定的个人所得税优惠。实施高端人才引进与培养计划，对符合上海发展科技服务需要的科技评估师、创作设计师、金融家、投资家、律师、经纪人等高端专业人才复合性人才及所办机构，制订相应的吸引入沪政策和重点培养计划，其个人所得税可以适用低税率征收，甚至免税。

四、整合政府科技创新战略，改革科技管理机构

（一）规划整合国家发展战略，创建全球科技金融中心

早在2012年8月，北京中关村就获批国家科技金融创新中心，并据此获得了国家各部委的大力支持。相比之下，上海科技融资服务体系的建设进展缓慢，非常重要的原因之一就是科技金融的发展战略与目标不明确。上海市政府层面应围绕科技金融，对目前上海市所承担的各项国家战略使命进行深度融合，形成各项国家战略之间相互支撑、协调推进的整体格局。市委、市政府层面应成立专门的国家战略协同推进委员会，分析研究上海市所承担的浦东开放开发战略、“四个中心”建设战略、张江战略、上海自贸区战略乃至目前的长江经济带战略与整个国家和城市的科技创新战略之间的内在联系。特别是，要以科技金融作为上海承担的各项国家战略使命之间相互支撑、协同推进的关键，形成各国家战略之间统一布局、协同发展、相互支撑、彼此融合的整体格局。特别是，随着上海向具有全球影响力的科技创新中心进军，上海市政府可考虑进一步提出创建全球科技金融中心的整体规划，开展政策先行先试，启动全球科技金融中心、互联网金融等课题研究工作。

（二）深化政府管理体制改革，创建科技金融领导协调机制

上海市政府层面应深化大部制改革，以市科委为主体，合并市教委，同时将市经信委涉及技术创新、进步和改造以及科技型中小企业发展的职能和相关业务处室统一划归进来，成立新的“大科教委”，并增设科技金融处，将目前分散于上海各部门、区县的科技金融和支持中小企业发展的职能整体集中到“大科教委”。在扩权增容的同时，“大科教委”也要积极探索管理模式改革，试行管理权和决策权的分离。上海市政府要担当起服务职能，完善科技创新管理机制和科技、金融资源的整合机制，建立科技创新管理“政府与社会合作”的渠道。要通过市、区政府以及张江管委会的联动工作机制，解决地方政府无法充分解决的体制机制问题。要为科技创新提供政策法律支持，完善法律法规体系，营造良好的市场环境；完善科

技成果转化市场的基础设施，提供信息咨询、项目推荐、专家评审等服务，改善服务平台的工作环境，确保服务体系的稳定高效运作。要科学选择国家高新区、国家技术创新工程试点等科技创新资源密集的区域先行先试，实现科技资源与金融资源有效对接。在“大科教委”中设立科技金融协调工作委员会，构建统一的科技金融综合服务平台，促进创新要素集聚和科技成果转化。

（三）健全科技金融监管体制，依法保障市场健康

政府部门要进一步转变职能，把握全球跨国投资管理趋势，在强化监管和风险管理能力的前提下，最大限度缩小核准范围，简化行政审批程序，推动真实境外投资便利化。可率先在上海自由贸易试验区试点探索与国际接轨的相关规则，进一步优化科技金融管理职能，理顺管理体制，通过减政放权，把事务性、服务性的职能从政府行政职能中剥离出来，成为真正的社会管理者。要规范和完善各类科技金融服务机构的准入条件与退出机制，推动政府监管体系从重视“入口”管理到逐步转向重视“过程”监督，不断简化和放宽科技金融服务机构的登记注册手续，强化对其服务活动和组织运作动态的过程监督，不间断地进行过程控制和绩效评估。要依法推进科技金融创新，营造有利的法制坏境。应参照国际惯例，结合我国和上海市的实际情况，逐步建立系统的、配套的科技服务法律法规体系。要进一步下放立法权限，就目前矛盾比较突出、与技术创新关系密切的若干具体类型的科技金融服务，如科技研发税收激励、资产评估、融资投资机构、咨询和鉴证机构等方面，抓紧进行立法。要推动行业协会建立行业自律制度，政府要进行充分授权和支持，通过行业协会制定和实施行业行为规范与标准，形成尊重市场契约，依法诚信经营的行业风尚，并建立相应的信誉评价机制。要将政府的科技金融服务需求外部化，把应由市场解决的问题交给市场，并明确在条件相同的前提下，优先采用国内科技金融服务机构提供的服务产品，建立基于企业成长完整过程的金融服务网络框架，通过财政投入和政府购买等方式加强政府扶持。

第八章
上海科技金融环境发展指数研究

第一节 科技金融发展环境发展指数国内外研究

科技金融主要是指科技产业与金融产业的融合，是产业金融的一个重要组成部分。“科技金融是指创新财政科技投入方式，引导和促进银行业、证券业、保险业金融机构及创业投资等各类资本，创新金融产品，改进服务模式，搭建服务平台，实现科技创新链条与金融资本链条的有机结合，为初创期到成熟期各发展阶段的科技企业提供融资支持和金融服务的一系列政策和制度的系统安排。”①

经济的持续、良性发展依靠科技创新推动，而科技的发展需要金融的强力助推。科技企业与金融企业本属于不同的产业，在融合的过程中必然面临很多困境。高科技企业通常是高风险的产业，同时又具有融资需求比较大、见效慢的特点。科技企业与金融企业的有效融合需要适宜的环境，这种环境是能够满足需求资金的高科技企业在已有的制度安排下寻求到适当的金融支持，而金融企业的加入又使金融企业和科技创新更加繁荣。

上海是我国政府第一批列入科技金融试点地区的城市。为了科技金融的发展上海创造性地提出建立“411”科技金融服务体系，即建设“四大功能板块”（科技信贷、股权投资、资本市场和科技保险），搭建“一个

① 见2013年促进科技和金融结合试点工作部际协调指导小组秘书处研究报告。

平台”（科技金融支撑条件保障平台），建立健全“一个机制”（科技金融保障机制），来服务上海市的高科技企业。这个举措效果如何？上海市的科技金融环境是变好了或是变坏了？这些问题值得探讨。上海市的科技金融环境研究不仅仅是给上海市的科技金融行业发展提供更好的参照系，作为全国科技金融发展的一个试点，上海的发展对全国的科技金融发展具有非常重要的指导意义和参考价值。同时，创立相对优良的科技金融环境指数对我国科技金融发展及政府部门的有效决策有着重要的现实意义。

一、国外相关研究

国外学者并没有提出“科技金融”这一概念，但对技术与金融的关系进行了深入研究。希克斯（Hicks，1969）指出工业革命并不是（或者至少不直接是）技术创新的结果，而是金融革命的结果。肯和列维恩（King、Levine，1993）提出金融和技术创新的结合是促进经济增长的主要原因。他们构建了一个内生性增长的基础模型，揭示了金融体系为技术创新提供的四种服务，即评估企业家、筹集资金、分散风险以及评估技术创新活动的预期收益。较好的金融体系为技术创新活动提供的服务不仅扩大了技术创新活动的范围，也提高了技术创新活动的效率，从而促进了经济增长。Levine et al（2000）研究证实金融对长期经济增长的贡献在于提高全要素生产率，而不在于资本存量。Perez（2002）发现了技术创新与金融资本的基本范式：新技术早期的崛起是一个爆炸性增长时期，风险资本家为获取高额利润，迅速投资于新技术领域，继而产生金融资本与技术创新的高度耦合，从而出现技术创新的繁荣和金融资产的几何级数增长。Aghion et a1（2005）分析了金融约束对引进国外先进创新技术的影响。Chou & Chin（2006）认为金融产品的创新有助于技术创新的加速推进。

国外学者对银行业、资本市场、风险投资与科技创新的具体关系也进行了研究。熊彼特（Schumpeter，1912）论证了功能齐全的银行可以通过识别和支持那些能够成功运用新产品和生产过程的企业家来促进技术创新。King & Levine（1993）指出银行可以通过判断企业与项目的前景，对其中最具潜力的企业和项目加大信贷资金的支持，从而实现支持科技创新的作用。Berger et a1（2004）通过对36个国家1980—1995年的数据进行分析，发现

在金融不发达时，银行导向型金融体系起主要作用；而在金融发达时，市场导向型金融体系则能起到更大的作用。Bencivenga, et al（2006）通过对意大利公司的实证研究表明，地方银行的发展对企业技术创新活动的成功率有显著的影响，并且这种影响对于小型企业和依靠外源融资的企业而言更加明显。Levine & Zervos（1998）实证检验出资本市场与全要素生产力和经济增长存在显著的正相关性。

Bencivenga, et al（1995）分析了二级资本市场交易成本流动性变化对技术创新的影响。Hyytinena & Toivanen（2005）研究发现，不完善的资本市场将是阻碍科技创新与经济发展的重要因素。Rin et al（2006）通过实证研究表明：设立二板市场有助于增加对早期创业企业的投资和对高科技企业的投资。Atanassov et al（2007）用1974—2000年美国上市公司的面板数据为样本进行实证分析，结果发现债券和股票市场融资方式能够显著地增加公司的专利技术，并进而提高公司的技术创新活动效率，而银行贷款则不具有这样的作用。因此，对于上市公司而言，债券和股票市场融资方式比基于关系的银行贷款对于技术创新活动的贡献更为显著。

Kortum、Lerner（1998）的实证研究表明创业资本的增加会带来专利发明数量的增加。Hellmann、Puri（1999）指出创业投资将显著地减少将创新产品推向市场的时间。Hall（2002）指出创业投资可以更好地解决科技创新中的信息不对称、道德风险以及高额的融资成本问题。卡普兰（Kaplan，2003）指出创业风险投资属于权益融资、直接融资和外部融资，既可以为处于种子期的科技型企业提供资金，还可以促进其快速成长和壮大。Casamatta（2003）的研究表明，企业能否获得风险资本已经成为其能否成功实施技术创新活动的重要影响因素。Keuschning（2004）则基于一般均衡的角度对风险投资和创新的关系进行研究，结果表明金融市场中大量风险投资机构和有经验投资家的存在有助于促使企业成功实施科技创新活动。

从国外的研究可以看出：首先，科技金融解决的是关于科技企业在创立、经营期间的融资、用资问题；科技金融问题又分为科技企业直接融资和间接融资问题。其次，科技金融环境不仅考察企业经营期间的环境，还要考察其在整个成长期间即种子期、成长期、成熟期和衰退期的金融问题。

二、国内相关研究

（一）科技金融环境理论研究

在《科技金融》一书中，赵昌文等（2009）对科技金融的定义是："科技金融是促进科技开发、成果转化和高新技术产业发展的一系列金融工具、金融制度、金融政策与金融服务的系统性、创新性安排，是由为科学和技术创新活动提供金融资源的政府、企业、市场、社会中介机构等各种主体及其在科技创新融资过程中的行为活动共同组成的一个体系，是国家科技创新体系和金融体系的重要组成部分。"

赵玉林等（2000）提出多元化的科技金融服务体系是由政府、银行资金市场、非银行资本市场、风险投资市场、企业、外资及其支撑体系组成的金融体系。中国人民银行广州分行课题组（2006）在研究广东区域金融生态环境的过程中，运用生态学的方法和成果来分析和考察金融问题，认为金融生态是指金融生态主体与其生存发展环境之间相互联系、相互作用所形成的一种状态，而金融生态系统是金融组织、环境、调节三者间的相互影响关系，它主要由金融生态主体、金融生态环境、金融生态调节三部分组成。杨茜（2008）从政府扶持、创业投资、商业银行与资本市场四个角度构建了科技金融体系。张群、余霞民等（2009）在中国货币政策环境指数的构建中通过构建以货币政策操作主体、金融中介、金融市场、企业和个人行为，经济对外开放度以及利率和汇率的市场化为指标体系的货币政策环境指数，量化分析了改革开放以来我国货币政策环境的变化。高连和（2009）认为应以狭义金融生态环境为口径，设置区域金融生态环境评价指标体系，应遵循科学性、客观性、完备性、系统性、持续性等原则。区域金融生态环境评价指标构成主要考虑经济发展水平、法制水平、信用水平三大因素。区域金融生态环境质量的好坏，通过区域金融生态环境综合指数值的大小分级评价。曹颢、尤建新等（2011）从科技与金融相融合的角度构建我国科技金融发展指数，制定2001—2008年科技金融资源指数、科技金融经费指数、科技金融产出指数和科技金融贷款指数。王霞、常婧、王启利（2011）通过科技金融经费指数、科技金融资源指数、科技金融产

出指数构建科技金融发展指数。

中国人民大学张成思、李雪君（2012）的中国金融发展指数构建的研究中从全球视角构建中国金融发展指标，选取全球范围内最重要的57个金融系统所在国为对比样本，基于金融政策与机构环境、商业环境、银行金融服务和金融市场四个方面构建我国新的金融发展水平指数，并运用该指数分析金融发展过程中存在的结构性问题。黄德春、陈银国等（2013）基于科技型企业成长过程中不同阶段的金融需求分析，构建了科技型企业成长的科技金融发展指数，运用复合熵权法确定了各项指标的权重。

从国内外的相关研究可以看出，科技金融的环境包括政府、银行资金市场、非银行资本市场、风险投资市场、企业、外资及其支撑体系组成的金融体系；政策环境、资金环境、市场环境、人才环境等构成科技金融的环境体系；我们既可以按照企业的生命周期从纵的方向去寻找影响环境的指标体系，也可从政策、市场、管理等环境支撑指标中寻找影响环境的因素，创建环境指标体系。

（二）科技金融环境发展框架研究

在近几年的金融研究中，我国学者也企图建立一个比较优良的对金融环境和金融发展的指数量度框架。在这些相关研究中，中国人民大学张成思、李雪君（2012）的研究结果表明，我国金融政策与机构环境处于良好水平，商业环境位于世界前列，但是金融发展的法律体系建设存在缺失和漏洞；尽管银行规模与金融服务水平呈现上升趋势，但创新性不足，盈利水平偏低；金融市场发展相对落后，从规模、时间和数量上看，股票市场和债券市场发展均有大幅提升空间。他们的指标体系见表8－1。

张群、余霞民等（2009）在中国货币政策环境指数的构建中通过构建以货币政策操作主体、金融中介、金融市场、企业和个人行为，经济对外开放度以及利率和汇率的市场化为指标体系的货币政策环境指数，量化分析了改革开放以来我国货币政策环境的变化（见表8－2）。

表 8－1　金融发展水平指标体系

金融政策与机构环境			商业环境		
指标名称	时间区间	变量说明	指标名称	时间区间	变量说明
契约执行时间	2004—2011 年	执行一个契约的时间，包括登记、商议和执行	缴纳税收耗用时间	2006—2011 年	每年耗费在缴纳税收上的小时数
契约执行程序	2004—2011 年	执行一个契约所需程序	开办企业耗用成本	2004—2011 年	开办企业耗用成本与人均收入的比值
契约执行成本	2004—2011 年	执行一个契约的成本，包括法院申请和律师申请	财产登记耗用成本	2005—2011 年	财产登记耗用成本与人均收入的比值
法律保护指数	2005—2011 年	综合 8 项抵押法和 2 项破产法特征（0—10）	停办企业耗用成本	2004—2011 年	停办企业耗用成本与人均收入的比值
投资者保护指数	2006—2011 年	综合信息披露、股东权益等相关变量（0—10）	开办企业耗用时间	2004—2011 年	开办企业耗用天数
金融市场			财产登记耗用时间	2005—2011 年	财产登记耗用天数
股票市场换手率	1991—2009 年	股票市场价值与实体经济市场价值的比值	停办企业耗用时间	2004—2011 年	停办企业耗用天数
股票市场价值/GDP	1992—2009 年	股票市场价值与 GDP 的比值	银行金融服务		
股票交易市值/GDP	1991—2009 年	股票市场交易股票价值与 GDP 的比值	M2/GDP	1978—2009 年	广义货币与 GDP 的比值
上市公司数量	1991—2009 年	上市公司数量与总人口（每万人）的比值	银行加权盈利指数	1990—2009 年	净利差、资产收益率和权益收益率的均值
私人债券发行市值	1990—2009 年	非政府机构发行的债券市值与 GDP 的比值	银行管理费用成本	1988—2009 年	银行管理费用占总资产的比重
政府债券发行市值	1990—2009 年	政府机构发行的债券市值与 GDP 的比值	私人机构信用登记	2005—2011 年	在私人机构有信用记录的人数占总人口的比重
			公共机构信用登记	2005—2011 年	在公共机构有信用记录的人数占总人口的比重

参见张成思、李雪君（2012）的中国金融发展指数框架。

表 8-2　张群、余霞民等（2009）中国货币政策环境指数框架

货币政策环境指数各项指标的权重			
一级指标	权重	二级指标	权重
A：货币政策操作主体	0.235	A1：中央银行地位的确定	NA
		A2：货币政策工具的使用	NA
B：金融中介	0.232	B1：金融机构存款/GDP	0.199
		B2：非国有银行贷款占比	0.194
		B3：上市银行贷款占比	0.607
C：金融市场	0.181	C1：上市公司数量	0.355
		C2：股票时辰筹资额/GDP	0.397
		C3：债券发行额/GDP	0.248
D：企业和个人	0.122	D1：储蓄存款/GDP	0.326
		D2：非国有经济发展	0.379
		D3：经济发展的贷款依存度	0.295
E：经济对外开放度	0.077	E1：进出口总额/GDP	0.543
		E2：FDI/GDP	0.457
F：利率和汇率市场化	0.153	F1：利率市场化	NA
		F2：汇率市场化	NA

高连和（2009）认为应以狭义金融生态环境为口径，设置区域金融生态环境评价指标体系，应遵循科学性、客观性、完备性、系统性、持续性等原则。区域金融生态环境评价指标构成主要考虑经济发展水平、法制水平、信用水平三大因素。区域金融生态环境质量的好坏，通过区域金融生态环境综合指数值的大小分级评价（环境指标体系见图 8-1）。

区域金融生态环境评价体系
- 经济发展水平
  - 经济总量：GDP增长率、人均GDP增长率、GDP增长区域位次、财政收入增长率、人均财政收入增长率、财政收入增长区域位次
  - 产业结构：农业增加值占GDP的比重、工业增加值占GDP的比重、第三产业增加值占GDP的比重、民营经济比率
  - 环境治理水平："三废"治理达标率、污染治理投资占GDP的比率
  - 可持续发展能力：固定资产投资增长率、固定资产投资占GDP的比率、乡村城镇化率、城市化率、教育科技经费支出占比
  - 经济开放度：外贸依存度、实际利用外资增长率、外商直接投资增长率
  - 人民生活水平及保障水平：城镇居民人均可支配收入增长率、农民人均纯收入增长率、社会消费品零售总额增长率、CPI恩格尔系数、社会基本保障覆盖率、城镇劳动就业率
- 法制水平
  - 法律建设情况：法律法规建设情况、地方法规制度制订情况
  - 法律执行情况效率：金融案件起诉率、法院积案率、法院二审改判和发回重审率、金融案件执行率、金融案件执行费用
  - 法律执行公正性：执法人员素质、金融案件执行质量、执法的独立性
- 信用水平
  - 信用体系建设情况：信用体系建设情况、征信业规范与管理情况
  - 政府信用：政府在全面推进诚信建设方面的努力（软环境）、政府在处里不良资产时对债权人的保护程度、政府在处理企业关闭破产过程中的做法、地方政府对金融政策（特别是需要偿还和弥补资金）执行程度、不良资产比率
  - 企业信用：企业向银行提供的财务报表的信用度、企业对偿还银行债务的态度、企业偿债能力、企业逃废银行债务率、企业三角债比率
  - 中介机构信用：中介机构的人员素质、中介机构的工作质量、中介机构在财务状况评价中的信用程度
  - 社会信用：社会公众信用形象（以个体信用为主体）

图8-1 高连和（2009）的区域金融生态框架

中国人民银行广州分行课题组（2006）在研究广东区域金融生态环境的过程中，以有效性假说为理论基础构建金融生态评估指标体系，采用因子分析和层次分析相结合的计量方法评估生态环境。运用生态学的方法和成果来分析和考察金融问题，认为金融生态是指金融生态主体与其生存发展环境之间相互联系、相互作用所形成的一种状态，而金融生态系统是金融组织、环境、调节三者间的相互影响关系，它主要由金融生态主体、金融生态环境、金融生态调节三部分组成（见表8-3）。

金融生态环境是指作用和影响金融生态主体生存与发展的各种因素，包括经济基础、法制环境、诚信环境和地方行政环境等。从地区经

济规模结构、发展水平及稳定性等方面来评估法制环境。从金融债权保护的法律制度建设，司法公平、公正程度和执法效率，以及对金融违法犯罪的打击力度等角度来衡量地区法制环境。选取逃废金融债权及征信体系建设情况来衡量地区诚信环境。从地方政府的公共服务及行为规范性、对金融产业的政策支持及干预程度等方面来考察地方政府对金融生态的影响。

黄德春、陈银国等（2013）基于科技型企业成长过程中不同阶段的金融需求分析，构建了科技型企业成长的科技金融发展指数，运用复合熵权法确定了各项指标的权重。研究表明：我国科技金融发展处于良好状态，孵化器形式的天使投资、证券市场及政府支持发展趋势良好，但面临结构失衡的问题，商业环境和金融服务机构对我国科技型企业的支撑相对不足，我国创业风险投资及银行服务水平无法对科技型企业形成有效支撑（见表8－4）。

曹颢、尤建新等（2011）从科技与金融相融合的角度构建我国科技金融发展指数，制定2001—2008年科技金融资源指数、科技金融经费指数、科技金融产出指数和科技金融贷款指数（见表8－5）。

王霞、常婧、王启利（2011）通过科技金融经费指数、科技金融资源指数、科技金融产出指数构建科技金融发展指数（见表8－6）。

（三）科技金融企业生命周期研究

从企业成长历程来看，Jawaharu（2011）指出企业生命周期可分为启动期、成长期、成熟期及衰退期4个阶段，每个阶段企业的生产活动特点不同，与此对应的企业投资与融资活动也各不相同。金融是产业发展的血液，企业活动离不开金融活动的支撑，不同的企业活动要求不同的金融活动与之相匹配。对应企业成长周期不同阶段的企业活动与金融活动的关系，本书将科技型企业的成长过程划分为4个阶段，即创立期、成长期、成熟期和衰退期。科技型企业不同的成长阶段决定了对金融支持的不同需求，金融资源的有效配置与合理支持对科技型企业的生存与发展至关重要。具体分析如下：

表 8－3　中国人民银行广州分行课题组（2006）广东金融生态框架

广东省金融生态综合评估指标体系		
状态指标	金融机构密度、存款余额、贷款余额、存贷比、金融贡献率、不良资产率、金融稳定度（定性）	
主体指标	成本收益率、资产利润率、金融创新率、金融经营服务水平（定性）	
环境指标	经济基础	地区生产总值、投资率、消费率、城镇居民人均可分配收入、进出口总额、财政一般预算收入占当地 GDP
	法制指标	金融债权执行率、金融债权诉讼费用率、金融债权诉讼效率（定性）、地方法规条例的健全性（定性）
	诚信环境	企业贷款违约率（负向）、个人贷款违约率（负向）、地方征信体系建设（定性）
	地方行政环境	行政透明度（定性）、行政对金融业的扶持（定性）、行政干预信贷投放（定性）
调节指标	监管当局政策对当地金融生态的影响（定性）	

表 8-4　黄德春、陈银国等（2013）的科技金融发展指数框架

科技金融发展指数权重				
一级指标	二级指标	二级指标复合权重	三级指标	三级指标复合权重
金融支持	孵化器天使投资支持力度指数	0.205	孵化器数量	0.279
			累积毕业企业/孵化企业	0.309
	金融服务机构支持力度指数	0.246	孵化企业总收入（亿元）	0.412
			商业银行科技信贷金额/贷款总额	0.380
			创业风险投资强度	0.341
	证券市场支持力度指数	0.134	创业风险累计投资金额	0.279
			中小板综合指数	0.412
			每年上市公司数量	0.434
外部环境支持	政府支持力度指数	0.218	中小板市价总值	0.154
			财政科技拨款/财政支出	0.334
	商业环境支持力度指数	0.197	科学研究与实验发展经费支出/GDP	0.346
			公有经济企事业单位专业技术人员	0.320
			开办企业耗用的成本/人均收入	0.374
			财产登记耗用成本/人均收入	0.338
			停办企业耗用成本/人均收入	0.288

表 8-5　曹颢、尤建新等（2011）科技金融发展指数框架

指数名称	计算方法	指数类别
1. 科技金融资源指数		分指数
x1. 科技人力资源	科技活动人员/地区总人口	二级分项指数
x2. 研发机构资源	研发机构数/地区总人口	二级分项指数
2. 科技金融经费指数		分指数
x3. 财政拨款力度	财政科技拨款/财政支出	二级分项指数
x4. 研发经费力度	研发经费支出/国内生产总值	二级分项指数
x5. 科技经费力度	科技经费支出/国内生产总值	二级分项指数
3. 科技金融产出指数		分指数
x6. 技术市场成交率	技术市场成交合同金额/科技经费支出	二级分项指数
x7. 论文产出率	国内中文期刊科技论文数/科技经费支出	二级分项指数
x8. 专利产出率	专利申请授权量/科技经费支出	二级分项指数
x9. 出口产出率	高技术产业出口额/科技经费支出	二级分项指数
4. 科技金融贷款指数		分指数
x10. 科技贷款力度	金融机构科技贷款额/科技经费支出	二级分项指数

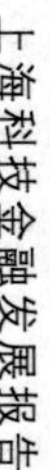

表 8-6　王霞、常婧、王启利（2011）的科技发展指数框架

指数类型	指数名称	计算方法
分指数	科技金融经费指数	（①+②+③）/3
二级分指数①	财政科技投入力度	财政科技投入/财政支出
二级分指数②	金融机构科技贷款力度	金融机构科技贷款额/地区生产总值
二级分指数③	企业科技投入力度	企业科技投入/地区生产总值
分指数	科技金融资源指数	（④+⑤）/2
二级分指数④	科技活动机构资源	研发机构数/地区企业数
二级分指数⑤	科技活动人力资源	科技活动人员/地区总人口
分指数	科技金融产出指数	（⑥+⑦+⑧）/3
二级分指数⑥	论文产出率	论文数/科技经费支出总额
二级分指数⑦	专利产出率	国内专利申请授权数/科技经费支出总额
二级分指数⑧	技术产出率	技术市场成交合同金额/科技经费支出总额

1. 创立期

科技型企业处于孵化科技成果并逐步向市场转化阶段，该阶段是产品正式进入市场阶段，具有轻资产、高成长、高风险、高收益特征，由于市场前景不明确，并且处于企业初始阶段，一般无法进行外源融资。Garry（2003）认为，天使投资对于科技型企业起重要支撑作用。Joshua（1998）认为，创立期企业存在大量的不确定性，政府政策支持对于天使投资发展至关重要。因此，孵化器形式的天使投资是科技型企业的必然选择，它是天使投资家运用自有资金，投入陌生企业的一种私人资本与政府孵化器相结合的投资方式。

2. 成长期

处于成长期的科技型企业经历了创立期的市场开拓，拥有了一定的现金流量和良好的经营业绩，能够获得一些商业银行提供的科技贷款支持，但从数量上无法满足成长阶段的发展需求。Fairchild（2004）指出，创业风险投资具有高风险、高收益、权益性、专业性、长期性等特点，对科技含量高、成长性强的高技术企业有特殊偏好。创业风险资本的介入，为科技型企业提供了有效的金融支持。

3. 成熟期

科技型企业需要进行大量的科学研究与开发，并不断开拓市场，资金缺口大，企业资金需求规模上升到整个生命周期的最高阶段。张济建和温静州认为，企业要通过购置生产设备和原材料以及扩建厂房来适应大批量生产的需求，在进行管理创新过程中要增加人员及相关开支，拓展新项目或推出新产品也需要大量资金。因此，该阶段由于资金需求及发展需要，企业倾向于公开上市融资，获得证券市场的金融支持。

4. 衰退期

该阶段的企业如果不能继续挖掘剩余需求就要选择转型或退出，也可以利用资本市场进行转产或重组。于春红（2006）认为，多层次资本市场既能满足不同企业的融资需求，又能满足不同风险偏好投资者的投资需求。

根据市场风险和对企业要求的不同，多层次资本市场主要由主板市场、创业板市场和三板市场构成。因此，证券市场为科技型企业提供了有效的金融支撑。

5. 科技金融发展指标

（1）科技型企业成长过程金融支撑指标。基于以上分析可知，科技型企业可以划分为4个阶段，根据每个阶段的金融需求，本书从创立期、成长期、成熟期及衰退期4个阶段选取金融支撑指标。由于成熟期和衰退期的金融支持是同一种方式，因此将成熟期和衰退期合并选取金融支撑指标。①科技型企业创立阶段金融支撑指标。科技型企业的行业特点使其在创立期很难进行融资，Sohl（1999）发现天使投资主要与创业企业的种子融资、起步融资、早期融资有关。Freear和Wetzel对美国新英格兰地区284个科技型中小企业融资案例的调研显示，天使投资集中投资于企业创立期。此阶段获得的金融支持多以企业孵化器和天使投资支持为主，孵化器形式的天使投资是该阶段主要的金融支撑力量。因此，本书选取孵化器数量、累计毕业企业/孵化企业、孵化企业总收入来衡量该阶段的金融支撑。②科技型企业成长阶段金融支撑指标。在成长期，科技型企业处于资金需求上升阶段，多以商业银行和创业风险投资支持为主。本书选取商业银行贷款额/贷款总额、创业风险投资强度、创业风险累计投资金额来衡量该阶段的金融支撑。③科技型企业成熟期与衰退期金融支撑指标。在成熟期和衰退期，企业获得的金融支持多以证券市场支持为主。由于我国创业板历史短暂且发展不完善，因此本书选取中小板综合指数、每年中小企业板上市数量及中小企业板市价总值来衡量该阶段的金融支撑。

（2）科技型企业成长过程外部环境支持指标。科技型企业的良好发展离不开外部环境的支持，本书从商业环境和政府角度选取外部指标。①商业环境支持指标。张成思和李雪君（2012）认为，金融是构架于实体经济之上的虚拟经济，实体经济是虚拟经济的基础，实体经济的稳定发展是减缓虚拟经济波动的充分条件。因此，商业环境支持是科技金融良好发展的必要条件。本书主要从开办企业耗用成本、财产登记耗用成本及停办企业耗用成本3个方面来衡量商业环境对科技型企业的支持。②政府支持指标。胡苏迪、蒋伏心（2012）指出，世界经济发展的实践表明，政府在经济发

展中发挥着巨大作用并扮演着重要角色，该角色和作用在科技金融发展中尤为突出。纵观世界各国科技金融发展的历程可以看出，凡是科技金融发达的国家和地区，政府作用都十分显著。我国金融市场不完善，需要政策性金融作为补充。本书以财政科技拨款、科学研究与试验发展经费支出及公有经济企事业单位专业技术人员数量来衡量政府对科技型企业的支持作用。

综上所述，通过上述的研究我们看到，国家的法制环境、国家政府和金融机构的支持对于科技金融非常重要。有的认为宏观环境很重要，但是有的从细节描述金融环境的全貌。对于金融环境和金融生态环境发展的研究框架大家的认识不一致，各自建立的框架有些区别和联系，我们归因于他们建立研究框架时各自所依赖的理论基础不一致。这些研究为我们的继续研究打下了很好的基础。

第二节　从管理学角度看影响科技金融环境发展因素

本书在研究中结合已有的研究成果，同时我们根据美国管理学家 Stephen Robbins & Mary Coutler（2002）开放的系统管理观点把科技金融环境划分为具体环境和一般环境（又称之为微观环境和宏观环境）。宏观环境一般是指外部环境，而微观环境一般指行业或组织的内部环境。

科技金融宏观环境（一般环境）和微观环境（具体环境或行业环境）构成了科技金融行业的环境整体。宏观环境是微观环境的外部环境，它包括科技金融所面临的经济条件、政治法律、社会文化、技术、人口和全球化（见图 8 -2）；微观环境是科技金融行业的具体环境，它是行业本身的环境，它包括科技金融的需求环境、供给环境、商业服务和其他服务环境。这些环境的变化对科技金融有着比较重要的长期影响，是管理者在计划决策时必须考虑的环境因素。

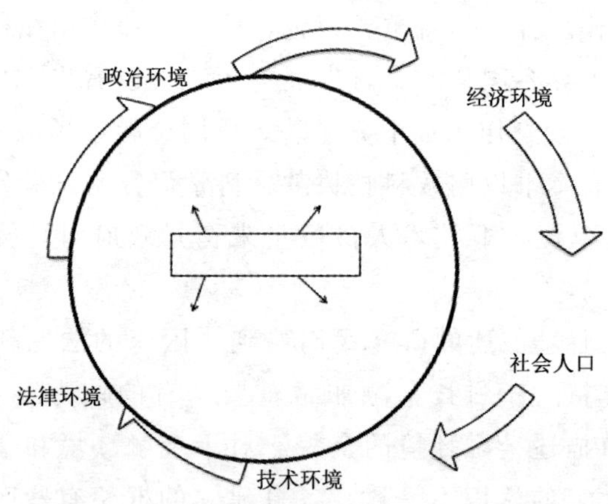

图 8－2　科技金融的宏观环境和微观环境

一、科技金融的宏观环境变量

（一）政策与法律环境

中央政府和地方政府通过制定法律法规影响科技和金融企业能够从事和不能从事的事情。国家的政策与法律环境指的是科技金融行业主体运用各类金融工具在金融市场中进行金融交易或提供金融服务时所处的宏观政策和法律环境，既包括对微观金融环境的法律调节，又包括了对宏观金融系统的整体法律监控。

在科技金融行业中，不仅金融部门和高科技企业本身受到法律法规的监督，而且金融部门的内部控制、金融和企业之间的契约签订也受到相关部门的监管。在评价科技金融环境时，很多学者提到了政治与法律环境问题，我们把政治与法律环境指数加入到科技金融环境指标体系中。

我们选取上海市财政拨款/上海市财政支出的比例、上海市科学研究与实验发展支出/GDP、上海市教育科技经费支出/财政支出、上海市律师事务所专职人员、上海市民事案件诉讼代理案件数量、上海市刑事案件数量、上海市诈骗案件数量作为政策与法律环境的决定变量；经过主成分分析我们得到上海市财政拨款/上海市财政支出的比例（czbk）、上海市教育科技经费支出/财政支出（kjjf）、上海市律师事务所专职人员（lsry）、上海民事诉讼案件代理数量（msss）四个因素作为政策与法律环境的最终决定变量。

（二）经济环境

经济环境是指构成企业组织生存和发展的社会经济状况和国家经济政策，是影响消费者购买能力和支出模式的因素，它包括收入的变化、消费者支出模式的变化等。利率、通货膨胀、可支配收入变动、股市波动以及一般经济周期所处的阶段是影响经济环境的一些重要因素。每一个微观企业和个人都是市场的组成部分。微观个体经营越高效，商业环境越优良，金融发展就越先进。我们选取开办企业成本、资产登记成本和停办企业成本来测算商业活动的直接成本，采用开办企业耗用时间、登记资产耗用时间和停办企业耗用时间来度量商业活动的间接成本。其次，作为商业企业和个人在经营活动中必须面临的限制，税收对商业环境的影响十分显著。税法改革会影响微观个体的行为方向，甚至导致产业的结构性调整，从而间接影响虚拟经济的稳定。我们选取了上海市国内生产总值（GDP）、上海GDP 增长率、财政收入/GDP、上海储蓄存款年末余额/GDP、上海城乡居民人均收入、上海城镇居民恩格尔系数、上海居民消费水平、上海全社会固定资产投资等作为经济环境的解释变量。经过主成分分析后，我们选取上海储蓄存款年末余额/GDP（cxck）、上海财政收入/GDP（czsr）、上海城镇居民恩格尔系数（egr）、上海全社会固定资产投资（gdzctz）四个变量作为经济环境因素的决定变量。

（三）社会人口环境

科技金融行业发展必须适应社会发展的需要。社会价值观、风俗习惯和社会的整体消费品味的变化会影响科技金融行业的变化。人口因素包括人口刚性特征的发展趋势，如性别、年龄、教育程度、地理位置、收入家庭构成等这些因素的变化影响着科技金融行业的成长。

我们选取上海人口密度、上海从业人数、上海科技活动人员数、科技活动人员数/从业人员数、上海研究与开发机构 R&D 人员全时当量、上海高校毕业生数等指标作为人口环境的解释变量。经过主成分分析我们最终选取上海从业人数（cyrs）、上海高校毕业生数（gxby）、上海科技活动人员数（kjhdry）和科技活动人员数占从业人员数的比例（kjhdrycyrs）四个指标作为人口变量的决定变量。

（四）技术环境

宏观环境要素中，变化最快的就是技术。我们生活在一个技术不断变化的年代。技术的变化尤其是对于科技企业具有强烈的影响，同时也对科技金融带来冲击。先进的自动化办公室，更快更强的微处理器，先进的电子商务系统等不仅是科技企业发展的结果也为一个地区和国家的科技企业发展带来巨大影响。技术对企业经营的影响是多方面的，企业的技术进步将使社会对企业的产品或服务的需求发生变化，从而给企业和组织提供有利的发展机会；一项新技术的发明或应用可能又同时意味着“破坏”。越是技术进步快的行业这种技术变革就越应该作为环境分析的重要因素。我们认为科技金融的技术环境是为科技金融发展所服务的技术环境。我们选取科技金融的技术环境包括：上海全员劳动生产率、上海工业废气排放/GDP、烟尘排放/GDP、废气二氧化硫排放/GDP、建筑垃圾清运、企业家信心指数等作为技术环境的解释变量。主成分分析后我们选取上海全员劳动生产率（ldscl）、废气二氧化硫排放/GDP（fqpf）、烟尘排放/GDP（yqfq）、上海工业废气排放/GDP（gyfq）等变量作为技术变量的决定变量。

二、科技金融的微观环境（具体环境）

（一）科技金融的商业环境

科技金融行业的商业环境质量和科技企业生命周期中所处阶段直接相关。我们选取开办企业成本、资产登记成本和停办企业成本来测算商业活动的直接成本，采用开办企业耗用时间、登记资产耗用时间和停办企业耗用时间来度量商业活动的间接成本；金融市场的正常运行离不开投资者的参与，投资者利益保护不足在初期可能破坏金融市场建设，后期则可能破坏资本市场的健全发展。我们在金融发展指标测算中考虑投资者利益保护指标。我们选用上海合同纠纷案件在民事案件中的比例来解释执行签订和执行契约期间，科技金融活动中信用水平的衡量。基于主成分分析，我们选取开办企业耗用的成本/人均收入（kbfy）、财产登记耗用成本/人均收入

(ccdj)、停办企业耗用成本(tbqy)和上海合同纠纷案件/民事案件的比例(htzf)变量作为商业环境变量的决定性变量。

(二)科技金融供给方

“科技金融是促进科技开发、成果转化和高新技术产业发展的一系列金融工具、金融制度、金融政策与金融服务的系统性、创新性安排,是由为科学和技术创新活动提供金融资源的政府、企业、市场、社会中介机构等各种主体及其在科技创新融资过程中的行为活动共同组成的一个体系,是国家科技创新体系和金融体系的重要组成部分。”所以这些金融工具的提供者就是科技金融的供给方。科技金融的供给方包括科技金融机构、个人和政府。科技金融机构包括银行、私募股权投资基金、创业风险投资机构、科技保险机构和资本市场上的投资机构。我们用上海市金融机构存款余额/GDP、保费赔付支出/保险保费收入、上海金融机构贷款余额/GDP、上海孵化器场地面积、上海国内专利申请授权数、上海实验与研究费支出、上海国内领先成果、上海市国际领先科技成果、上海企业家信心指数、上海金融机构单位数等指标来考核供给方的供给行为。经过主因素分析我们选择保费赔付支出/保险保费收入(bfbl)、上海市金融机构存款余额/GDP(ckgdp)、上海金融机构贷款余额/GDP(dkre)和上海市国际领先科技成果(gjlx)四个变量作为科技金融供给方行为的解释变量。

(三)科技金融的需求方

科技金融的需求方主要包括技术转型升级的传统产业企业、战略性新兴产业企业、高新技术企业和政府。高科技创新最终需要在市场上实现其经济价值。保持供给方的供给与需求方创新需求协调一致,能够更加有效地促进高科技创新。科技金融的微观环境中,需求方的状况直接影响着整个科技金融环境。通过制造需求方的需求来拉动科技金融发展是我们的目标之一。我们用全国高技术企业数量、上海高科技企业产值、上海高科技企业数量、上海高科技企业主营业务收入、上海高科技企业利润、上海累计毕业企业/孵化企业和上海孵化企业数量等指标来作为科技金融需求方状况的解释变量。经过主成分分析,我们用上海高科技企业产值(gjscz)、上海高科技企业利润(gjslr)、全国高科技企业数量(gjsqys)和上海高科技企

业主营业务收入（gjssr）等四个变量作为科技金融需求方条件的决定变量（见图8-3）。

- 科技金融环境指数
  - 外部环境指数
    - 经济环境
      - 上海财政收入/GDP　czsr/gdp
      - 上海储蓄存款年末余额/GDP　cxck/gdp
      - 上海城镇居民恩格尔系数　egr
      - 上海全社会固定资产投资/GDP　gdzctz/gdp
    - 政府政策法律环境
      - 上海财政科技拨款/财政支出　czbk
      - 上海教育科技经费支出/财政支出　kjjf
      - 上海律师事务所专职人员　lsry
      - 上海民事案件诉讼代理案件万件　msss
    - 人口环境
      - 上海从业人数万人/GDP　cyrs/GDP
      - 上海科技活动人员数/gdp　kjhdry/gdp
      - 科技活动人数/从业人数　kjhdrycyrs
      - 上海高校研究生毕业人数/gdp　gxby/gdp
    - 技术环境
      - 全员劳动生产率　ldscl
      - 工业废气排放/GDP　gyfq/gdp
      - 烟尘排放/GDP　yqfqgdp
      - 废气二氧化硫排放/GDP　eyhlgdp
      - 建筑垃圾清运万吨　ljqy
  - 内部环境指数
    - 科技金融需求方
      - 上海高科技企业总产值　gjscz/gdp
      - 上海高科技企业利润　gjslr/gdp
      - 上海高科技企业主营业务收入　gjssr/gdp
      - 全国高技术产业企业数　gjsqys
    - 科技金融交易市场
      - 上海股市新增开户数/开户总数　xzkhs
      - 上海技术服务合同成交额　jsfwht
      - 上海技术开发合同成交额亿元　jskaht
      - 中小板上市企业数量　zxbsl
    - 科技金融商业环境
      - 开办企业耗用的成本/人均收入（负向）　kbf
      - 财产登记耗用成本/人均收入（负向）　ccdjf
      - 停办企业耗用成本/人均收入（负向）　tbqy
      - 上海合同纠纷案件（负向）/Gdp　htzf/gdp
    - 科技金融供应方
      - 上海金融机构存款年末余额/GDP　ckgdp
      - 保费赔付支出/保险保费收入　bfbl
      - 上海金融机构贷款余额/GDP　dkgdp
      - 上海市国际领先科技成果　gjlx

图8-3　主成分分析后的指标体系

（四）科技金融交易其他服务环境

我们认为科技金融交易平台的参与者除了高科技企业、银行、和其他金融机构等金融中介之外还有直接融资市场如我国资本市场。这些单位组织的积极参与造就了整个科技金融服务平台的正常运转。不管是债权或股权交易都离不开这些机构和市场的服务。我们选取中小板上市企业数量、中小板上市企业市值、上海新增开户数/开户总数、上海技术开发合同成交额、上海技术服务合同成交额和商业银行科技信贷金额/贷款总额作为科技金融其他服务环境的解释变量。

经过主成分分析我们最终选取上海股市新增开户数/开户总数（xzkhs）、上海技术服务合同成交额（jsfwht）、技术开发合同成交额（jskfht）和中小板上市企业数量（zxbsl）作为科技金融市场的其他服务环境的决定变量。

第三节　上海科技金融环境发展指数编制方法说明

一、数据说明及变量选择

（一）数据说明

本书数据中，商业环境数据来自世界银行 Doing Business 数据库（2014）、经济环境、政治法律环境、技术环境、人口环境及其他微观环境数据均来自 2006—2013 年中国统计年鉴、中经网事实数据库、2007—2013 年中国高科技产业年鉴、中国证券投资年鉴、2006—2013 年中国科技统计年鉴、2007—2013 年上海市统计局—上海市科技统计年鉴、中国证监会官方网站、中国证券业协会官方网站。其中，Doing Business 数据库，是样本包括 2004—2014 年的统计数据，内容包括公司创办、执照获取、财产登记、信誉积累、投资者保护、税收缴纳、出口限制、契约签订和公司停办等涉及企业生存环境和宏观政策的相关数据。

（二）指标划分与设定

从管理学角度来说我们科技金融环境变量从大的方面划分为4级指标。第1级为科技金融环境综合指数；第2级为科技金融宏观环境指数和微观环境指数两个二级指标。宏观环境指数主要考察科技金融的外部大环境，包括四个方面的三级指标，即：科技金融的经济环境、政治法律环境、社会人口环境、科技金融所处的外部社会技术环境。微观环境指数主要考察科技金融本身所处的现实环境，包括科技金融的需求方环境、科技金融的供给方环境、科技金融的商业环境、科技金融的市场服务环境。

由于数据考虑到可得性关系，我们共计找出近60个四级指标。宏观环境的三级指标中，科技金融的经济环境包括：上海市国内生产总值（GDP）、上海GDP增长率、财政收入/GDP、上海储蓄存款年末余额/GDP、上海城乡居民人均收入、上海城镇居民恩格尔系数、上海居民消费水平、上海全社会固定资产投资等；科技金融政策与法律环境方面包括上海财政拨款/财政支出、上海科学研究与实验发展经费支出/GDP、上海教育科技经费支出/财政支出、上海律师事务所专职人员、上海民事案件诉讼代理案件数、上海刑事案件数、上海诈骗案件数；社会人口环境包括：上海人口密度、上海从业人数、上海科技活动人员数、科技活动人员数/从业人员数、上海研究与开发机构R&D人员全时当量、上海高考毕业生数；科技金融的技术环境包括：上海全员劳动生产率、上海工业废气排放/GDP、烟尘排放/GDP、废气二氧化硫排放/GDP、建筑垃圾清运、企业家信心指数等。27个四级指标经过三级指标汇总。

微观环境的三级指标中，经过主成分分析后，科技金融商业环境我们选用上海合同纠纷案件在民事案件中的比例来解释执行签订和执行契约期间，科技金融活动中信用水平的衡量。基于上述分析，我们将开办企业耗用的成本/人均收入（kbfy）、财产登记耗用成本/人均收入（ccdj）、停办企业耗用成本（tbqy）和上海合同纠纷案件/民事案件的比例（htzf）变量作为商业环境变量的决定性变量；科技金融市场的其他服务环境，我们选取上海股市新增开户数/开户总数（xzkhs）、上海技术服务合同成交额（jsfwht）、技术开发合同成交额（jskfht）和中小板上市企业数量（zxbsl）作为科技金融市场的其他服务环境的决定变量；我们用上海高科技企业产值

(gjscz)、上海高科技企业利润（gjslr)、全国高科技企业数量（gjsqys）和上海高科技企业主营业务收入（gjssr）等四个变量作为科技金融需求方条件的决定变量；经过主因素分析我们选择保费赔付支出/保险保费收入（bf-bl)、上海市金融机构存款余额/GDP（ckgdp)、上海金融机构贷款余额/GDP（dkre）和上海市国际领先科技成果（gjlx）四个变量作为科技金融供给方行为的解释变量。

二、数据与变量处理方法

（一）主因素分析

在所有的数据处理中，采用目前学者们提倡的客观数据分析方法来处理数据。按照三级指标的种类分别对各组四级指标进行降维处理，精简变量。我们没有使用主观专家打分法，而是使用了利用历史数据客观分析主因素的方法——主成分分析法；最后，我们对于一级、二级指标也同样采用变异系数法赋予各个因素指标相应的权重。一切数据处理，我们采用客观、公正和真实的原则。

主成分分析也称主分量分析，旨在利用降维的思想，把多指标转化为少数几个综合指标。为了全面、系统地分析问题，必须考虑众多影响因素。这些涉及的因素一般称为指标，在多元统计分析中也称为变量。因为每个变量都在不同程度上反映了所研究问题的某些信息，并且指标之间彼此有一定的相关性，因而所得的统计数据反映的信息在一定程度上有重叠。在用统计方法研究多变量问题时，变量太多会增加计算量和增加分析问题的复杂性。但往往人们希望在进行定量分析的过程中，简化所涉及的变量，并尽量获取足够多的信息，主成分分析法应运而生。

设总目标函数 Y 是 p 个因素 x1，x2，…，xp 的函数，令每个 x 因素有 n 个样本数据，将数据经过标准化处理后，写成矩阵形式：

$$X = \begin{bmatrix} x_{11} & x_{12} & \cdots & x_{1p} \\ x_{21} & x_{22} & \cdots & x_{2p} \\ \cdots & \cdots & \cdots & \cdots \\ x_{n1} & x_{n2} & \cdots & x_{np} \end{bmatrix}$$

求出矩阵 R = XX′，其中 X′为 X 的转置矩阵；

求出：$|R - \lambda I| = 0$ 的特征根，并把特征根按照大小排序：$\lambda_1 \geqslant \lambda_2 \geqslant \cdots \lambda_p$

在求出每个特征根所对应的特征向量，特征向量矩阵 D 为：

$$D = \begin{bmatrix} d_{11} & d_{12} & \cdots & d_{1p} \\ d_{21} & d_{22} & \cdots & d_{2p} \\ \cdots & \cdots & \cdots & \cdots \\ d_{n1} & d_{n2} & \cdots & d_{np} \end{bmatrix}$$

D 为单位正交矩阵，满足 $DD' = I$，$D' = D - 1$；各因素的线性组合 $y = dx$，其中 $x = (x_1, x_2, \cdots, x_p)'$，$y = (y_1, y_2, \cdots, y_p)'$。两者的关系即为：

$$y_1 = d_{11}x_1 + d_{12}x_2 + \cdots + d_{1p}x_p$$

$$y_2 = d_{21}x_1 + d_{22}x_2 + \cdots + d_{2p}x_p$$

…… …… …… …… ……

$$y_n = d_{n1}x_1 + d_{n2}x_2 + \cdots + d_{np}x_p$$

其中 $y_1, y_2, \cdots, y_p$ 分别称为总目标函数 Y 的第一、第二、…、第 p 个主成分。

特征向量比值：$\dfrac{\lambda_i}{\sum_{i=1}^{p} \lambda_i}$ 表示个主成分对总目标函数的负荷率。

然后，根据前 m 个主成分贡献率的综合大于 85% 的主成分数量，前 m 个主成分称之为主因素。

根据主因素分析找到主成分，为了安全起见我们确定主成分的总贡献大于 95%，宏观和微观环境四级指标因素总计为 33 个。

（二）指标标准化的处理方法

科技金融环境指数各项指标的量纲存在不同（指标之间不具有可比性）因此我们需要将指标进行标准化处理。本书指标数值标准化的处理方法如下，当指标的数值和科技金融环境指数正相关时，采用如下公式计算指标标准值：

$$\frac{V_i - V_{\min}}{V_{\max} - V_{\min}}$$

其中，V_{max}、V_{min}指标标准值分别表示某一项指标在样本区间内的最大值和最小值（表示该项指标在某年的实际取值）。

当指标的数值和科技金融环境指数负相关时，则采用如下的计算方法计算指标标准值：

$$\frac{V_{max} - V_i}{V_{max} - V_{min}}$$

在前文构建的科技金融环境指数指标体系中，只有科技金融商业环境和技术环境中的部分指标呈负相关关系（对此我们采用后一种标准化方法）而其他指标均采用前一种处理方法。

（三）指标权重的确定方法

在选取的指标中，不同的指标之间可能存在互补关系也可能存在交叉和重合，而且不同的指标在重要性方面也可能存在差异，因此在指数的计算中很重要的一个内容是确定各个指标的权重。目前指标权重的确定方法大概可以分为客观赋权法和主观赋权法。主观赋权法主要是由专家根据经验主观判断而得到（如 Delhi 法、专家头脑风暴法）等，这种方法研究较早也较为成熟但是客观性较差；客观赋权法的原始数据是由各指标在评价中的实际数据组成它不依赖于人的主观判断，因此此类方法的客观性较强如变异系数法，变异系数法直接根据指标实际观测值并经过一定的数学处理后获得权重。

变异系数法的步骤如下：首先计算各指标的平均值和标准差，平均值反映指标的平均水平，标准差反映指标的绝对变异程度。

指标 j 的平均值 $\overline{x_j} = \frac{\sum_{i=1}^{n} x_{ij}}{n}$

标准差为：$\sigma_j = \sqrt{\frac{\sum_{i=1}^{n} (x_{ij} - x_j)}{n}}$

计算变异系数：$V_j = \frac{\sigma_j}{\widetilde{x_j}}$

最后根据各个指标的变异系数确定权重：

$$W_j = \frac{V_j}{\sum_{j=1}^{n} v_j}$$

第四节　科技金融环境发展指数指标评价分析

一、科技金融综合指数指标结果

科技金融环境综合指数（the Financial Environment Index of Hi - Tech Enterprises Financial，简称 FEIHT），由两个指标构成：即科技金融宏观环境指数和科技金融微观环境指数。我们根据 2006—2013 年的数据，分别进行了宏观环境指数和微观环境指数的编写和计算，由于 2006 年有些指标缺乏必要的数据，我们舍弃 2006 年的数据，采用 2007—2013 年的数据。在这些数据基础上，我们首先通过主成分分析法对四级指标筛选，然后，根据三级指标对四级指标利用变异系数法对决定科技金融环境综合指数的宏观环境和微观环境客观地制定了权重；三级指标我们通过二级指标汇总，二级指标通过一级指标汇总，同样使用变异系数法取各指标各年度的权重。

科技金融综合指数、微观环境指数和宏观环境指数经过标准化计算后，为了便于比较，我们把这些数据转化到 0—100 之间。对于正向指数，我们用

$$100 \times \frac{V_i - V_{\min}}{V_{\max} - V_{\min}}$$

对于负向数据序列，我们采取同样的方法用 100 加权负向公式，把他们换算到 0—100 之间。

从图 8 -4 中我们可以看出，上海市科技金融综合环境指数从 2008 年至 2013 年呈逐年上升态势，整体来看，标志着上海科技金融环境在 2008—2013 年处于逐年改善过程中。从图中可以看出，上海市科技金融的宏观环境变化很快，从 2008 年的 35.45 上升到 2013 年的 91.03，增加幅度达到 172%，是原来的 2.57 倍。说明上海市的整体宏观环境，即经济、政治法

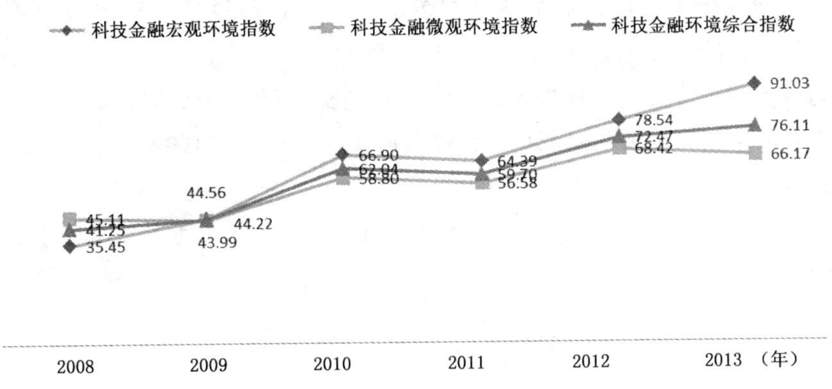

图 8－4　科技金融环境指数图

律、社会科技人口、科学技术及卫生环境在 2008 年后，得到很大改善；但是科技金融的微观环境，即科技金融行业本身的微环境并未和宏观环境发展同步，虽然得到了部分改善，从 45. 11 增长到 66. 17，增加幅度为 46%，是原来的 1. 46 倍，但远远低于宏观环境的增长幅度。各年的科技金融指数数据见表 8－7。

表 8－7　　科技金融环境发展指数值

年　　份	2008	2009	2010	2011	2012	2013
科技金融宏观环境指数	35. 45	44. 56	66. 90	64. 39	78. 54	91. 03
科技金融微观环境指数	45. 11	43. 99	58. 80	56. 58	68. 42	66. 17
科技金融环境综合指数	41. 25	44. 22	62. 04	59. 70	72. 47	76. 11

根据三级指标分析说明，科技金融的需求增长和供给增长失调，科技金融服务、科技金融商业环境有待进一步改善。这不但需要社会和政府在政策上对高科技企业的债权和股权融资中进一步放宽，而且要求政府对高科技企业金融服务市场体系的完善方面进一步努力，如果微观环境得到大幅改善，综合指数将和宏观环境指数才能保持一致。

二、上海科技金融环境发展实践及二级指数简析

王卉彤（2013）认为，中国科技金融经历了从行政制到市场化、从最

初单一的科技开发贷款发展到现在多层次综合性的科技金融体系的历程，并根据不同的金融工具或金融市场出现的次序，把中国科技金融的发展大致划分为四个阶段：科技贷款介入和快速发展阶段（1985—1992 年）、风险投资介入阶段（1993—1998 年）、资本市场介入阶段（1999—2005 年）、金融工具的全面深化及融合阶段（2006 年以后）。上海作为中国科技金融的改革试点城市，她的科技金融环境的发展是和全国的科技金融环境息息相关的。

（一）上海科技金融环境发展与改善的重要实践

1985 年，《中共中央关于科学技术体制改革的决定》中，明确要求要“广开经费来源，鼓励部门、企业和社会集团向科学技术投资”、“银行要积极开展科学技术信贷业务，并对科学技术经费的使用进行监督管理”。“在价格改革的同时，还要进一步完善税收制度，改革财政体制和金融体制。”1986 年 12 月，继 1979 年 10 月提出“要把银行作为发展经济、革新技术的杠杆，要把银行办成真正的银行”后，邓小平再次强调“要把银行真正办成银行”。

1985 年，中国人民银行、国务院科技领导小组办公室发布《关于积极开展科技信贷的联合通知》，加速了我国科技信贷工作。同年，《中国工商银行关于科技开发贷款的若干规定》及《中国工商银行关于科技开发贷款几个问题的通知》先后发布，中国工商银行率先开办了科技开发贷款业务，随后中国农业银行、中国建设银行、中国银行、交通银行等金融机构也相继开办了该项业务。《关于积极开展科技信贷的通知》是我国出台的除财政拨付之外最早的科技金融政策，中国工商银行则是最早开展科技金融的专业机构，而科技贷款由此成为我国除财政拨付之外最早的科技金融工具①。这一时期，信贷工具在国家专项科技计划层面也得到应用。国家星火计划 1985 年试点、1986 年正式实施，从此科技信贷起步并得到快速发展。

1991 年，国务院发布《国家高新技术产业开发区若干政策的暂行规定》明确指出，“有关部门可以在高新技术产业开发区建立风险投资基金……条件成熟的高新技术开发区，可创办风险投资公司”。

① 王卉彤：《科技金融机制及其有序演进研究》，经济科学出版社 2013 年版。

1993 年，熊晓鸽代表美国国际数据集团（IDG）投资 2000 万美元与上海市科学技术委员会合作，成立中国第一家合资技术风险公司——太平洋技术风险投资（中国）基金技术。太平洋技术风险投资（中国）基金被认为是中国的第一家真正意义上的风险投资公司，而熊晓鸽也因此被誉为“中国风险投资第一人”。

1998 年 6 月，按照“统一资质、统一协调、统一设计、统一发行”的原则，以市场运作方式，选择了 13 亿元、期限为 3 年的“中国高新技术产业开发区企业债券”。

1999 年 5 月 21 日国务院批准了由科学技术部、财政部联合制定的《关于科技型中小企业技术创新基金的暂行规定》（国办发［1999］），并于 1999 年 6 月 25 日正式启动了科技型中小企业技术创新基金。“有研硅股”则是 1999 年全国发行的第一只科技股，是我国大型科研院所独家发起上市的第一只股票，它因此成为中国科技金融发展历程中，科技资本市场开始向高新技术企业敞开大门的重要标志。

2004 年 5 月 17 日，深圳证券交易所推出中小企业创业板。创业板主要是为了扶持中小企业、高新技术企业和成长型企业发展，提供融资服务，适应新经济发展的需要。旨在支持那些一时不符合主板上市要求但又有高成长性的中小企业，特别是高科技企业的上市融资，也为风险资本营造一个正常的退出机制。

2006 年召开的全国科学技术大会，作出实施科技规划纲要、增强自主创新能力的决定，发布了《国家中长期科学和技术发展规划纲要（2006—2020 年)》，明确提出了“自主创新、重点跨越，支撑发展，引领未来”的新时期科技工作方针，对未来 15 年我国科技改革发展作出全面部署。

上海市自首批列入科技金融试点地区以来，不断建设“411”科技金融服务体系，即建设“四大功能板块”（科技信贷、股权投资、资本市场和科技保险），搭建“一个平台”（科技金融支撑条件保障平台），建立健全“一个机制”（科技金融保障机制）。

2010 年，上海市与浦发银行等银行和太平洋保险合作，在国内率先推出科技型中小企业履约保证保险贷款产品。企业在获得贷款的同时购买贷款履约保险，不需要提供任何担保或抵质押，上海市科委、银行和保险公司分别承担 25%、30% 和 45% 的坏账风险，贷款额度平均 300 万元。

2011年，上海市与浦东银行合作，推出了基于科技小巨人（培育）企业特点的纯信用贷产品——科技小巨人信用贷产品，其中，小巨人企业贷款上限1000万元，小巨人培育企业贷款上限500万元。同年底，上海浦东发展银行与美国硅谷银行合资组建浦发硅谷银行，借鉴美国硅谷银行在科技金融创新、风险控制等方面的经验，探索出适合国情的科技金融银行发展模式。

2012年，上海市在前两个产品的基础上，提供50亿元财政专项资金和出台配套政策，针对不同成长阶段企业的需求，形成了完整的"3 + x"科技信贷产品体系。"3"即微贷通（创新基金项目企业贷款）、履约保（履约保证保险贷款）和信用贷（科技小巨人信用贷）三大核心科技信贷产品，分别覆盖初创期、成长早中期、成长中后期科技企业的融资需求；"x"即融资租赁、出口信用保险融资、知识产权质押融资、信用互助等产品，用以满足企业个性化融资需求。

上海市还结合保险和信贷的特点，2011年研发制定推出"上海市科技型企业中小企业履约责任保证保险贷款"，并对企业承担的保费部分提供50%的补贴。2012年与保险中介机构及保险机构针对行业特性研发制定"科技保险险种"①。

2012年4月上海科技金融支撑服务平台投入试运行，并于2012年年底完成一期建设，初步实现信息发布、科技金融产品受理、融资项目发布对接等服务功能，共计12个栏目，每个栏目包含相关领域大量动态信息和关注的群体动态。平台已与15家银行、31家投资公司、8家投资咨询服务机构共54家金融机构建立了合作关系，发布近500条经筛选的贷款需求信息、60余项股权融资项目。平台在线的各类科技金融、专项资金政策300多项，涵盖国家各部委、上海市区两级政府、张江高新区以及外省市的科技金融相关政策。科技企业库共收录各类认定项目4000余项，企业6000余家。科技型中小企业履约保证保险贷、科技小巨人信用贷、高新技术成果转化项目信用贷3项贷款品种，已在平台实现网上申请，截至2012年作为建设科技金融支撑服务平台的核心内容，上海市科技金融信息服务平台是由上海

① 促进科技和金融结合试点工作部际协调指导小组秘书处：《中国科技金融发展报告（2012）》，经济管理出版社2013年版。

市科委主办、上海市科技创业中心管理的为科技型中小企业提供投融资服务的公益性服务平台，是科技资源与金融投资资源对接的有效载体，是上海科技金融服务体系的重要环节。平台包含信息与服务两大职能，主要解决目前中小企业融资中的关键问题——信息不对称。

（二）对上海科技金融环境发展二级指数简析

1. 科技金融环境的宏观环境指数

我们看到上海市科技金融宏观经济指数日创新高，即使 2008 年的金融危机也没能阻止上海科技金融宏观环境的改善（见图 8－5）。一方面说明，2008 年的美国引爆的金融危机对中国科技金融宏观环境的影响和冲击不是太大；另一方面也可以解释为，中国的新增 4 万亿元投资促进了中国科技金融环境的改善。从宏观环境的决定性变量来看（见表 8－8），上海科技金融的经济环境和政治法律环境的改善落后于社会人口环境和技术卫生环境。上海市科技人员的人数和研究生毕业人数屡创新高，2013 年达到历史最高水平，从业人数也达到有史以来的最高 1115.5 万人。科技活动人数由 2008 年的 22.7 万人达到 2013 年创新高的 33.8 万人，6 间增长 11.1 万人。技术环境和人口环境都达到指数编制期间的峰值。可以看到，世博会的召开和上海市对环境的投入，每元产值的二氧化硫排放量、废气的排放量创新低，分别由 2008 年的 49.8 和 0.77 下降到 2013 年的 22.86 和 0.22，达到 2008 年以来的历史最好水平（见图 8－6）。

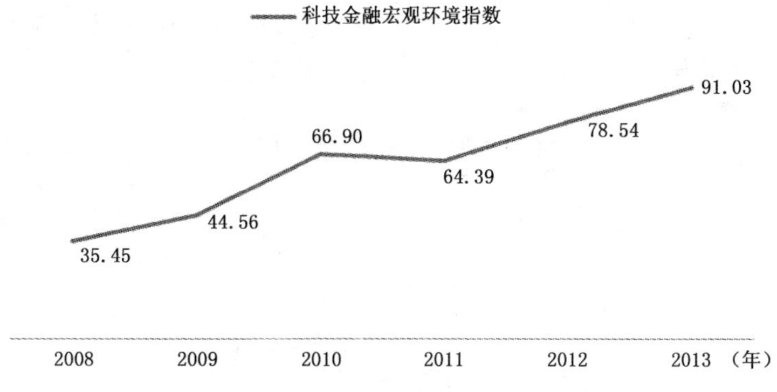

图 8－5　科技金融宏观环境（外部环境）

表 8－8　　宏观环境决定因素变化表

年　　份	2008	2009	2010	2011	2012	2013
经济环境	47.90	63.34	63.06	42.44	60.59	74.03
政治法律环境	29.41	34.38	55.41	52.17	58.20	77.48
社会人口环境	26.60	31.58	73.83	73.05	90.13	100.00
技术和卫生环境	43.30	56.95	72.01	73.92	91.23	100.00

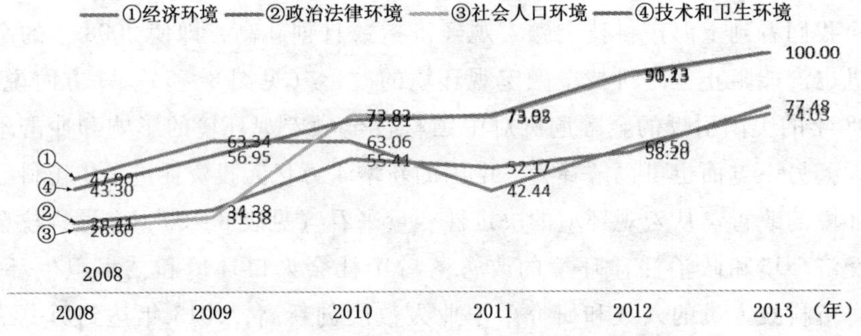

图 8－6　宏观环境（外部环境）的决定变量变动情况

2. 科技金融的微观环境指数

上海科技金融的微观环境的变动并不像宏观环境那样乐观。首先 2008 年的金融危机对科技金融微观环境有一定影响，2008 年至 2009 年微观环境指数由最初的 45.11 下降到 43.99，随后的几年也不尽如人意，2010—2011 年，由 58.8 下跌至 56.8，2012—2013 年又由 68.42 下跌至 66.17。尽管下降幅度不大，分析原因可以看出，科技金融的供给环境和需求环境的影响对这几年的下跌起到了主要的冲击作用（见图 8－7）。

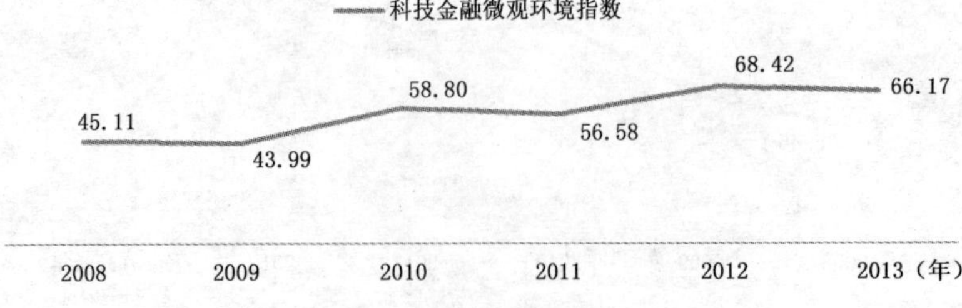

图 8－7　上海科技金融环境微观指数（内部环境）

我们可以从图 8－8 中看出，2008—2009 年科技金融的需求和供给由于受金融危机的影响下跌带动了科技金融微观环境指数的下跌；但是在 2009—2010 年科技金融市场中尽管需求环境下跌，但是由于在 4 万亿元的刺激下供给的大幅度增加科技金融市场和商业环境同时有所改善，2009—2010 年总体还是增加的；2010—2011 年被刺激起来的科技金融需求大幅增加，但是在本期供给却意外下跌很多，造成 2010—2011 年的整体下跌。具体数值见表 8－9。

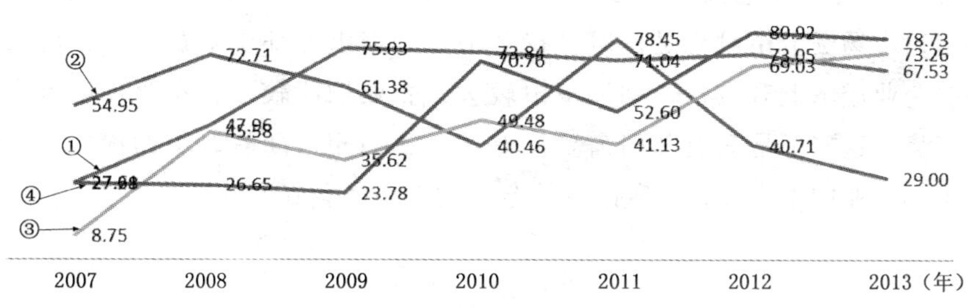

图 8－8　微观环境（内部环境）的决定变量变动情况

表 8－9　科技金融微观环境决定因素变化表

年　份	2006	2007	2008	2009	2010	2011	2012
商业环境	27.61	47.96	75.03	73.84	71.04	73.05	67.53
需求环境	54.95	72.71	61.38	40.46	78.45	40.71	29.00
市场环境	8.75	45.58	35.62	49.48	41.13	69.03	73.26
供给环境	27.28	26.65	23.78	70.76	52.60	80.92	78.73

2012—2013 年，科技金融需求和供给进一步下滑，科技金融的商业环境也进一步恶化，尽管科技金融市场服务有所提升，但是整体还是处于下跌状态。

三、结语

本书采用主成分分析、无量纲化处理及变异系数决定指标权重的方法

考查了上海科技金融环境指数。在整个编制过程中我们考察了其他专家学者的研究框架，吸取了他们的有益经验；同时根据西方管理学中的环境管理思想并结合数据的可得性，筛选了环境决定因素；通过数据整理、计算我们得出了上海科技金融环境指数。

本书研究认为，上海科技金融综合环境日益改善，从 2007 年至 2013 年，7 年来增长了 46%，达到 76.11，尽管有些年份略有下降，但总体向好。科技金融行业宏观环境改善比微观环境要快。宏观环境中，经济环境和政策法律环境有较大改善，人口环境和技术环境达到历史新高；微观环境受 2008 年金融危机的冲击科技金融行业供给波动较大，近两年来，供给平稳，市场资金相对充足；但科技金融行业需求方环境下跌较快，反映了科技企业成本上升较快、利润下滑较大，企业倒闭较多，商业环境也有下滑态势。这些都是政府部门需要注意的。我们相信随着改革的深入，国家对中小企业的重视，相信我国科技金融微观环境会变得更好。

第九章
上海科技金融发展的国内外借鉴

第一节　美国科技金融发展概况[①]

一、美国宏观科技管理体制

美国在第二次世界大战以后确立了多元化、分散型的科技管理体制，由立法、行政、司法三权分立的系统不同程度地参与国家科学技术政策的制定和科技工作的管理。其中，联邦政府的立法系统和行政系统对科学技术的发展起了至关重要的作用。同时，美国是一个联邦制的国家，其政府分为联邦政府和州政府。因此，其科技管理也分为联邦政府和州政府两级，并且采取了以联邦政府为主、州政府为辅的互为补充的多元分散的二级组织管理模式。

总统和国会制定国家总体的科技政策，确定国家总体科技战略方针，是美国科技政策的核心决策与咨询机构。国会通过其对全国科学技术的立法权、大型科研项目的拨款权和政府各部门科研经费的审批权来保障科技的发展。联邦政府的各部门大都有科技的管理机构。其中最重要的部门有国防部、卫生部、能源部、国家航空航天局、商务部、农业部、运输部、

① 本部分的内容是对第七章第二节中分析的美国以信贷担保为主的间接政府金融支持模式的进一步详细说明。

环境保护局、国家科学基金会等。一方面，许多联邦政府部门都资助科研项目，特别是对于和国家战略性目标有关的科技研究，如国防、农业、环保、医药等。另一方面，政府还承担起促进产业技术创新和成果转化的责任，主要是商务部及其下属的科技管理机构。美国国家科学基金会（NSF）独立于总统行政办公室之外，是联邦政府为资助基础研究、促进科学教育、发展科技情报工作、促进国际合作而专设的独立科技管理机构。综上所述，美国并没有统一的科技管理机构，而是由各个不同的职能部门各自根据自己部门的使命去进行管理。联邦政府制定科技计划后，一般会根据实际需要，颁布相应的法律法规，设置相应的科技管理机构进行管理。在计划的实施过程中，科技管理机构会作出相应的调整。当计划“毕业”时，该机构就完成了自己的历史使命，然后就撤销该机构。若计划未按时完成，政府会根据实际情况考虑给予继续资助。联邦政府的科技计划在管理上一般采用项目管理的方式。

如前所述，美国主要是以法律形式落实政府对科学的支持政策。从法制环境看，美国的科技立法是相当完善的。美国联邦政府从五个方面对科技进行立法，即基本法（1976 年国会通过的《国家科技政策、组织和重点法》）、机构法、税法、授权法、专项法（如技术创新法、促进科技成果转化的法律、知识产权法、专利法等）。美国的科技法律、法规形成了一个完善的、不断发展的体系：（1）其基本法针对全国的科技活动；（2）随着科技计划的制订，逐步由法律条文、法规等形成完善的科技立法，通过立法进行科技管理；（3）每制定一个计划或成立一个研究机构，都会制定相应的法律进行管理，并及时对法律相关条文进行修改或废除。这些法律的制定为自由市场经济体制的美国的科技发展提供了坚实的保障。出台与实施这些法规的目的非常明确，就是要通过立法，加强联邦政府及研究机构对科技成果转化的责任，去除制约科技成果转化的各种障碍，通过加速联邦资助的技术成果的转化，发挥利用政府资源推动民间资本的杠杆作用，促进大学、企业和联邦实验室的相互合作，提高美国经济的国际竞争力。

长期以来，美国州政府在科技发展中主要起辅助作用。但是，随着经济、社会的发展，州政府在科技发展中发挥的作用越来越大。州政府在促进科技发展上，一方面积极宣传和争取联邦政府的科技发展项目，加强本州企业与设在本州内的国立研究机构的联系，争取获得更多的联邦研究与发展经费；另一方面为了提高本州经济实力，州政府出台了一些有利于本州科技发展的政策和措施，其中主要的一条是提供税收上的优惠政策，即对有研究与发展经费支出的企业将会获得减税的优惠。自1981年《经济复苏税法》后，联邦政府设立了研究与试验税款抵扣。第二年，由明尼苏达州率先设立并实施了州税款抵扣。随后，实施税款抵扣的州政府逐年增多。其中有一半以上的州所执行的研究与试验税款抵扣仿效了联邦政府，即在一个基准量之上的累进制。另有十个州所采用的方式为一个移动平均值基础上的累进制。此外，康涅狄格州、夏威夷以及西弗吉尼亚州实行的是非累进制，其优惠政策适用于所有符合要求的研究与试验。此外，州政府还采取各种有效手段，吸引和支持有实力的公司在本州发展投资教育，注重职工培训；建立科学园区，促进大学与企业的结合；建立科技孵化器、小企业发展中心，扶持初创中小科技企业的发展。

此外，虽然美国是WTO《政府采购协议》的签约国，但美国在政府采购中仍高度重视保护本国工业。美国政府的技术采购不仅份额大，且采购价格高于市场价格，并优先考虑由本国厂商供应。特别是在支持中小企业方面，根据相关法律规定，在政府采购项目报价中，本国中小型企业供应商可以享受比外国供应商高出12%的报价优惠。10万美元以下的政府采购合同，要先考虑中小企业。美国还建立了政府与私人投资进行联合采购的合作制度。政府采购法规定：对有发展前景的小型企业建立特别基金，每个合格小型企业可获得高达85万美元的政府采购合同；对该类合同的每1美元采购，协约私人企业就对该小企业作出自己的1—4美元的采购或投资合同，即最高达340万美元的采购或投资合同。

二、美国风险投资市场的现状

风险投资市场最早出现在美国，随后很快在世界各地推行开来，美国的风险投资市场应该说是世界上最成熟的，很多国家都是按照美国模式结合自己国情发展风险投资市场的。

（一）美国风险投资公司的主要形式及运作模式

按照资金来源和组织结构的不同，美国的风险投资公司主要有以下三种形式[①]：

一是独立的有限合伙制的 VC 公司，这种形式是美国风险投资市场中最普遍的组织模式。公司的管理方是 GP（General Partner），公司的投资人是 LP（Limited Partner），投资人包括养老基金机构、捐赠、银行、保险公司和有钱的个人等。

二是作为金融集团附属机构的 VC 公司。这些 VC 公司一般是商业银行、投资银行或是保险公司的附属机构，也就是德日的主流模式。这些公司一般不做独立的决策，他们的投资决策受他们的母公司影响，与母公司的合伙人、管理层和客户有关。

三是作为大型非金融集团的附属机构的 VC 公司，例如 Microsoft、Merck 和 Intel 这些大公司都有自己的 VC 公司。这些 VC 公司成立的目的是给那些对他们母公司而言具有战略意义的公司进行直接投资，因此他们也不进行独立的决策。

（二）政府公共风险资本和社会私人风险资本结合的运作模式

除此之外，美国还有一些其他形式的风险投资公司，例如小企业管理局（SBA）下设的小企业投资公司（SBIC）项目是一个公私协同合作项目，也属于风险投资市场的一部分。

SBA 并不直接投资，而是让可靠的私募投资基金来投资运作（见图 9－1）。SBA 授权这些基金作为投资公司（SBICs）的出资方，以低成本、政府担保的债权获得资格来换取投资资金的募集。具体来看，SBA 基于小企业投资公司所进行投资的类型提供两种类型的杠杆融资：（1）担保债券（原始杠杆）。这种债券适用于那些进行可转债投资的小企业投资公司，这些可转债是用于基金扩张或收购的目的。它可以将私人资本放大 3 倍，且无担保债务（无需私人担保）。一般为 10 年期，采取基于政府债券市场利率的半年度利息；并且，小企业投资公司需要支付给 SBA 的各种相关费用。

① 参见李心丹、束兰根：《科技金融：理论与实践》，南京大学出版社 2013 年版。

(2) 参与债券（始于1994年）。这种债券适用于在初创和早期企业进行股权投资的小企业投资公司。它可将私人资本放大2倍，一般也是10年期，合伙人权益优先；采取基于政府债券市场利率的季度利息；在小企业投资公司所实现的利润足以弥补启动损失之前无需付款，SBA分享小企业投资公司大约10%的净利润。这种机制使美国的纳税人现在能够直接参与并分享由成功的创业投资所创造的财富。

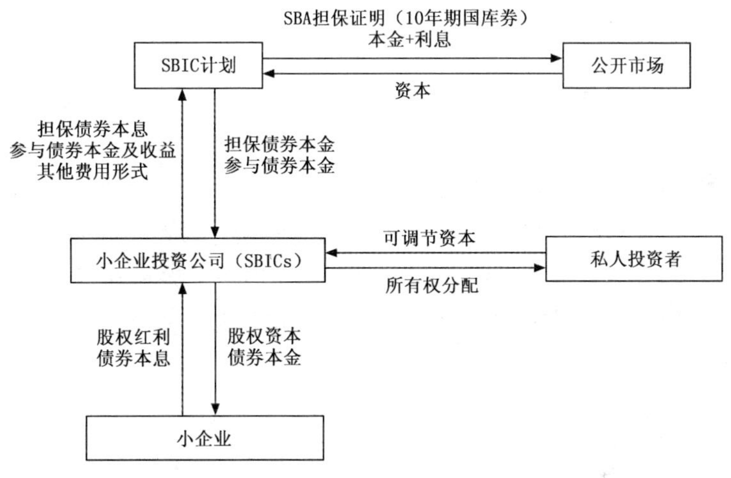

图9－1 SBIC计划现金流量图

SBA使用美国政府的担保而非直接的政府基金开发了一套非常复杂的小企业投资公司杠杆融资程序：小企业投资公司能够以1%的费用从SBA获得一个5年的融资承诺。要吸收资金时，小企业投资公司先通知SBA，然后由SBA为其作担保，提前24小时通知一家银行预付所要求的金额。一年两次由银行将所购买的小企业投资公司担保债券和参与债券放入由SBA担保的一个信托账户。然后SBA通过承销人向机构投资者出售信托基金，机构投资者再从小企业投资公司获得还本付息。从具体实践来看，SBA下的SBIC项目已经成为联系风险投资者和中小企业主的纽带，成为全球范围内“公共—私人合作关系”典范。

此外，美国政府还出台了相关的政策以吸引、鼓励私人风险资本投入到政府优先发展而市场机制不能充分发挥作用的行业、领域和高新技术企业的早期阶段，向高新技术产业的前端进行资本投入。如美国中小企业创新研究项目（SBIR）鼓励中小企业充分挖掘自己的科技潜能，并且提供激

励措施使其将科研成果商业化。该项目将科技创业家视为目标群体，因为创新在科技方面异常活跃，而研发所带来的风险和费用往往使中小企业望洋兴叹。该项目将联邦政府每年确定的研究开发资金的一定比例提供给科技型中小企业，从而使其能够与大企业站在同一起跑线上竞争。该项目向关键的种子期和初创期企业提供资金，鼓励将其技术、产品或服务商业化。自成立以来，该项目向缺乏研究开发经费的中小型企业提供了超过 79 亿美元的资金，在推动科技创新和经济发展中发挥了极为重要的作用。为了促进高风险的研发活动，美国国家标准与技术学会于 1988 年制定了 ATP 计划，即先进技术计划。该计划 1999—2002 年共出资 19.6 亿美元，其中有一半的资金投向了中小企业，与私人创业风险资本结合。1992 年美国实施了《小企业技术转让法案》，推出了小企业技术转让计划（STTR），其目的在于促成公共创业风险投资与私人投资活动的紧密结合。应该说，公共创业风险投资和私人创业风险投资在向科技企业提供融资时都有其重要的作用，但也都有局限性。关键的问题是如何在自由市场和政府的干预中间保持一种合适的平衡。

（三）美国风险投资在公司发展各阶段的投资

当 VC 公司给公司投资时，公司所处阶段不同，需要的资金和金融服务也不同。一般而言，美国的 VC 将所投资的公司分为下面五个阶段，所投资的金额根据公司所处阶段、行业等不同而不同。

（1）种子期。种子期的投资包括两种情况：一是公司刚刚成立，只有少量员工，营业收入很少或者根本没有，这种情况下，VC 投资资金一般在 1000 美元到 50 万美元左右；或是某个公司刚完成一项产品研发，需要开始进行市场营销，在这种情况下，VC 投资资金一般在 50 万美元到 100 万美元左右。

（2）第一阶段（或称为 A 轮融资）。这种情况的公司一般已经完成了产品的研发和一些初步的市场营销，有营业收入，但数量不多。VC 通过尽职调查如果看好这家公司，那么所投资金大约在 100 万美元到 1500 万美元之间。

（3）第二阶段（或称为 B 轮融资）。这个阶段的公司处于成长期，已进行了一阶段的产品销售，产品设计和营业收入比较出色，而且这家公司可能已经从其他机构投资者处获得了资金。这个阶段的 VC 投资在 200 万美元到 1500 万美元之间。

(4) 夹层融资。这个阶段的公司一般处在扩张期，此时公司有较大的扩张计划，并计划在 3—18 个月内进行 IPO。这个阶段的 VC 投资在 200 万美元到 2000 万美元左右。

(5) 过桥融资。若公司盈利性很强，并计划在 3—12 个月内进行 IPO，他们在上市前可能需要进行过桥融资。他们进行过桥融资的理由主要有三个：一是完善财务报表，使其对投资者更具有吸引力；二是引入知名董事会成员或是投资者，增加股票价值；三是一旦 IPO 失败，可以保证有缓释资金。这个阶段的 VC 投资一般在 200 万美元到 2000 万美元之间。

(四) 美国的风险投资市场的主要特点

美国的风险投资市场主要有以下特点：

第一，从组织模式来看，风险投资的组织模式主要有三类：公司制、信托基金制和有限合伙制，而美国风险投资公司一般都采用有限合伙制。

第二，从资金来源来看，美国风险投资公司的资金来源很多元化，主要来自于养老基金、保险等金融机构、大学基金、财团、企业、有钱的个人和家族等等。在早期美国风险投资的资金主要来源于富有的个人和家庭以及小企业投资公司，在 20 世纪 80 年代后养老基金的比例逐渐上升，成为风险投资最主要的资金来源。

第三，从资金投向来看，一个企业的成长一般分为种子期、创业期、扩张期和成熟期，美国早期的风险投资主要集中在种子期，目前渐渐向扩张期转移。从行业上来说，美国风险投资最多的领域是软件行业，其次是生物技术。

三、美国风险贷款市场的现状

风险贷款 (venture lending) 相比于风险投资还是一个新兴的领域。真正意义上的风险贷款发端于 20 世纪 60 年代末 70 年代初的美国，其最

早的形式是风险租赁（venture leasing），因为当时一些新技术公司既没有利润也没有现金流，很难获得银行贷款来购买设备，于是市场上出现了风险租赁公司。风险租赁公司投资购买设备，企业作为承租人每月支付租赁费用、税收和维护费用等。在租期的最后阶段，企业可以选择购买这些设备，通常可以选择用一定比率的认股权证（warrant）来购买。受到风险租赁的启发，20 世纪 70 年代早期，美国东北地区的一些银行开始考虑如何介入这个市场，例如 First National Bank of Boston（FNBB）和 Bank of New England（BoNE）。BoNE 里工作的 Allyn Woodward 和 Art Snyder 认为：第一，有 VC 投资的初创公司还款可能性非常高，因为 VC 在后面还会进行股权注资；第二，VC 投资的初创公司大部分有知识产权，因此这些公司就有了两种还款来源，分别是 VC 后期的股权注资和知识产权收入。另外，由于在初创公司发展的前期，VC 后期股权投资的可能性更大，因此他们认为初创公司发展的前期是风险贷款介入的最好时机①。在这个观点的影响下，BoNE 与很多优秀的 VC 建立了良好的关系，借助于 VC 对公司的尽职调查，他们能够在一些好的初创公司的早期阶段就进入。BoNE 的业务模式与风险租赁比较相似，也就是给初创公司提供不超过 25 万美元的小额设备贷款。但 BoNE 要求公司提供贷款金额的 25% 的现金抵押物，另外在贷款协议中对公司流动性、最小净值、最大损失和杠杆率都有限制条约。

（一）银行型 VL 与非银行型 VL

经过近 40 年的发展，目前美国风险贷款市场已经形成以 4 家银行型 VL（venture lender）和 9 家非银行型 VL 作为主导的市场局面（具体名单见表 9-1，其中排名不分先后）。在银行型 VL 中，硅谷银行目前是最大的，大约占据了风险贷款市场中银行型 VL 份额的 70%；在非银行型 VL 中，Western Technology Investment 做的风险贷款最多②。

① 参见 Felda Hardymon、Ann Leamon. Silicon Valley Bank［M］，Boston：Harvard Business School Publishing，2000，HBS Case No. 800-332。

② 参见 Darian M. Ibrahim. Debt As Venture Capital［J］. University of Illinois Law Review，2010，Vol. 2010，P1169。

表 9－1　　美国风险贷款市场上的主要机构

银行型风险贷款机构	SVB
	Comerica
	Bridge Bank
	Square 1
非银行型风险贷款机构	Bluecrest Capital Finance
	Hercules Technology Growth Capital
	Horizon Technology Finance Management
	Lighthouse Capital Partners
	Pinnacle Ventures
	TriplePoint Capital
	Velocity Financial Group
	Vencore Capital
	Western Technology Investment

资料来源：Debt as Venture Capital，Darian M. Ibrahim.

一般说来，银行型和非银行型 VL 的经营方式不同（可参见表 9－2）。非银行型的 VL 的运作模式和 VC 很类似，他们也是从有限合伙人（limited partners）处获得资金，由一般合伙人（general partners）运作，这些 LP 包括机构投资者、富有的个人以及捐款等等。由于资本成本较高，因此其利率很高，一般都在 10% 以上，不过他们发放的贷款金额也比较大，最高可以达到 1000 万美元，平均贷款金额在 300 万美元以上。

表 9－2　　银行型 VL 和非银行型 VL 的比较

	银行型 VL	非银行型 VL
贷款利率	基准利率 +1%—2%	10% 以上
贷款金额	最高为 200 万美元	最高为 1000 万美元，平均 300 万美元
主要收益	存款、认股权证	利息收入、认股权证

而银行型 VL 由于存款资本成本较低，因此利率也较低，一般是基准利

率加上 1%—2%，同时他们发放风险贷款的金额也比较低，最高只有 200 万美元。非银行型 VL 的利益主要是高利息，而对于银行型 VL 来说，利息收入并不高，除了认股权证以外，最重要的金融激励是获得这些初创公司的存款。银行要求这些初创公司将存款放在银行才能获得风险贷款，而且他们经常也能获取 VC 后面的投资作为存款。在经济形势较差的时候，银行吸收存款比较困难，而初创公司的存款成本较低，很多都是以活期形式存放的。另外，由于他们是慢慢使用这些资金的，黏性较大，很少会一下子抽走资金，因此有时候银行从存款中获得的收益常比利息更多。

（二）风险贷款的规模

由于风险贷款的定义范围较广，风险贷款市场很难定量估计。美国有学者用一个简单的规则来计算了一下，保守的估计是风险贷款市场大约为 VC 投资金额的 10%，比较大胆的估计是 VC 投资金额的 10%—20%。利用这个规则，近年来 VC 投资金额平均每年大约为 250 亿美元，VL 大约每年在 25 亿美元到 50 亿美元之间。

（三）风险贷款的品种

虽然风险贷款的起源是风险租赁，也就是设备贷款，现在的风险贷款主要有三种形式：一是设备贷款（equipment financing）；二是应收账款保理（receivables factoring），最高可以有 85% 的质押比率；三是成长资本贷款（growth capital financing）。比起设备贷款，成长资本贷款对于那些高速发展的初创公司更为重要，因为他们可以自由使用这个资金，而不是局限在特定的设备购买上。不过因为初创公司没有现金流和有形抵押物，发放成长资本贷款比设备贷款风险也更大。

（四）风险贷款的期限

风险贷款发放后一般前面有 3—12 个月的期限不需支付本金只需支付利息，在这段时期之后，企业家最高有 36 个月支付本息，也就是说风险贷款最高可以有 48 个月的期限。在利率上，对于营运资本贷款（working capital financing），利率一般是基准 +1%，但可能会附加其他条约（covenants）；对于成长资本贷款（growth capital financing），利率一般是基准 +3%，一般不需要其他条约。

（五）风险贷款的回报率

在回报上，VL 除了收回贷款的本息，还可以获得贷款金额的 5%—15% 的认股权证，认股权证给予持有者在既定的时间段内按既定的价格购买股票的权利，也就是说 VL 持有的是一个债权 + 股权的投资收益。这种收益结构类似可转债，但是 VL 一般都更偏好于认股权证。对于还没有公开上市的企业来说，他们的股价是用最后一轮风险投资中每股价格来确定的。举例来说，如果 VL 获得了 10% 的认股权证，那么如果这家 VL 的贷款金额是 200 万美元，那么就可以用这 200 万美元在一定的时间内来购买公司价值 10% ×200 万元也就是 20 万美元的股票；如果这家公司在最近一轮注资中股票价值为每股 10 美元，那么这个 VL 就可以获得 2 万股。

四、美国资本市场的发展概况

美国是最典型的金融市场主导的金融体制。美国有全球最发达的资本市场，不同的企业可以选择不同的资本市场进行融资，同时美国发达的风险投资市场也是由美国完善的资本市场所推动的。

（一）美国资本市场的层次结构

综合各资本市场的开放程度、进入条件以及其挂牌交易（或报价）的公司规模，我们将美国的多级资本市场划分为四个板块，其关系如图 9 - 2 所示。这四类资本市场具体包括：

1. 面向大型企业的全国性证券交易市场

面向大型企业的全国性证券交易市场由纽约证券交易所（the New York Stock Exchange，NYSE）、纳斯达克全球精选市场（NA SDAQ Global Select Market）和纳斯达克全球市场（NASDAQ Global Market）（原来的纳斯达克全国市场，the NASDAQ National Market，NASDAQ - NM）构成，上市标准最高，主要是向大企业提供股权融资的全国性证券交易市场。上市的企业一般是知名度较高的大企业，有良好的业绩记录和完善的公司治理机制，

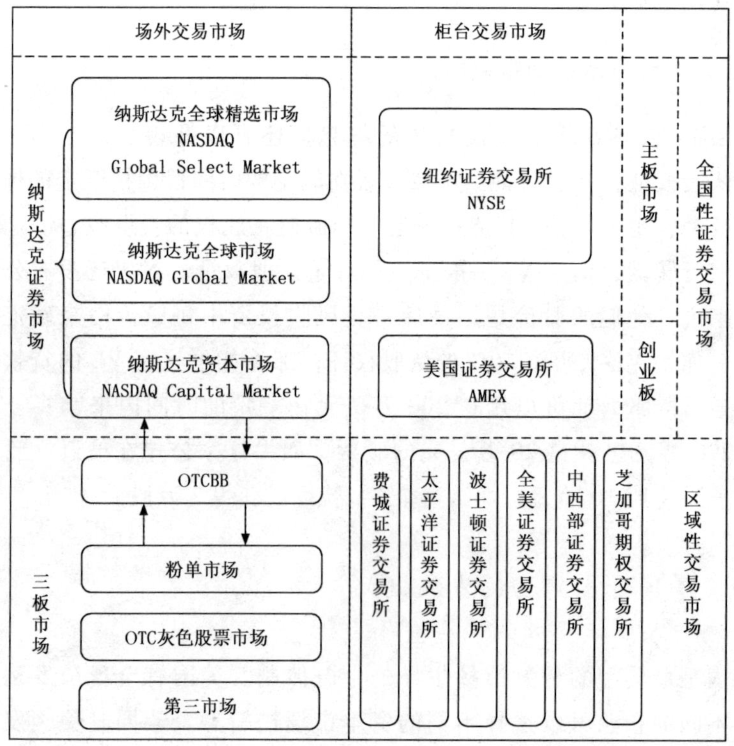

图 9-2　美国多层次资本市场示意图

并有较长的历史存续性和较好的回报。从投资者的角度看，这些市场的投资人一般都是风险规避或风险中立者。

2. 面向中小企业的全国性证券交易市场

面向中小企业的全国性证券交易市场由前美国证券交易所（American Stock Exchange，AMEX）和纳斯达克资本市场（NASDAQ Capital Market）（原来的纳斯达克小型股市场，the NASDAQ Small - Cap Market，NASDAQ - SC）构成，主要是面向中小企业提供股权融资服务的全国性市场。

3. 区域性交易市场

区域性交易市场包括六大地方性证券交易所，即费城证券交易所（PHSE）、太平洋证券交易所（PASE）、波士顿证券交易所（BSE）、全美证券交易所（NSE，即过去的辛辛那提证券交易所）、中西部证券交易所（MWSE）以及芝加哥期权交易所（Chicago Board Options Exchange）等地方性证券交易市场，以及由美国证券监督管理委员会依法豁免办理注册的小型的地方证券交易所。这些交易所基本上没有上市功能，只是作为纽约交易所和 NASDAQ 市场的区域交易中心存在，主要经营地方性的中小企业证券，同时有些本区域在全国性市场上市的公司股票，也在六大地方性市场交易。

4. 面向中小企业的场外交易市场

面向中小企业的场外交易市场由 OTCBB、粉单市场、第三市场和 OTC 灰色股票市场构成，是主要面向广大中小企业提供股权融资的场外交易市场。

5. 私募股票市场

除了上述的四类资本市场，也有学者将私募股票市场视作多层次资本市场的一个部分。1990 年以前，纳斯达克制定了一个名为 144 条款的规定，禁止私募股票在交易达成 6 个月以内买卖。由于缺乏市场流动性，很多投资者不愿意从事私募股票的买卖和承销。1990 年，美国证监会把 144 条款进行了更改，即 144A，该条款允许私募股票在合格的机构投资者之间进行买卖，但是，纳斯达克并没有建立一个私募股票买卖的专门场所。纳斯达克就在 144A 的基础上，创建了一个针对私募股权交易的市场，这就是 PORTAL 系统。但由于全球私募股权交易还不太活跃，PORTAL 系统推出后，并没有取得太大的反响。

（二）资本市场不同层次间的转板机制

对美国而言，从规模上来看，位于底层的 OTC 市场中公司数量最多，而市场层次越高，则市场规模越小，由此构成一个金字塔结构。各层次市场之间不是孤立的，而是互动的。上市公司一旦满足上一层次市场的准入条件，就可以选择摘牌然后进入上一个层次；同样，如果上市公司不再符合上市条件，就会调入下一级市场。

以 NASDAQ－SC、OTCBB 和粉单市场之间的升降为例：从 OTCBB 升级

到NASDAQ小型股市场，只需要达到如下条件即可：资产净值在500万美元以上；总市值在5000万美元以上；前一会计年度净利润在75万美元以上；股价不低于4美元；股东超过300人；有3个以上的做市商。NASDAQ市场规定：公司股票连续30日交易价格低于1美元，警告后3个月未能使该公司股价升至1美元以上，则将其摘牌，退至OTCBB报价交易；在OTCBB摘牌的公司将退至粉单市场进行报价交易。

综上所述，美国这种层次分明的市场结构和严格的升降板制度，一方面给很多高成长性的企业提供了多元化的股权融资渠道，另一方面也确保美国资本市场中公司的质量。美国风险投资市场的快速发展与其发达的资本市场结构是密不可分的，共同助力美国科技企业的快速发展壮大。

五、美国以信贷担保为主的间接政府金融支持模式

美国的科技金融政策支持体系的最大特点是其政策信贷担保体系。美国拥有全球最为发达的资本市场，完善的资本市场也推动了风险投资市场的发展，可以说美国的科技金融主要是由市场主导的金融体系所支持的。美国政府的政策支持主要体现在对于中小企业的担保上，它的科技金融政府机制作用的核心在于设立为中小企业提供服务的中小企业局（SBA）。科技企业融资除了内部留存收益外，主要依赖于银行信贷和证券市场；而政府的作用主要为引导民间资本向中小科技企业投资，同时为中小科技企业提供信贷担保（见图9-3）。

银行信贷是美国小微科技企业外部融资的主要途径。小微科技企业信贷数额小，周期短，风险高，如何对小微科技企业信贷进行有效的风险管理一直是一个难点。美国银行通过信用评分和小微企业贷款证券化，有效降低了小微企业贷款的风险。信用评分的具体做法是：用历史数据和统计方法分离出贷款申请人的各种特征对违约和不良行为的影响，通过计算贷款申请人的信用分数来预测其违约或不良行为的概率。贷款证券化则是指银行将贷款汇集起来，以贷款为抵押向公众或企业发行证券。这对银行来说，提高了资产的流动性，增加了收入，从而降低了资本金持有者的要求。通过这些举措，美国实现了传统银行对小微科技企业信贷风险的管理创新，有效缓解了信息不对称问题，降低了小微科技企业融资成本和贷款风险。

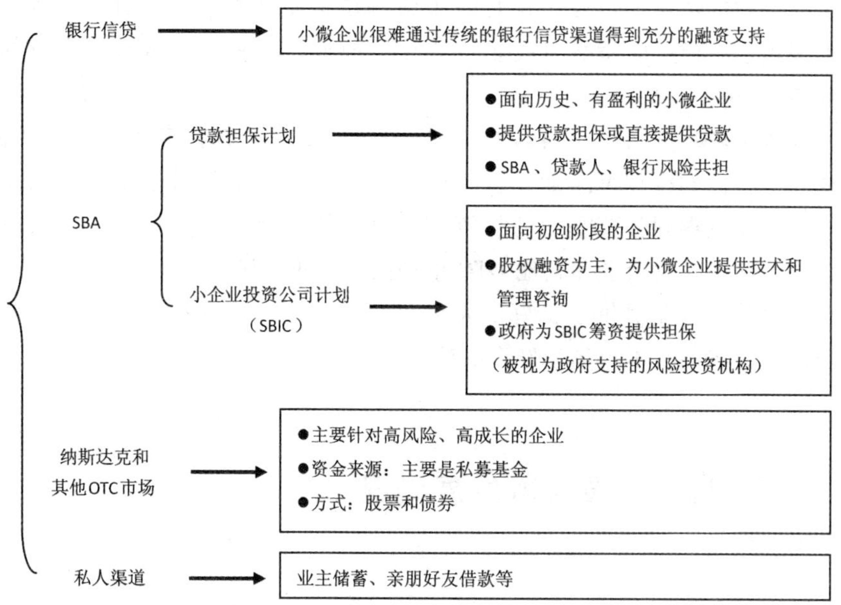

图 9－3　美国中小科技企业的融资体系

对银行来说，完善的信用担保体系是控制信贷风险的保障。美国小企业管理局（SBA）对小微科技企业的融资支持功不可没。SBA 作为联邦政府机构，在全美范围内有 100 多处分支机构，它除了为中小企业提供各种信息咨询和技术支援以及帮助它们参与美国政府机构的采购之外，还提供各种方式的资金和融资支持。

提供贷款担保是 SBA 对小企业进行融资支持的主要方式，而它的服务对象为有一定经营历史和盈利能力的小企业。对于符合条件的小企业向商业银行贷款时，SBA 可为其提供担保，如果企业不能按时偿还本息，SBA 代其偿还。贷款担保率为 50%—90% 不等，总额一般不超过 50 万美金，其余损失由贷款人自行承担，因此，SBA 与贷款人建立了风险共担机制。

除了担保之外，SBA 还可以为小微科技企业提供直接贷款或者与银行合作为其提供联合贷款，它的特点是利率较低，总额一般不超过 15 万美金。此外，SBA 还制定了各种资金援助计划，如“担保开发公司计划”、“微型贷款计划”帮助部分难以获得资金支持的企业满足融资需求。

美国银行业和美国政府这种信贷风险管理的创新，有效控制了小微科

技企业贷款的风险，消除了银行对小微科技企业贷款的“畏贷”心理，客观上促进了银行业向小微科技企业的信贷投放，改善了小微科技企业的融资环境。

证券市场是美国中小科技型企业另一个有效的资金来源。以高风险、高成长为特征的科技型企业，在创业阶段、规模尚小的时候无法进入主板市场，更无法得到公募基金的投资，所以迫切需要一个支持自己发展的资本市场。纳斯达克市场和其他 OTC 市场的建立正好满足了这类企业的需求，为中小科技型企业提供了良好的发展机会。诚然，这依赖于美国发达的市场经济、完善的资本市场和健全的法律体系。

第二节 日本科技金融发展概况

日本在战后经济的崛起与日本科技的崛起是分不开的，而日本科技的高速发展与日本大力推动科技金融密不可分。日本政府非常重视中小企业，特别是高科技中小企业的发展，不仅建立了世界上最完备的中小企业系统法，也在财政补贴、税收优惠上大力支持，同时日本也成立了很多政策性金融机构。因此应该说政府的推动是日本科技金融中非常重要的内容。①

一、为科技型中小企业服务的金融机构

日本是政府主导型的科技型中小企业间接融资结构体系。维持科技型中小企业生存和发展的中小金融机构是在政府的支持下，逐步建立起来的。在支持科技型中小企业生存和发展中，各种专门的中小金融机构起着举足轻重的作用。

（一）政策性金融机构

日本政府迄今为止所设立的政策性金融机构总共有几十家，其中专门

① 对于日本科技金融的发展初步分析还可参见第七章第二节中对日本政府强力参与的政府主导型融资支持模式的分析。

服务于科技型中小企业的大型机构主要包括：科技型中小企业金融公库、国民金融公库和商工联合中央金库。科技型中小企业金融公库主要是向高技术型的中小企业提供资金支持，缓解企业资金短缺的困境。

资金是科技型中小企业生存和发展的源动力，没有良好的资金推动企业很难发展下去。科技型中小企业金融公库的资金来源是靠日本政府的拨款支持以及发行中小企业的长期债券，科技型中小企业金融公库及资金筹集后会通过贷款的形式提供给高技术中小企业进行技术研发和日常经营所需资金，维持企业的正常经营能力，帮助企业渡过较为困难的成长阶段。有时还会对有特殊贡献的科技型中小企业提供特别贷款，支持重点行业的发展。

国民金融公库是日本政府根据《国民金融公库法》所设立的，资金主要来源于政府的资金支持和资本市场中的零散投资，国民金融公库也是科技型技术中小企业融资渠道的主要来源，为科技型中小企业提供了大量的资金支持，特别是帮助一些生存困难又无法取得外源融资的企业提供贷款支持，帮助企业继续生存下去。

商工联合中央金库不同于科技型中小企业金融公库和国民金融公库，是由政府和民间资本所共同创立的，兼有官方和民办的双重性质，也向高技术型中小企业提供了更多资金支持，并设有监理来管理机构的日常资金事务和资金收益。日本政府通过这样一系列的金融机构设置，为科技型中小企业提供了充分的资金支持和贷款担保，由政府提供的很多资金也通过这些机构进行有效的管理和运作，让政府的资金投入变得更为有效，为处于成长阶段的科技型中小企业未来发展提供坚实基础。

（二）民间中小金融机构

日本政府所设立的民间中小金融机构中，专为科技型中小企业提供服务的主要有：地方银行、第二地方银行、信用金库、信用组合、劳动金库等。这些中小型民间金融机构不仅数量众多，而且在日本国内分布相对集中，在全国的金融机构中也占有重要地位。

地方银行顾名思义主要是对当地的中小型企业，特别是科技型中小企业提供服务，除了日本东京等一些大城市外，多数地区还是以中小型企业为主，因此地方银行就发挥了极大的作用，尤以高技术的中小企业在创业

初期的资金需求量巨大，地方银行的出现正好解决了企业融资困难的问题。同时，随着业务范围的推广，地方银行逐渐衍生出了第二地方银行，它与地方银行的相同点在于，都是以向当地的中小企业提供贷款支持，但区别是银行的规模和贷款的数量有所减小。信用金库和信用组合的前身都是信用协同组合，是由信用协同组合分化演变而来。劳动金库则是由消费和劳动的协同组合联合建立的，具有合作性质的金融机构。

（三）风险资本经营机构

在一定程度上可以说，日本风险投资是在对美国风险投资制度、组织结构及其运作模式的模仿和改进的过程中发展起来的。为推动科技型中小企业的发展，日本建立了专门经营风险资本的金融机构，对科技型中小企业提供股本投资及科学的经营指导，为获取高收益，在企业发展起来后将股票转卖取得风险收益。

日本历史上有三次风险投资浪潮。开始于20世纪60年代末的是第一次风险投资浪潮，为使日本在进行产业结构快速调整升级的同时保持经济高速增长，日本提出产业结构向知识集约化发展的政策目标。通过成功借鉴美国风险投资公司帮助企业发展的成功经验，日本有8家风险投资公司相继在1972—1974年间成立，并开始了风险投资活动，而当时各项法律制度尚未健全。由于制度的缺失，第一次浪潮于1973年宣告失败结束。通过借鉴第一次风险投资失败的教训，日本在资本市场、资金支持、税收减免等诸多方面制定了相应的措施，第二次风险投资浪潮也随之开始。日本在1983—1986年期间成立60余家风险投资公司。由于制度没有与风险投资浪潮同步，也以失败而结束，但在半导体、集成电路等产业取得了很大的进步。1994年由当时的细川内阁正式提出了第三次风险投资浪潮。第三次风险投资浪潮投资方向主要以高新技术产业为主，涵盖了发展风险投资，促进创新活动，全面启动支持风险投资产业发展计划，使日本风险投资进入了新的发展阶段。

（四）信用担保体系

在日本政府的积极努力下，日本的信用担保体系通过逐步发展衍生出了信用保证协会，使得日本对高技术中小企业的信用制度得到了进一步完善。信用保证协会主要职责是在高技术中小企业的融资过程中，对中小企业所借得的债务提供担保，再由中小企业信用保险公库对信用保障协会的担保进行保险，与此同时向信用保证协会提供企业的综合实力报告，这一过程为高技术中小企业提供贷款的投资者提供了充分保障。需要说明的是，日本政府这种通过信用保证协会进行担保的资金运作体系，主要是对企业在新产品研发阶段所需的资金进行支持。

二、科技投入政策及其发展趋势

日本自 1980 年正式提出“科技立国”的方针，每个时期都有相应的中长期发展计划出台，而真正的科技政策可以说始于 1995 年制定的《科学技术基本法》。1996 年、2000 年和 2005 年日本分别出台了第一期、第二期和第三期《科技基本计划》。这些纲领性文件的宗旨都是“科技立国”。日本通过科技政策的倾斜与重点实施，对科技的发展起到了导向作用。

（1）非常重视科技投入。在已经结束的第一、第二、第三期科学技术基本计划期间，日本政府实际投入的科研经费分别为 17.6 兆日元、21 兆日元、21.7 兆日元，正在实施的第四期基本计划计划投入 25 兆日元。2006 年，日本 R&D 经费投入为 1485 亿美元，仅次于美国的 3437 亿美元，位列世界第二位，但其占 GDP 的比重为 3.39%，位列世界第一，其他国家中仅韩国的比重超过了 3%，为 3.23%，而美国、法国等其他国家均不到 3%。2009 年，尽管金融危机严重，但科技投入预算并未减少，仍保持了基本稳定。日本在研发领域内的大量基础性投入，直接推动了企业进行自主创新投资的积极性，使企业成为创新的主体，政府主导的研发经费筹资模式已转变为企业主导筹资模式，企业研发资金占全部研发资金的比重达 70% 左右。

（2）通过税收优惠政策鼓励企业进行科技研发，这主要体现在《促进基础技术开发税制》和《关于加强中小企业技术基础的税制》两项法律制度中。这两个税制规定，企业用于购置基础技术（包括尖端电子技术、生物技术、新材料技术、电信技术及空间开发技术）开发的资产免税 7%，对中小企业研究开发和试验经费免税 6%。另外，日本税收对科技投入的政策导向性也十分鲜明。它将企业技术开发费用的扣除分为一般性支出、基础

技术研究支出、中小企业研究开发支出、特别研究开发支出等不同的项目。日本还实行了促进中小企业技术创新的财税政策，专门制定了技术开发补助金制度，对中小企业的技术开发给予50%的资助，资助下限为500万日元，上限为2000万日元。在国家积极的产业政策引导下，私营企业对科研的投资力度比政府还大。日本经济新闻社对日本264家主要企业2007财年研发投资情况的调查结果显示，主要企业的研发经费比上一财政年度增长6.37%，达到11.8万亿日元，连续8年保持上升，而且其中约八成的企业表示研发投资力度额将继续加大，1/3的企业预测5年后的研发投资额会有10%以上的增长。

(3) 注重加强对技术消化吸收的经费投入。日本从20世纪50年代到21世纪初，技术引进费用和用于技术消化吸收及再创新的费用都大幅增长，而技术消化吸收和再创新费用与技术引进费用的比例却从6.46∶1上升到了12.93∶1。日本各产业部门从国外购买技术专利的费用总额与消化吸收这些技术专利的研究费用总额之比平均为1∶13，即平均花1美元引进的技术要花13美元进行消化吸收和再创新。这对提高日本自身的自主创新能力起到了巨大作用，也是日本从技术引进国转变为技术输出国的关键所在。最明显的例子就是，日本的钢铁、机械、半导体、电视机、微电子技术都是从国外引进的，但经过日本的改良创新后，很快赶上或超过技术输出国，成为日本的支柱产业。

三、日本的风险投资市场和资本市场的发展

虽然日本是银行导向型的融资结构体系，但是日本的风险投资和公开资本市场近年来也很活跃，直接融资比重一直在上升。

从风险投资的发展历程看，日本风险投资所经历的过程与美国是极其相似的。日本政府首次向科技型中小企业提供贷款支持是通过风险企业开发银行，该银行于1951年建立，是日本政府对科技型中小企业提供低息贷款的主要途径。此后，日本政府在1963年又建立了OTC市场交易体系，将风险企业开发银行的交易形式变得更加灵活，吸引了更多科技型中小企业通过OTC体系进行融资。

同时，为了完善科技型中小企业的法律环境，日本政府效仿美国颁布

了《日本中小型企业投资法》，并根据这一法规成立了“财团法人中小企业投资育成会社”，在名古屋、大阪、东京都分别设立了资助性公司，为科技型中小企业的发展创造便利。在1974年，日本通山县成立了一个以研究开发型企业为主的风险企业中心，为日本科技型中小企业的长期发展奠定了基础，并于1991年推出了日本的创业版市场，即日本新市场。数年后，在日本新市场的基础上，1995年日本政府通过对市场发行特别规则引入创业板市场，形成了更加成熟的日本第二柜台市场，为那些具有发展潜力、能为日本经济发展做贡献的科技型中小企业提供更多的融资渠道。

在日本政府的大力推动下，日本的风险企业得到了迅速的发展。日本政府为了进一步支持风险企业，在1996年又成立了风险基金，从政府的角度为债券融资的企业提供更多支持，这些企业也使得日本的经济水平迅速从战后的衰退状态中走出来，对日本在世界高新技术领域的发展有着重要的推动作用。1999年，日本政府在东京证券交易所的基础上，成立了一个新兴的股票市场，虽然由于经济泡沫的存在，新兴的股票市场很快陷入了低迷，但还是为以科技型中小企业为代表的中小型企业提供了筹资机会，拓宽了中小企业的融资渠道，减弱了资本市场在逆境中受到的不良影响，在逆境中推动了科技型中小企业的发展。

2010年，日本创业板发生了重大变革。大阪证券交易所对JASDAQ市场实行完全整合。截至2010年12月底，合并后的新JASDAQ市场有1001家上市企业，总市值达到98279亿日元，已经超越了韩国KOSDAQ和中国深圳创业板。新JASDAQ以相互信任、创新、国际化为原则向新兴产业和各中小企业的发展提供资金支持，设立了新的相关上市标准，强化市场信息公布的及时性及透明度，完善退市方面各项制度。目前JASDAQ市场已经成为日本国内最大的风险投资企业融资场所。

四、日本政府强力参与的政府主导型融资支持模式

不同于美国与德国的市场主导型与市场银行结合型，日本科技金融的最大特点是政府的主导性。日本的政策性金融机构众多，而政府对于对其投资的比例在发达国家之中也是最高的。日本科技金融政府机制作用模式主要体现在两个方面：一是建立政策性金融机构，为科技型中小企业提供

债务融资；二是建立政策性担保机构，为科技型中小企业提供信用担保支持。

日本最初为中小企业提供融资支持的政策性金融机构主要包括国民金融公库、中小企业金融公库和商工组合中央金库，基于提高资金使用效率、降低财政负担的考虑，日本政府在1999—2008年对政策性金融机构进行了一系列的合并调整，最终形成日本政策金融公库和商工组合中央金库。其中，对商工组合中央金库的改革措施则是私有化，提高商工组合中央金库的私有化程度。在资金来源方面，政策性金融机构不仅依赖政府资金划拨，而且通过政府担保发行债券等方式募集社会资本。从日本政策性金融机构改革趋势来看，尽管政府是中小企业融资支持的关键推动力，但其市场化程度也在不断提高，市场机制在政策性金融机构资金来源中发挥着越来越重要的作用。

在建立政策性金融机构的基础上，日本还构建了国家主导的中小企业信用担保体系，为政策性金融机构向中小企业发放贷款提供担保支持和风险共担。中小企业信用担保体系由信用保证协会和中小企业信用保险公库（现与中小企业综合事业团合并）组成（见图9-4）。

日本于1937年在东京成立了第一家信用保证协会，并随后在各都道府县成立地方信用保证协会，地方信用保证协会的资本金50%以上来自地方政府。信用担保协会的主要职责是根据中小企业的财务和经营状况对其还贷能力、贷款风险等进行评估，进而为通过审查的中小企业融资进行贷款担保。当中小企业不能偿还金融机构贷款时，信用担保协会代为偿还80%的本息，其余损失由贷款机构自行承担。

为了降低信用保证协会的风险和负担，日本政府出资成立了全国性的中小企业信用保险公库，为信用保证协会担保的贷款提供保险。信用保证协会向中小企业信用保险公库缴纳大约担保费用收入的40%作为保险费，中小企业违约而需要信用担保机构代偿时，保险公库承担70%的代偿金。地方信用保证协会与全国性中小企业信用保险公库的合作，实现了中央与地方风险共担、担保与再担保相结合的中小企业信用担保体系，有效降低了金融机构的贷款风险，保证了政府对中小企业融资支持的可持续性。

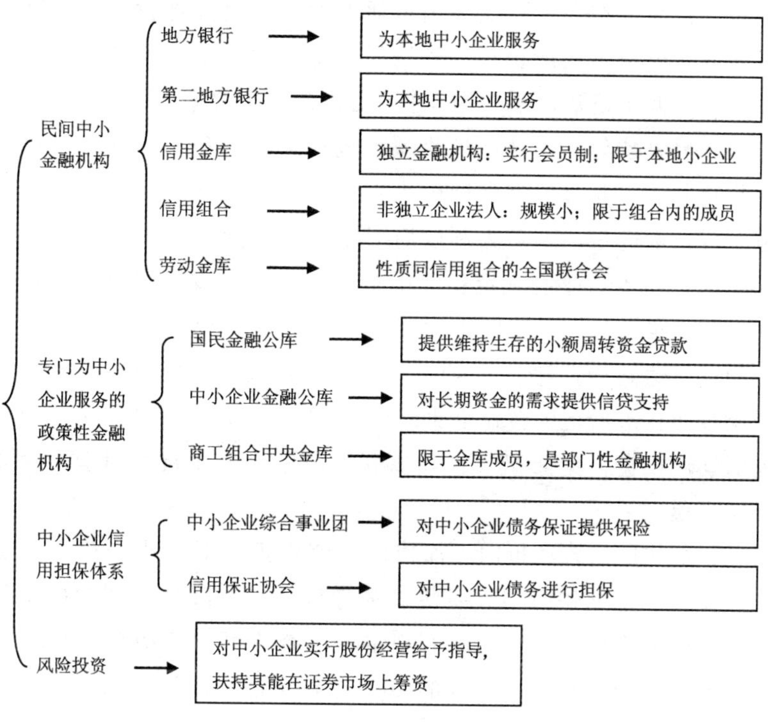

图 9-4　日本中小科技企业的融资体系

第三节　欧盟地区科技金融发展概况

一、欧盟国家促进中小科技型企业发展的税收优惠政策

税收优惠是政府对企业采取的直接的财力资助政策，尤其有利于中小企业资金的积累和成长。欧盟国家企业的税收一般为企业增加值的50%左右。中小企业的税收成本在累进税制下相对轻一些，不过仍达到30%左右。为促进中小企业的发展，欧盟主要国家都在统一税收制度的基础上对中小企业实行减免税及其他优惠政策，旨在促进中小企业的融资行为。税收优惠政策主要体现在：

第一，税率调整。主要欧盟国家通常的做法是降低营业税、周转税和增值税等流转税和企业所得税、利润税等直接税的税率。许多欧盟国家的中小企业享受低于正常税率5—15个百分点的优惠税率。

第二，税收减免与返还。税收减免包括全额减免、定额减免和定比减免。税收减免的主要目的是帮助中小企业在创业时期和其产品及服务的出口环节实现技术进步。如意大利政府对于中小企业用于研发投资的部分给予免税待遇。匈牙利政府规定：中小企业在税收年度进行投资，企业所得税课税税基减少的数额可等同于投资额，但不高于15万美元，企业所得税减少的额度可达到贷款利息的40%。德国联邦政府为促进中小企业发展规定：中小企业在落后地区新建企业，5年免缴营业税；对新建中小企业可以消耗完的动产投资，免征50%的所得税；对中小企业营利用于再投资的部分免缴财产税。

第三，加快固定资产折旧。加快固定资产折旧对中小企业主主要有两方面的收益：一是加快机器设备更新的速度；二是降低当期的应税额，从而减少当期的税收负担。德国政府规定中小企业可实行特殊折旧，4年内，按新购置或生产的设备资产成本的20%进行折旧，此举有利于降低中小企业所得税负担。

第四，使用适当的盈余计算方法。如德国政府认可两种不同的盈余计算方法，其一是大企业常用的“企业资产比较法”；其二是对自由职业和中小企业的“盈余和算法”，后者有利于中小企业减轻税收负担。

二、财政补贴与贷款援助

财政补贴是政府提供的一种财政援助，其目的在于使中小企业在国民经济及社会的某些方面更好地发挥作用。财政补贴的具体目标是鼓励中小企业创造就业岗位、加快科技进步和增加出口等。政府为中小企业提供贷款援助的主要方式有：贷款担保、贷款贴息、政府直接的优惠贷款等。

法国政府规定：中小企业每新增一个就业机会，政府给予2万—4万法郎的财政补贴，对3年内新增6名职工以上的中小企业，每名新增加职工由地方领土整治部门补贴1.2万—1.5万法郎；对3年内增加30人以上的服务行业，每增加一个员工由地方领土整治部门补贴1万—2万法郎；对中小

企业研究开发经费可补贴其投资的25%等。

匈牙利提供各种优惠信贷和财政补贴中，最为出名的是由经济交通部等政府部门及银行等相关金融机构共同组织执行的所谓“综合优惠信贷项目”：一是“微小信贷项目”，主要是为中小企业发展提供融资，获得贷款总额最多1.5万美元；二是“中型信贷项目”，该项目主要以优惠利息鼓励中小企业开展研发活动，获得贷款总额最多为5万美元；三是“技术创新信贷项目”，由匈牙利开发银行协调，许多商业银行参与提供贷款，目的是鼓励中小企业的技术创新活动，以使企业产品的技术含量达到欧盟的高水平，最低可获得5000美元、最高可获得250万美元的贷款。

三、欧盟地区的政策性金融机构

欧盟对中小企业融资的政策支持包括为特定领域的投资提供补贴、建立中小企业担保机构以及技术方面的多种融资支持和便利措施。为了改善中小企业融资的条件，欧盟设立了专门的机构，即欧洲投资银行（EIB）和欧洲投资基金（EIF）。EIB和EIF在解决中小企业融资难等问题方面起到了重要的促进作用，形成了欧洲投资银行、欧洲投资基金和欧洲委员会（EC）三方的紧密合作关系。在扶持小企业融资方面，一般采取的模式是由欧洲投资银行与欧盟提供资金支持，欧洲投资基金对其基金进行管理和运作，同时受欧洲委员会的监管。

在欧洲，为中小企业发展提供资金大部分是通过贷款或者融资租赁。中小企业的融资是整个经济中需求量比较大且风险较高的，而这主要是通过欧洲投资银行向中介银行提供具有吸引力的资金，监测着这些融资中介银行将这部分资金贷给需要资金支持的中小企业。同时，这也是在为欧洲投资基金提供风险分摊机制，有代表性的项目主要包括：

（一）欧洲支持微型金融机构联合行动项目（JASMINE）

该项目2008年由欧盟委员会与欧洲投资银行集团联合设立，主要支持非银行类的微型信贷中介机构，提高它们向微型企业发放微型贷款的能力。具体方式包括提供免费的技术培训和种子基金，种子基金主要用于支持增

设分支机构和提高内部管理水平。

（二）欧洲促进微型金融项目（EPMF）

2010 年欧盟委员会与欧洲投资银行联合提供资金设立该项目，规模为 2 亿欧元，欧洲投资基金负责具体管理运作，通过向微型金融中介提供多样化的金融产品，拓展这些合作中介的贷款能力，从而改善目标微型企业和自我雇佣的个体的信贷融资状况。该项目的产品类型丰富，适用的中介类型十分广泛。

该项目面向 27 个欧盟成员国的微型金融机构提供两大类产品，一类是担保产品，即对微型信贷提供直接担保或反担保，担保比例最高为 25%，期限最长为 3 年，不收取担保费。在管理上，欧洲投资基金设定的担保总损失率限度是不超过 20%，微型企业和个人可以向欧洲投资基金的合作金融中介申请该产品，合作金融中介所发放的微型贷款期限最短为 3 个月，规模最大为 25000 欧元；另一类是融资产品，即对合作中介提供各种形式的贷款和股权投资，例如，优先贷款一般是 5—7 年，用于提高中介的贷款能力；次级贷款主要用于改善中介的资本结构；通过普通股或优先股进行股权参与，期限一般为 6—8 年，这些融资产品通常根据合作中介的风险水平和当地资金市场的供求状况定价。

（三）欧洲微到中型企业联合资源项目（JEREMIE）

欧洲微到中型企业联合资源项目（Joint European Resources for Micro – to – Medium Enterprises）简称为 JEREMIE，由欧盟委员会协助成立，其目标是帮助欧盟或特定细分市场的中小企业解决资金困难的问题。由欧洲投资基金和欧盟成员国共同实施，利用欧盟结构基金，通过他们的国家或地区管理机构，为中小企业融资提供帮助。

该项目的用意是通过创新金融工程产品，如股权融资、贷款或担保来替代传统的补贴形式，以更好地利用欧盟结构基金的杠杆效用，从而为中小企业提供多元化的金融产品，使他们从中受益。这将有助于提高投资与补贴的比例，即相对于传统的补贴，投资的幅度将大幅增加，同时，股权投资、贷款或担保所产生的收入可以被企业投资再利用。为了努力实现其目标，2011 年 EIF 已经在欧洲 12 个国家和地区设立了控股基金，为他们提供针对中小企业的金融产品综合工具。

（四）欧洲投资银行对中型股份企业措施

中型股份企业（Mid Caps，雇员在250—2999之间）在金融危机期间受到了直接和重大的影响，银行、债券和夹层融资市场对这些企业都鲜有问津，这些中型股份企业信贷的显著紧缩，严重限制了他们的投资范围，对欧洲经济的复苏产生了制动效应。因此，中型股份企业贷款的原则和中小企业贷款一样，即欧洲投资银行提供资金，然后选择合作银行将这些资金发放给中型股份公司，但是，欧洲投资银行在中小企业贷款经验的基础上，进一步精简了中型股份企业的贷款流程。

四、欧洲天使投资的发展

传统的天使投资者网络主要是通过定期出版的小手册为投资者提供各种投资机会的情况介绍，或者通过交易洽谈会让企业家与天使投资者直接进行交流。后来随着信息技术的飞速发展，天使投资网络逐渐与互联网紧密相连。目前，世界上有超过2/3的天使投资已经实现网络化，而中小企业与投资人之间信息共享、交流沟通的效率也得到了飞速的提升。世界各国和地区都积极鼓励天使投资活动，欧洲为此专门建立了EBAN（European Business Angle Network），并且大多数欧盟国家都已经成为EBAN的成员国。

EBAN创建于1999年，当时欧洲只有约50个天使网络，其中一半在英国；到2010年底，已经有114个成员组织以及超过350个正式注册且有组织的天使网络或团体，而这只是冰山一角。这些团体聚集了大约20000名天使投资者，平均每年接收40000个商业计划。此外，如果有明确的利益所在，传统的本地投资者也会在不同的国家，包括欧洲之内和欧洲以外，寻找合作和投资的机会。欧洲的商业天使平均每笔交易会投资20万欧元（通常是两个或两个天使以上共同参与），而个人天使投资的金额往往介乎1.5万至40万欧元之间，这很大程度上取决于天使投资人所处的国家和地区。

第四节　其他国家和地区科技金融发展概况

一、英国科技金融发展状况分析

（一）政府推动政策

英国政府分别于 1993 年 5 月和 1994 年 4 月制定出台了科技发展的两个标志性文件：《实现我们的潜能——科学、工程与技术战略》和《政府资助的科学、工程与技术展望》，前者是英国政府的科技白皮书，后者被视为英国政府的年度科技报告，这标志英国政府科技政策体系的进一步建立健全。此外，1998 年 12 月，英国政府出台了名为《我们竞争的未来——构筑知识经济》（Our Competitive Future：Building the Knowledge Driven Economy）的“政府竞争力白皮书”。为了在基础科研方面保持其领先水平，并且在企业技术创新方面取得长足的进步，工党政府继 1998 年 12 月发表《我们的未来：建立竞争的知识经济》白皮书后，又于 2000 年 7 月发表了《卓越与机遇——面向 21 世纪的科学与创新政策》白皮书。两者相距仅有短短的一年半时间，可见英国政府对科技发展的重视，希望通过领先的基础科研和更加富有活力的技术创新使英国在知识经济来临之际，在新一轮的世界市场竞争之中占领有利的制高点，进一步提高科技进步对本国经济和社会发展的贡献率。白皮书指出了政府在科技创新中的作用；同时，还分析了英国在当前世界科技竞争中所处的位置，并对加大科技投入，基础设施建设提出了中长期计划。

英国政府特别强调科学技术的作用，把经济发展的后劲放在了科技支撑上，并且为此制定了一整套旨在创造更有利于科技发展的宏观环境的重要措施。政府制定的各科技计划和政府各行业管理部门制定的科研计划，主要包括：技术预测计划、“发挥我们的潜能”奖励计划、科学与工程合作奖励计划、“联系”计划、小型企业研究与技术奖励计划和公众认知计划等。英国政府在《英国 10 年（2004—2014）科学与创新投入框架》将科学和技术置于其他投入之上，并且宣布政府通过贸工部和教育技能部对科学和技术的投入，确保从 2004 年 R&D 占 GDP 的 1.9% 增加到 2014 年的 2.5%。

（二）风险投资发展的主要经验

英国的风险投资在欧洲起步最早，虽然其作用远不能与美国风险投资相比，但其风险投资经验还是可圈可点的。

第一，投资方式多样。英国在金融监管方面注重行业自律机构作用的发挥，主要通过宏观政策进行必要引导，为风险投资创造一个较为宽松的经济与法律环境，其组织结构显示出特有的灵活性和多样性。在英国，适用于私人股权基金的组织形式主要是：有限合伙制、投资信托公司、风险投资信托公司和其他组织形式。国外投资者主要是有限合伙制。

风险投资的主要投资方式有：（1）创业和发展资本投资信托，主要投资于未上市的企业，由英国创业资本协会（BVAC）成员管理。投资不受法律限制，对私人投资者没有税收优惠。信托整体可以在伦敦股票交易所上市，其股票价格在《金融时报》和其他报纸上披露。（2）企业天使投资，满足一定要求的企业天使投资享受英国企业投资计划给予的税收优惠。投资项目前景还可以通过 BVAC 在网络上创建的“企业天使资本来源”中得到评估。（3）风险资本信托，根据金融法案规定，创业资本信托从 1995 年 4 月 6 日开始生效。它们在结构上类似投资信托，但法律限制其向私人投资者提供税收优惠。在初次筹集资金后，股票在伦敦股票交易所挂牌交易，信息在《金融时报》和其他报纸上披露。这种投资工具的目的是鼓励个人投资于较小的私有贸易公司，使之发展壮大。

第二，资金来源的多渠道、国际化。英国金融业实行混业经营，风险资本的来源包括养老基金、保险公司资金等，银行资金也占有不可忽视的比重。近年来鼓励个人投资于风险投资业，所以个人投资的比重逐年上升。由于英国政府对国外投资者投资于风险企业有特殊优惠政策，国外资金成为英国风险资本的重要来源之一。1994 年，国外资金占风险投资公司总资本的 41%，1995 年为 45%，1996 年为 43%。1998 年风险投资公司从养老基金筹集的基金占 10%，而从美国筹集的资金占 28%。

第三，投资方向多元化和国际化。英国风险投资的投向主要是高新技

术产业，但在其投资组合中，一般加工业与新兴的文化娱乐事业的投资也占一定比例。此外，还通过跨国投资，达到分散风险，赢得国际比较利益的目的。

第四，风险投资公司的独立性强，投资环节的侧重点不同。英国金融机构的混业经营，决定了它的许多风险投资公司附属于商业银行、保险公司等大型金融机构，但他们仍然坚持一定程度上的独立性。虽然大型金融机构为其提供资金和各种服务，但风险投资公司在作出投资决定时基本上是独立的，很少考虑大机构的兴趣。独立的风险投资公司中，大多数经理人员有长期在企业工作的经历，有丰富的管理经验，被称为“古典创业资本家”。他们除了为创业企业寻找合适的管理人员，提供有关技术和出口咨询外，他们最主要的贡献是可以向企业提供手把手的管理帮助，而不仅只是监督融资绩效。在投资的环节上，风险投资公司注重于成长期和种子期的投资，而政府性质的投资公司则注重于企业成熟期的投资。在投资形式上注重管理收购。

第五，严格的创业自律，有效的监督管理。在英国，规范金融服务业的法律主要是 1986 年颁布的《金融服务法》，在体制上对金融服务实行两级监管。2000 年为加强对金融业的监管，收回了英格兰银行的部分管理权，成立英国金融管理局。就投资业务监管而言，一是证券与投资委员会代表政府对自律组织（如投资管理监管组织、私人投资管理局）进行监管。二是自律组织对投资业务进行监管。对风险投资进行直接管理的自律组织是英国风险投资基金公会，会员单位在从事风险投资运作时必须严格遵守公会的章程与其他法规，否则随时可能面临被取消会员资格，并进而招致社会信誉丧失殆尽的风险。此外，还必须无条件公开上市，以接受证券交易所与社会公众的广泛监督。

第六，政府支持。政府支持的方式主要有：（1）直接拨款。即政府为鼓励风险投资的发展向创业投资者和创业投资企业提供无偿援助。英国贸易工业部门将高新技术发展专款 20% 作为支持高新技术产业的开发费用。1981 年英国政府还成立了专门投资于高新技术企业的英国技术集团。（2）政府担保。英国从 1981 年开始实施信贷担保计划。支持银行向小企业提供中长期贷款。最高限额 10 万英镑，偿还期 2—7 年。贸工部为借款人担保，若借款人不能如期偿还债务，贸工部负责按 2.5% 的年息偿还债务的

70%。(3) 税收优惠。英国1983—1993年实施企业扩大计划，通过向英国未上市公司的投资人提供个人收入税减免优惠来刺激投资，每年可减免4万英镑收入税。投资人可以直接投资或通知投资基金进行投资，但是，投资必须是新的创业性股本，并至少持股5年。1994年英国政府颁布了《创业投资信托法》，对符合该法要求的所谓“创业投资信托”实行全面税负豁免与优惠，如个人投资者股利收入税的豁免，基金公司在资本利得上的豁免，以及其他税负上的特别优惠等。

(三) 英国对科技型中小企业的商业融资计划

在英国，发达的资本市场和完善的金融服务是构成科技型中小企业发展的基础。针对科技型中小企业融资难，抗拒风险能力弱的实际情况，英国政府联合私营部门制订了一系列商业融资计划，主要包括：小企业贷款担保方案、区域风险资本基金、早期成长基金、风险资本信托基金、英国高技术基金、商业孵化基金等，以改善科技型中小企业的金融环境，帮助科技型中小企业获得资金融通，促进其健康发展。此外，英国政府还通过削减公司税和提高公司税起征点等办法，进一步减轻中小企业的财务负担。

1. 小企业贷款担保方案 (the Small Firms Loan Guarantee Scheme)

对具有商业计划但未能从银行或其他金融机构获取贷款、年营业额不超过300万英镑的企业（制造商可放宽至不超过500英镑）提供贷款担保。贷款期为2—10年，贷款金额为5000—10万英镑（运营两年以上的企业放宽至25万英镑），政府为其提供75%比例的担保，借款企业须为此向政府（英国贸工部）支付担保使用费（未还贷款额×2%年息）。该项计划自1981年实施至2004年，政府大约提供了8万多笔共计30多亿英镑的贷款担保。

2. 地区风险资本基金 (Regional Venture Capital Funds)

政府向具有高增长潜力、但缺乏资金的中小企业提供不超过50万英镑的风险资本融资。政府在英格兰9个地区设立了基金。该基金由富有经验的风险资本专家以公私合伙方式（Public - private Partnerships）运作。目前政

府已向9个地区基金注资2.5亿英镑，投资60多个项目。

3. 英国高科技基金（the UK High Technology Fund）

政府进行部分投资，主要通过募集私人资本、用基金运作的方式向处于发展初期的高技术企业进行投资。该基金目前由一家私营证券公司（Westport Private Equity）管理，已通过向9个专业风险资本基金注资，帮助一批科技型企业进行风险融资，被称为“基金中的基金”。2001年英国政府又设立一个总金额为1.6亿英镑的创业基金，向新建的高科技产业公司提供企业启动资助。

4. SBS商业孵化基金（SBS Business Incubation Fund）

为帮助中小企业在起步及早期成长阶段克服资金不足障碍并顺利发展而设立的一个由公共和私有企业筹集的、总金额为5亿英镑的企业基金，自1999/2000年度开始实施。

5. 早期成长基金（Early Growth Funding）

为鼓励处于起步及成长阶段的企业进行小额风险投资（平均5万英镑）政府在2002年设立该基金。基金主要面向创新型、知识密集型以及早期成长阶段的企业，规定可向此类企业进行不超过10万英镑的初始投资，但企业必须同时配套不少于基金投资数额的私人资本。政府在2003—2005年又向该基金投资了5000万英镑。

二、德国的科技金融发展模式

不同于美国的市场主导型，德国采用政府注资与担保并存的融合型融资支持模式，使得德国科技金融政府机制有着明显的政府型与银行主导型相结合的特点。德国政府既划拨部分资金协助成立中小企业资助银行，又充分发挥政府信誉的作用，帮助银行筹集资金，同时支持担保银行的成立和发展（见图9-5）。

德国政府成立的开发性金融机构在商业银行的辅助下为中小企业提供了大量的信贷资金。而且，德国制定了一揽子计划促进中小企业的发展，强调首先要解决中小企业的融资问题，形成了政府主导的中小企业融资支持体系。德国成立了一系列不同层次的机构，为中小企业提供了大量信贷资金。既有德国政府的特别基金，也有地方政府的各种政策支持；既有全国范围的开发银行融资支持，也有地方层次的开发银行和担保银行的融资支持。

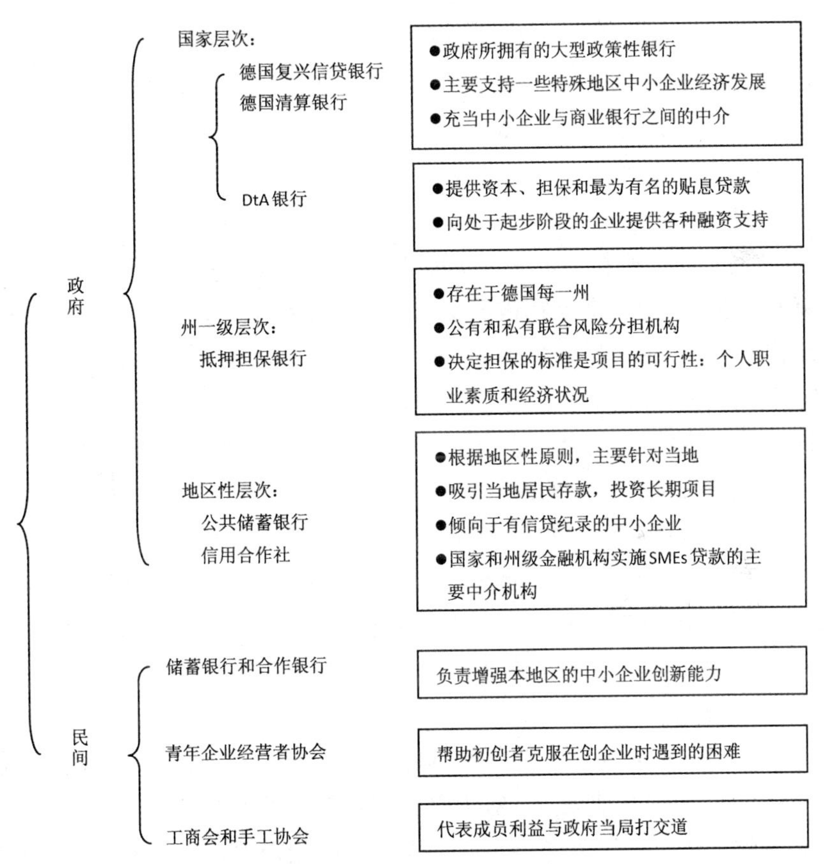

图9-5　德国中小科技企业的融资体系

民间机构对德国的中小科技企业融资也发挥了重要作用。储蓄银行、合作银行、青年企业经营者协会等向企业提供各种综合性的支持和服务，直接或间接促进了中小科技企业融资环境的改善，壮大了中小企业的资金实力。

三、以色列科技金融发展状况分析

（一）政府推动政策

目前以色列经济的特点是高科技产业占较大比重，而高科技产业发展与其独特的中小企业技术创新和风险投资政策密切相关。以色列政府于1994年成立了以色列小企业局（ISEA），2000年4月，改名为以色列中小企业局（ISMEA），并形成ISMEA和地方小企业发展中心（SBDC）组成的中小企业管理和服务体系。这些机构主要提供信息咨询、教育培训、协助融资、商业网络搭建等方面的服务。

以色列中小企业扶持政策中，最具特色的是高科技中小企业孵化器。从1991年起，以色列政府在借鉴美国经验的基础上，设立了具有自己特色的孵化器。与美国孵化器最大的不同之处在于，以色列采取了政府直接参与企业孵化全过程的做法，途径主要有：首席科学家办公室、技术孵化器计划和大学科学园。其中首席科学家办公室是以色列工贸部的特设机构，它负责资助企业研发工作的执行。

高科技企业孵化器提供的服务包括：研发设施和集中的行政管理服务（秘书、财务、法律）、对企业研发费用的资助并协助企业获得配套资金，另外还有对企业管理和技术的支持及专业指导等。技术孵化器所涉及的行业包括：电子和通信业、软件业、医药、化学和材料、生物技术以及其他行业等。

另外以色列政府规定，在进入孵化的初始阶段企业的股权分配为：创业者持有50%，公司其他人员持有10%，政府以外的出资人获得20%，而政府的孵化器企业可得到20%的股权。在两年孵化期内，无论企业是否赢利，创业者和公司其他人员都能得到政府提供的工资。如果创业企业经过两年的孵化后没有起色，政府将宣布企业解散，创业者无须向政府支付任何费用。如果创业企业获得成功，政府除享有股权外，企业还必须向政府孵化器缴纳其产品销售额3%的税金。以色列政府还规定，在创业企业获得成功后的5年内的任何时候，创业者本人或其他风险投资者都可以从孵化器企业那里购得政府所持有的股权，并解除向孵化器纳税的义务。只要企业提出购买要求，政府不能以任何理由拒绝①。

（二）风险投资市场

以色列的金融体系相比于其他国家来说很不发达，以色列的风险投资市场虽然发展较晚，但成效卓著，对推动以色列高科技产业发展和经济发展起到了非常大的作用。与其他国家相比，以色列的风险投资额对 GDP 贡献很高，一度超过 2%，以色列从国外引入的风险投资全部投入高新技术产业，其风险投资发展模式也成为各个国家学习和效仿的模板。

从 20 世纪 80 年代末到 90 年代初，以色列涌现出大量的高新技术企业，但是由于缺乏风险基金的支持，很多企业没有最终在市场上获得成功。针对这种情况，在学习美国经验的基础上，以色列政府于 1993 年出资 1 亿美元启动了 YOZMA 计划。YOZMA 的运作非常成功，也经常被拿来和同样是政府设立的德国 WFG 计划作对比，而 YOZMA 的资金参与结构与 WFG 模式并不相同。YOZMA 设立了 9 个风险投资基金，这 9 个基金的投资结构都是混合型的，每个基金都有私人投资。与 WFG 相比，YOZMA 有以下三个特点：

第一，YOZMA 没有提供损失保证补偿。YOZMA 向风险投资基金注资，同时配比 40% 的私人投资，这样私人投资和基金的管理者共担风险。

第二，YOZMA 的结构保证了风险投资向前发展的激励政策。YOZMA 在取得投资回报前允许私人投资者实现购买选择权，代价是成本价 + 名义利率 + 投资于投资组合公司资金未来利润的 7%。这样的规定是不同于 WFG 的，因为 YOZMA 投资不是直接投资于投资组合公司，而且购买权的实现不是由企业家完成，金融中介的投资回报没有完全被封死。与 WFG 对银行和企业家的补贴完全扼杀了 WFG 或者银行对企业家的监管相比，YOZMA 对其他投资者的补贴激励了投资者很好地监管投资组合公司。

第三，YOZMA 没有自己作出投资决定。在 YOZMA 基金运作中，投资项目的选择是由基金管理者和其他受激励的投资者共同作出的，投资项目将来的成长性直接和这些私人投资者的收益挂钩。通过这样的机制设计，

① 刘建兴：“在扶持中小企业中发展高科技产业——中小企业发展政策国际比较之以色列经验”，《经济研究参考》2011 年第 37 期，第 75—78 页。

在政府资金和被投资公司中间插入了具有极大激励效应的金融中介。YOZ-MA模式被认为是有高度激励的投资模式。作为投资决策的人既承担风险也能享受回报。最终YOZMA将它的规模扩大到20000万美元以上，1997年成功地被私有化。通过YOZMA的成功运作与实施，以色列的风险投资市场实现了快速发展[①]。

（三）信用担保和信贷市场

在1985年经济改革之前，以色列政府几乎把所有长期社会储蓄资金包括养老金等统筹纳入到财政预算渠道，这部分资金必须投资于利率比较高的政府债券。另外，以色列的中央银行也不是独立的，中央银行对商业银行的中长期储蓄资金的准备金率设定为60%到80%。在这种情况下，以色列的金融中介只是作为政府的一个部分运作，难以真正按照市场机制发挥功能[②]。

1985年起，以色列政府对银行体系、资本市场、外汇市场进行了一系列的改革。以色列政府大规模的对银行进行私有化，加强银行间的竞争，同时将准备金率降至实际需要的水平，即5%—8%，中央银行也放开了对利率和银行收费的管制，以色列银行重新恢复了活力。另外，以色列政府设立了2.2亿美元的国家担保基金，由议会授权，为银行给中小企业的贷款作担保。

（四）资本市场

以色列的资本市场并不发达，以色列只有一个证券交易市场就是特拉维夫证券交易市场（TASE），2011年底在TASE上市的公司有600多家。2000年10月，以色列通过了一项双重上市的法案，允许以色列政权在NYSE、Amex和NASDAQ－MN交易，在上述交易所上市的证券如再在TASE上市，不附加任何其他调整型的要求。

和前述其他四个国家不同的是，以色列并没有创业板市场，因此以

① 贺亚力："从德国和以色列的实践看政府如何引导创业风险投资市场发展"，《中国科技论坛》2006年第4期，第134—136页。

② 宋国兴："以色列金融市场变迁及对我国启示"，《金融研究》2000年第1期，第129—133页。

色列大部分公司将上市目标定位在美国或欧洲。目前，近百家以色列创业公司在美国 NASDAQ 上市，约 30 家在欧洲市场上市交易。就非美国公司在 NASDAQ 上市交易数量而言，以色列排在第 2 位，仅次于第 1 的加拿大。作为一个金融系统不发达的国家，这种特有的模式也支撑了以色列风险投资的快速发展，使其风险投资成为以色列科技金融的最大亮点。

四、印度科技金融发展状况分析

（一）政府推动政策

印度对中小企业管理包括政府部门和行业协会，政府部门也就是国家微、小和中型工业部，行业协会也就是中小企业协会。在立法上，印度微、小和中型工业部制定了《小工业政策》，对中小企业包括科技型中小企业提供财税支持、信贷支持、技术支持、基础设施建设支持和促进营销等。另外，印度在 1990 年颁布了《印度小产业发展银行法》，并于同年设立了印度小产业银行，建立了中小企业政策性金融体系，为中小企业提供融资平台。为促进微小中企业发展并提高其竞争力，2006 年印度中央政府颁布实施了《印度微小中型企业发展法》，该法的实施是有史以来印度政府为微小中企业的发展提供的第一个法律框架。

印度小产业银行受印度议会监管，目前是印度支持小产业创新和发展最主要的金融机构。印度政府以小产业银行为核心，联合其他商业银行，积极为中小企业寻求资金来源，其已经从世界银行获取了多笔针对中小企业的贷款。此外，印度还建立了许多开发性的政策性金融机构，如印度中小工业开发公司、印度工业信贷和投资公司、地区金融公司等。

为促进技术产业化和科技型企业的发展，印度科技部还实施了一系列支持中小企业科技发展的政策措施。一是 1982 年印度科技部成立了国家科技企业发展委员会；二是印度政府出台了对风险投资的大幅税收优惠；三是在科研机构内建立企业化发展中心，培植科技型企业及加速科研机构的科技成果产业化；四是建立科技企业园等。

2013 年 1 月，印度正式发布了《科学技术和创新政策》（STI2013），

是印度独立以来继 1958 年《科学政策决议》、1983 年《技术政策声明》、2003 年《科学和技术政策》之后的第 4 个国家科学政策决议，目标是建立 STI 体系，为印度开辟高科技主导的发展道路，以实现更快、可持续和包容性增长。STI 在领先产品研发应用方面发挥主导角色，已成为全球社会经济发展的主要驱动力。21 世纪的印度是一个有抱负的国家，大的人口红利和人才储备为印度的发展提供了独特机会。STI2013 强调要改善私营部门投资环境，使未来 5 年公共和私营部门投资从当前的 3∶1 转变至 1∶1 以内，实现科技投入倍增，并且在 2020 年进入全球五大科技强国之列。

印度政府还成立国家、邦和行业的创新委员会。2009 年，制定该国经济增长五年规划的印度计划委员会专门设立了一个创新专家组，用创新帮助印度实现更广泛的经济增长。2010 年，在印度总理辛格的亲自提议和推动之下，印度成立了“国家创新委员会”，委员会主席是印度总理的公共信息基础设施和创新顾问，委员会成员则来自学术界、研究机构和产业界。国家创新委员会的使命是要设计相关机制和制度，发掘草根创新、产业创新、教育创新和社会创新，推动前景好的创新成果实现商业化和规模化生产。其重要工作内容之一是负责制定“印度十年创新路线图（2010—2020）”，帮助建立适当的框架，以利于印度创新发展。

印度政府进一步增大了对创新的投入，计划 2017 年研发投入占 GDP 的比例要提高到 2%。印度国家创新委员会下设创新基金，资金以公私合营模式（PPP）由政府和私营部门投入，创新基金将采取伞型基金（基金中的基金）模式，将现有的创新各方和网络纳入其中。另外政府要建立指导网络和创业团体，扩大创新基础，推动创新产品和服务的推广。

印度政府推动 IT 和汽车产业发展都运用了集群方法，效果显著。如今，印度国家创新委员会以集群方式推动成立大学创新集群和产业创新集群。创新委员会与印度中小微企业部、地方政府以及技术产业研究部门联合创建医学、粮食加工、竹业、汽车零件、铜器、家具、生命科学等七个产业集群中心以及德里大学、瓦多达拉萨亚基劳王公大学两个大学集群创新中心，并拟在 2015 年底前建立 80—100 个创新集群中心。值得注意的是，印度所选择的产业集群大多数是传统产业，显然印度希望利用产业集群实现传统产业升级。

（二）风险投资市场

在风险投资发展过程中，印度不断借鉴国际上成功的经验，主要是美国 SBIC 和以色列 YOZMA 经验。印度的风险投资市场也是政府主导的，在风险投资市场发展的早期，印度政府一直是风险资本的主要提供者，除此之外，金融机构兼营创业资本，如国家在印度工业开发银行、印度工业投资公司、印度工业信贷与投资公司等金融机构建立了风险基金。

印度政府直接进行现代意义的风险投资最早是在 1987 年，印度科技部设立了一个风险投资性质的“技术发展基金”，该基金通过印度工业开发银行对有创新意义的、高风险的技术项目进行资助。1988 年，印度政府成立了“印度工业信贷投资公司”（ICICI）和“古吉拉特风险金融公司”（GVFL），ICICI 在 1992 年设立了“风险投资计划”，开始向信息技术领域的中小企业投资。1999 年，印度信息技术部联合印度小企业开发银行和印度工业开发银行共同设立了一个 10 亿卢比（约合 2200 万美元）的“国家软件和信息技术产业风险基金”（NFSIT）[①]。

但由于政策法规的限制，印度的风险投资市场发展缓慢，成效并不显著。1999 年，印度政府真正开始重视风险投资市场，证券交易局成立了一个“风险基金委员会”，简化了风险基金的审批手续，并制定了一系列对风险基金的税收优惠政策，即风险基金的风险投资利润不计在基金总收入中，免缴所得税，同时废除原先的基金未获得免税优待必须在一年内从风险企业退资的规定。新政策激发了风险资本家的投资热情，仅 2000 年，印度新成立风险基金 18 个，其中大部分是海外基金。此外印度政府还借鉴了以色列 YOZMA 的成功经验，印度小产业发展银行（SIDBI）与毛里求斯 IVG 基金合作于 2001 年建立了面向海外的风险投资基金 OVCF，基金总额高达 5000 万美元，其中 SIDBI 投入 2000 万美元，IVG 投入 1000 万美元，其他国有金融机构投入 2000 万美元。

但印度政府在介入风险投资融资过程中没有取得像以色列一样的成功，其主要原因有三个：第一，缺乏资金。印度的很多风险投资机构的资金不

① 王海峰：“印度政府在风险投资中的作用”，《全球科技经济瞭望》2001 年第 9 期，第 56—57 页。

足，他们甚至在1998—1999年度不能单独资助一个项目。第二，缺乏专业人才。印度的风险投资机构的项目评估组中缺乏高科技领域的专家，从而没有精力和能力去紧跟快速发展的科技潮流。第三，缺乏激励。印度的风险投资设计中缺乏市场动力的回报框架，无法全力调动企业家和风险投资机构的积极性。

这些原因制约了印度政府风险投资的政策效果，目前印度政府正在制定政策鼓励共同基金、银行和保险公司拿出一部分资金进行风险投资，同时印度学者也建议印度政府应该建立风险孵化器，以及出台与美国和以色列相似的政策以方便风险投资的退出。

（三）信用担保和信贷市场

印度的银行体系约有130年历史，商业银行中包括政府银行、私人银行和外资银行等，且有充分的自主独立性。但这些商业银行会选择风险相对较低的投资，银行贷款大多给成熟稳定的大企业。为了帮助中小企业健康快速发展，印度政府在1990年4月设立了印度小产业发展银行，这是印度促进、自主和发展中小企业的主要金融部门。1991年6月，印度政府制定了一项为中小企业提供信贷资金支持的信贷政策。印度的银行治理结构健全，坏账较少，且对中小企业和私营企业不采取歧视政策，许多软件公司最初就是在银行的资助下发展起来的。

除商业银行可为中小企业提供长期贷款外，印度政府还设立了国家金融公司（SFC）和双功能小型工业发展公司（SIDC），也成为支持微小中企业部门长期融资的主要来源。为确保更好地使信贷资金流向微小中型企业，同时尽量减少银行和其他金融机构的无抵押担保的贷款风险，印度政府在2000年8月推出微小中型企业信用担保基金计划，信用担保覆盖75%的信贷计划。另外，印度在2005年建立了资信评级制度，从而方便给中小企业的融资提供担保。

（四）资本市场

印度的金融制度是英国人殖民统治的结果，因此印度的金融系统也是以资本市场为主导的英美模式。印度目前有27个股票交易市场，包括两家全国性的股票交易市场和25家地方性股票交易市场。最重要的两家全国性

股票交易所是孟买交易所（BSE）和印度国家股票交易所，这两个交易所规模相当，其中建于1875年的孟买股票交易所是亚洲第一个证券交易所。在印度所有交易所中上市的公司数目超过10000家[①]。印度在数年中，稳固市场架构、优化市场制度、强化上市公司治理，因此印度股市市场机制调节作用发挥良好，股市健康发展。

由于印度主板市场主要上市公司都是大企业，为了方便中小企业融资以及给风险投资公司提供退出机制，BSE和印度股票交易所联合会（FISE）在2005年1月联合推出针对中小企业的全国性市场Indonext，也就是印度的创业板市场，将FISE旗下20家区域交易所的上市中小企业，集中整合在Indonext上进行交易。2006年在创业板上交易的公司约有2700家左右。

五、韩国科技金融发展状况分析

（一）多层次的中小企业融资体系

韩国的中小企业融资以政府出资建立的政策性金融体系为主，同时积极培育风险资本市场和第二板市场的发展。

1. 韩国中央银行和政策性银行对中小企业提供金融支持

韩国中央银行鼓励金融机构对中小企业贷款。对中小企业贷款实行优惠贷款利率。中央银行将各商业银行对中小企业的贷款额度作为再贷款优惠利率的考核指标之一。

韩国还成立了专门为中小企业提供融资支持的韩国中小企业银行。它是由韩国政府投资的政策性银行，政府持股占该行股份的77%。该行的成立对中小企业融资起了促进作用，在韩国全部的银行、金融机构对中小企业贷款总额中占16.5%的份额，在亚洲金融危机期间帮助中小企业渡过了难关。韩国中小企业银行承担的重要职能是发放专项贷款。专项贷款是根据各种安排或计划为中小企业提供的贷款，包括政府专项贷款。专项贷款

① 郭承先："中国与印度金融现状比较"，《西安财经学院学报》2006年第9期，第22—24页。

鼓励中小企业进行生产设备投资和开展研发活动。

2. 政府对中小企业的融资支持

政府部门建立了政策性基金，面向中小企业发放政策性贷款。近年来，政府扶持中小企业发展的政策性基金呈上升的趋势。政策性基金不直接给中小企业，而是以借款的形式向指定银行提供资金，制定银行以借款利率加 1—1.5 个百分点的利率向中小银行提供贷款。政府部门还可根据其产业政策向重点需要援助的中小企业提供利率优惠的政策性贷款，以培养有潜力的需要风险投资的中小企业。

除了政府部门对中小企业提供支持外，地方政府对成立两年的中小企业提供地方小企业培育基金，向企业给予年息 7%，期限为 8 年的创业资金支持。此外，政府还建立了非盈利机构——中小企业振兴公团，该公团的全部预算由政府拨款，主要负责对国内中小企业进行资金支援，指导经营及技术培训人才，促进国际合作等工作。

3. 建立风险资本市场和高斯达克市场，促进融资多元化

韩国通过发展风险资本市场和建立第二板市场——高斯达克市场，专门为高科技新兴公司及中小企业融资提供便利，也为追求高风险、高盈利的投资者提供新型投资工具，拓宽中小企业的外源融资渠道。

（二）韩国信用担保基金制度

韩国是亚洲第二个开展中小企业信用担保计划的国家，其信用担保体系由全国性的信用担保基金，即成立于 1976 年的韩国信用担保基金（KCGF）和成立于 1989 年的韩国科技信用担保基金（KOTEC）以及 14 个地方性担保基金组成。韩国信用担保基金（KCGF）是政府直属部门，拥有独立的中小企业评级体系，为中小企业向银行贷款提供担保。其担保资金来源于政府补贴和金融机构的资金。而韩国科技信用担保基金（KOTEC）为高技术中小企业和风险企业提供信用担保。地方性担保机构由地方政府和金融机构出资，全国信用保证基金组织对地方信用保证机构的保证业务进行再担保，形成完整的信用体系。目前，韩国政府正借助于已经形成的这种“双轨制”信用担保基金制度为中小企业提供全面的信用担保服务。

一般企业在面临融资障碍时可向韩国信用担保基金申请担保支持；而科技型中小企业则可以通过向韩国科技信用担保基金申请信用担保以获取政府融资支持。

（三）韩国再担保体系

韩国科技信用担保基金（KOTEC）和韩国信用担保基金（KODIT）都是韩国针对中小企业的融资难问题为企业提供资金支持的机构。在此基础上韩国信用担保基金会联盟（KOREG）通过向16个地方信用担保基金会（CGF）的担保提供再担保来保证韩国科技信用担保基金以及韩国信用担保基金的正常运转并为其提供充足的保障，如图9－6所示。

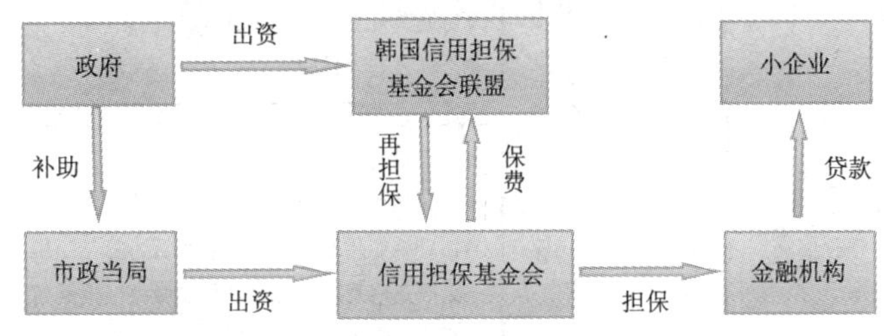

图9－6 再担保体系框架

六、中国台湾地区的科技金融发展模式

完善的信用保证体系是台湾中小企业融资支持的最大亮点。有着“中小企业王国”之称的台湾，对中小企业发展进行了多方面的支持，不仅为其发展建立了良好法律环境和市场环境，同时也构建了健全的中小企业金融服务体系。而建立融资信用体系是中小企业金融服务体系运作良好的一大前提。台湾采用的是基于信用保证体系的政府辅助型科技金融融资支持模式（见图9－7）。

完善的信用保证体系是台湾中小企业融资的最主要特点，台湾政策支持体系则通过公共征信平台为中小科技企业提供融资服务。公共征信平台是受“财政部”和“中央银行”直接领导的“财团法人金融联合征信中心”，中心实行会员制管理，会员包括银行、各类信用合作社、保险公司、证券金融公司、中小企业联合辅导中心以及中小企业信用保证基金

等，使银行间征信发展为真正的金融联合征信。会员机构从事中小企业金融服务，可向中心查询包括客户基本信息、银行授信信息、企业财务信息、连属企业信息以及综合信用信息等100多项正负面信息。中心不以盈利为目的，为会员机构提供信息查询服务只收取成本费用。此外，中心也可应企业和个人申请，为被征信对象有偿提供信用报告。联合征信模式不仅避免了多个征信机构重复运行和征信市场分割，而且提供的信息种类完整，质量也高，这为金融机构从事小微企业金融服务提供了强大的信息支持。

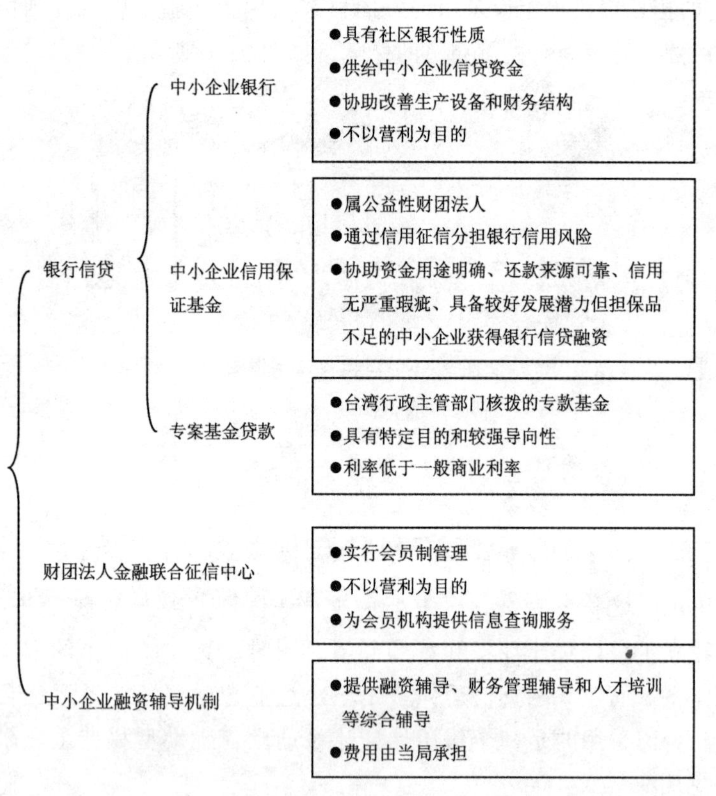

图9-7　台湾中小科技企业的融资体系

除了建立完备的征信体系以满足中小企业的商业信贷需要，台湾的中小企业银行也是中小企业获得专门金融机构信贷支持的重要途径。中小企业专业银行以供给中小企业中、长期信用，协助其改善生产设备及财务结

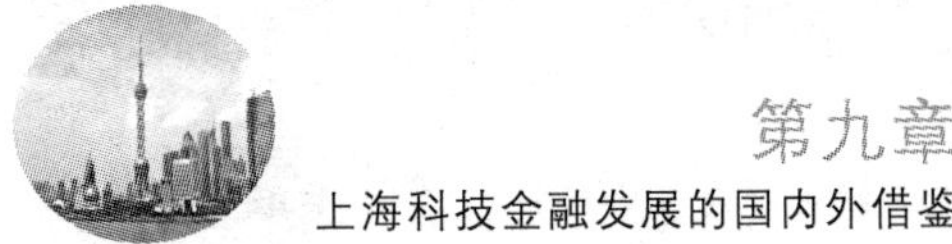

构，暨健全经营管理为主要任务，不以营利为目的。台湾财政主管部门规定中小企业银行对中型企业放款不得低于放款总额30%，对小型企业放款不得低于40%。中小企业银行的分支机构覆盖面广，了解当地中小企业经营状况和资信状况，获取信息的渠道多且成本低，有效帮助解决了中小企业的融资需求。同时，为了提升银行发放中小企业贷款的意愿，台湾各级行政主管部门和金融机构共同出资成立了中小企业信用保证基金，通过提供信用征信以分担银行办理中小企业贷款的信用风险。

另一方面，专案基金贷款也是对台湾中小企业具有很强吸引力的融资渠道。专案基金贷款是由台湾行政主管部门核拨专款基金，指定金融机构（绝大多数为公营银行）办理的贷款，利率低于一般商业利率，且均属于中长期贷款。

此外，台湾还构建了中小企业融资辅导机制，向在传统渠道中融资困难的中小企业提供融资、财务管理和人才培训等综合辅导。而财务融通是其中重要部分，由台湾经济主管部门中小企业处主管。当中小企业遇到融资困境时，联合辅导中心会派出专业人员了解企业情况，评估融资需求，出具其诊断报告从而建议其主要的往来银行给予必要融资，并协调中小企业信用保证基金提供融资担保。中小企业辅导所需费用均由政府承担，辅导机制大大促进了台湾中小企业的规范经营和发展壮大。

第五节　各国（地区）科技金融发展的主要经验

从以上各国科技金融发展的理论与实践，上海可以得到一些启发与借鉴。初步概括，各国发展科技金融的主要经验大致有以下四个方面：

一、完善的法律环境和政策性金融配套

从前述各国的科技金融发展实践来看，政府政策的支持是发展科技金融的必要条件。综合各国的具体情况，政府政策的支持主要有两个方面：

第一方面是完善法律环境，包括：一是立法，包括制定法律和政策来

保护和鼓励中小企业发展和科技创新；二是依法设立专门机构来执行上述政策，并提供信息和培训服务等；三是对中小企业，特别是高科技企业提供税收优惠和财政补贴。

第二方面是提供政策性金融支持，这些政策性金融机构有三种服务模式：一是直接对企业提供融资；二是对企业进行信用担保；三是作为风险投资基金进行投资。每个国家的政策性金融机构提供的服务模式都不同；有的只提供单一的服务，例如只进行信用担保；有的提供综合服务，例如既对公司进行融资支持，又提供信用担保服务。

二、信贷担保制度和信贷市场的融资支撑

相比大企业而言，中小企业的传统还款来源并不稳定，因此信贷市场对中小企业的融资支持的必要条件就是一个比较完善的信用补充制度。因为中小企业，特别是高科技中小企业的风险相对较高，所以会产生市场失灵现象，因此就需要政府的介入，建立一个完善的信贷担保制度。各国的信贷担保制度一般分为三个层面，包括全国性的担保机构和政策、区域性的担保机构和政策、社区性的担保机构和政策；其中担保机构包括政府设立的政策性金融机构、政府和金融机构合作设立的担保机构以及在政策指导下设立的民营性担保机构等。

另外，除了传统的信贷市场的支持，美国近30年出现了一个专门的风险贷款市场，其模式有别于传统的信贷市场。

三、风险投资市场的发展

风险投资最早诞生于美国，由于各国经济文化差异以及金融系统的差异，因此存在几种风险投资发展模式，例如私人风险投资为主体的英美模式，以附属于金融机构、企业集团的风险投资机构为主体的日德模式，以及政府和外资风险投资基金为主体的以色列、印度模式。风险投资市场在不同的国家其发展历程、特点、规模、投资方向、投资对象的发展阶段、退出方式具有各国家的特色。

从上述各国风险投资的发展历程中，我们发现一国风险投资市场快速

发展的成功因素有三点：

第一是政府直接或间接支持，例如美国政府立法支持、日德政府制定计划推动、以色列和印度政府主导，另外政府制定税收优惠和其他政策鼓励风险投资。

第二是技术创新潮，风险投资市场和实体经济息息相关，美国、日本和欧盟地区及英国的风险投资市场在信息技术革命和生物技术革命方面都有了大幅增长，而以色列和印度在国际分工中科技产业的崛起，也与其风险投资市场的发展互相促进。

第三是建立畅通的退出机制，除了以色列外，其他国家都有多层级的资本市场，而以色列利用国外资本市场助力风险资本市场也独具特色。

四、多层级资本市场的兴起

多层级的资本市场一般包括主板市场和创业板市场以及其他的场外市场，主板市场和创业板市场在满足一定的标准后有升降通道。这种设计一方面保证了主板市场上市公司的质量，另一方面也给快速发展的高科技公司提供融资通道，为风险投资提供退出机制。

上述各国中，除以色列之外，其他国家都有多层级的资本市场，虽然规模和效率都有一定的差异。金融中介主导的以色列金融系统都不发达，但其充分利用国外资本市场进行融资，也助力其风险投资市场的快速发展。

第六节　国内科技金融新发展与上海借鉴

回顾2014年国内科技金融的新发展，大致可以从如下几方面进行归纳[1]：

---

① 以下内容根据上海科技金融研究院官方微信发布资料整理。http：//weixin. sogou. com/gzh?openid = oIWsFt68ounKlEbCErOwLM1bMazo&sourceid = weixinvr.

一、国务院及各部委的持续政策推动

（一）《关于加快科技服务业发展的若干意见》的发布

国务院于2014年11月14日印发了《关于加快科技服务业发展的若干意见》（以下简称《意见》），首次对科技服务业发展作出全面部署。国务院提出加快科技服务业发展的若干意见，就是要把创新全链条的新兴业态都串联起来，为实施创新驱动发展战略营造一个很好的服务支撑。

《意见》在丰富科技服务业内涵的基础上，系统梳理新兴业态。针对科技服务业不断变化、丰富的新内涵，《意见》提出科技服务业由研究开发、技术转移、检验检测、创业孵化、知识产权、科技金融、科学普及等8个相对独立的业态和一个综合业态组成。《意见》出台预示着科技服务业体系形成，有了这样的体系后，各级政府和社会各方面来关注和支持科技服务业态就有了很好的目标范围。对于从事具体业态的企业而言，就会知道下一步国家准备重点在哪些业态里面支持什么，了解每一个具体业态的重点发展方向。其中，科技金融的特点与传统金融业有很大的不同。比如，风险投资是为了培育高新技术产业而出现的一种新的金融形态，它的特点是风险大、回报高，传统金融业态很难适应这种特点。再比如质押贷款，传统金融业是用固定资产抵押，但在新兴产业发展过程中这些企业没有固定资产却有知识产权和技术，如何适应这种需求的贷款担保也是一种新兴的科技金融方式。实际上，科技金融是适应现代技术产业、新兴技术产业的发展而兴起的一种新业态。

同时，《意见》还明确部署推动政策措施。按照党的十八届三中全会的要求，首先要以改革的方式来推动科技服务业的发展，其中很重要的一方面就是健全市场机制。二是强化对于科技服务业发展基础的支撑，有关科技服务业的一些标准、分类，包括统计工作等要进一步加强。三是加大财税支持的力度。通过政府财政适当地加大对科技服务业的支持，更多地采取能够让所有科技服务业企业都能够得到实惠的税收激励措施。《意见》中关于这部分有很多政策内容，有些内容马上就可以落实，还有一些政策内容虽然现在没有完全定下来，但已提出目标要求，要研究解决此类问题。

四是进一步拓展资金渠道。产业的发展需要资金投入，主要还是通过各种各样的市场融资渠道来加快发展。五是加强人才培养。中国的科技服务业与发达国家最大的差距就在人才培养上，从大学教育开始就要相应加大对科技服务业人才的培养。六是深化开放合作。发达国家有很多做法值得学习，我们将通过开放合作来加快发展。七是推动示范应用。特别是新兴业态，一些发达的省份可以先做，在此基础上可以在更大的范围内进行推广。正如科技部高新技术发展及产业化司司长赵玉海所述，一方面，国务院从顶层设计的层面出台《意见》，地方政府也要针对本地的科技服务业发展特点提出相应的扶持政策和措施，这一点非常重要。另一方面，落实国务院的政策，各地要根据自己的产业特点来制定重点发展的有特色的业态。

（二）《关于大力推进体制机制创新，扎实做好科技金融服务的意见》的颁布

2014 年 1 月，中国人民银行、科技部、银监会、证监会、保监会与知识产权局六部委联合发布《关于大力推进体制机制创新，扎实做好科技金融服务的意见》（以下简称《金融服务的意见》），提出了 23 条支持科技企业的金融服务举措，包括：支持科技企业上市、再融资和并购重组；不仅支持科技企业在国内 A 股市场上市，适当放宽科技企业的财务准入标准，简化发行条件，还支持符合条件的科技企业在境外上市融资。《金融服务的意见》提出了切实可行的实施意见，基本的思路就是以行政体制改革和金融创新促进科技资本化程度提升，进一步强化科技和金融的深层次结合，支持国家创新体系建设，具体分析如下：

允许具备条件的民间资本依法发起设立中小型银行，为科技创新提供专业化的金融服务。积极发展为科技创新服务的非银行金融机构和组织，鼓励符合条件的小额贷款公司、金融租赁公司通过开展资产证券化、发行债券等融资。积极推动产融结合，支持符合条件的大型科技企业集团公司按规定设立财务公司，强化其为集团内科技企业提供金融服务的功能。培育发展科技金融中介服务体系。

加快推进科技信贷产品和服务模式创新，完善科技信贷管理机制，丰富科技信贷产品体系。在有效防范风险的前提下，支持银行业金融机构与创业投资、证券、保险、信托等机构合作，创新交叉性金融产品，建立和

完善金融支持科技创新的信息交流共享机制和风险共控合作机制。创新科技金融服务模式。大力发展知识产权质押融资。

在拓宽适合科技创新发展规律的多元化融资渠道方面，支持科技企业上市、再融资和并购重组。除了支持科技企业在A股和境外市场上市，还支持科技上市企业通过并购重组做大做强，研究允许科技上市企业发行优先股、定向可转债等作为并购工具的可行性，鼓励科技企业利用债券市场融资，推动创业投资发展壮大。

鼓励其他各类市场主体支持科技创新。支持科技企业通过在全国中小企业股份转让系统实现股份转让和定向融资。探索研究全国中小企业股份转让系统挂牌公司的并购重组监管制度，规范引导其并购重组活动。

保险方面，要求建立和完善科技保险体系，支持符合条件的保险公司设立专门服务于科技企业的科技保险专营机构，为科技企业降低风险损失、实现稳健经营提供支持。加快创新科技保险产品，提高科技保险服务质量。创新保险资金运用方式，为科技创新提供资金支持。

加快建立健全促进科技创新的信用增进机制，创新科技资金投入方式，进一步深化科技和金融结合试点，综合运用多种金融政策工具，拓宽科技创新信贷资金来源。

（三）相关部委进一步推动国家科技成果转化引导基金贷款风险补偿工作

2014年4月，科技部条财司、财政部教科文司召开座谈会，征求国家科技成果转化引导基金（以下简称引导基金）开展贷款风险补偿工作的意见和建议。条财司戴国庆副司长介绍了引导基金设立的背景，条财司有关负责同志对引导基金贷款风险补偿工作的运作模式和政策要点进行了说明。参加会议的北京市科委和财政局、天津市科委和财政局、农业银行、国家开发银行、交通银行、招商银行等单位的同志结合本单位开展科技型中小企业贷款和补偿工作情况，围绕进一步完善科技成果转化贷款风险补偿机制，分散银行科技信贷风险，优化科技型中小微企业融资环境，展开了热烈的讨论。其中，天津市科委、财政局介绍了与银行深入开展合作，设立10亿元科技型中小企业信用贷款风险金的做法和经验。北京市科委、财政局介绍了贷款风险备偿金、业务补助金的运作情况。农业银行、国家开发

银行、交通银行、招商银行分别介绍了开展中小企业贷款的体会，并从政府风险补偿方式、资金拨付流程、补偿资金使用和作用绩效等方面提出了意见和建议。财政部宋秋玲副巡视员在进行会议总结时要求，要围绕引导基金的特点，结合地方政府的实践模式，进一步加快修改完善引导基金的贷款风险补偿机制，充分发挥财政资金的引导带动作用，激发地方政府、银行业金融机构开展科技成果转化贷款工作的积极性，解决银行业金融机构开展贷款业务的后顾之忧，促进科技成果转化和科技型中小微企业发展。

（四）科技保险的政策支持

2014 年 11 月 17 日，国务院办公厅发布了《关于加快发展商业健康保险的若干意见》，明确提出“探索建立医药高新技术和创新型健康服务企业的风险分散和保险保障机制，帮助企业解决融资难题，化解投融资和技术创新风险”。这表明科技保险将在分散医药科技企业技术创新风险上发挥作用。

科技保险主要通过保险手段分散风险，当科技企业和科研机构因风险而导致财产、利润或科研经费损失时，或其股东、雇员等的财产、人身因现实伤害而需承担各种民事赔偿责任时，由保险公司给予保险赔偿或给付保险金。

科技保险推广是全面促进科技与金融相结合的一项重大举措，目前已经对众多科技企业的持续快速发展产生了积极作用。其中，人身险如医疗险和健康险能够吸引高技术人才和管理人才加入企业、稳定研发团队和高层管理梯队。财产险能为关键研发设备、最终产品质量和专利获取提供物质保障，有助于保证研发实验过程的连续性和完整性。

自 2007 年以来，保监会就与科技部密切合作，在地方政府和保险机构的积极参与下，积极推动科技保险试点工作稳步向前迈进。2010 年 3 月份，在总结试点工作基础上，两部委联合下发《关于进一步做好科技保险有关工作的通知》，全面推广科技保险业务，帮助企业规避风险。以科技保险创新试点苏州高新区为例，截止到 2013 年年底，苏州高新区累计共有 92 家（次）高新技术企业投保科技保险，获批保费补贴累计超过 400 万元；保险险种涵盖财产一切险、关键研发设备险、高管人员和关键研发人员团体意外伤害保险、雇主责任险和出口信用险等，总计缴纳保费达 3725 万元，总

保险金额达到 646 亿元。

此前，保监会和科技部共同组织专家组严格评审，在国家高新技术产业开发区、保险创新试点城市和火炬创新实验城市中分两批确定了 12 个试点城市，中国人保财险、中国信保、华泰财险等 4 家公司参与了试点工作。同时，在保监局的协调下，试点地区科技部门制订了较为完善的补贴办法，规定了补贴比例、补贴数额和补贴流程。

目前，在原有试点的基础上，保监会和科技部继续支持保险公司创新科技保险产品。支持建立保险公司、科研机构、中介机构和科技企业共同参与的科技保险产品创新机制，针对科技领域风险特点，大力开发新险种，在科技型中小企业自主创业、并购以及战略性新型产业供应链等方面提供保险支持。

二、各省市科技金融的新发展

（一）北京市的科技金融发展现状

1. 首都科技条件平台构建企业融资“快车道”

首都科技企业综合信用融资服务平台“金科网”经过精心设计与建设，目前已具备科技金融产品的信息发布、在线服务等功能，于 2014 年 11 月正式上线发布。“金科网”构建起银行企业互选“淘金网络平台”，是“首都科技大数据”融资信息共享平台，它为更好地服务科技型企业、解决企业资金缺口拓展融资渠道。

“金科网”由首都科技条件平台科技金融领域中心和北京市科技金融促进会运营，致力于解决银企间信息不对称的矛盾，打造银企间线上线下交流的 O2O 模式。“金科网”平台可通过量化的金科指数，展示真实的、具有第三方评价的投融资现状，打造科技金融的“自生态”系统。同时，平台可实现科技信贷风险备偿金与业务补助金征集工作的在线申报，展示企业的融资活动和科技中介机构的服务等情况。另外，“金科网”平台还具备企业抵、质押物的展示、管理，创新互联网金融模式，数据统计等功能。

北京市科技金融促进会副秘书长黄毅表示，已经投入使用的“金科网”平台目前已经具备创新金融产品发布功能和企业融资信息名单推介功能，

它将成为企业融资渠道中的“绿色快车道”。实现银行企业互选“淘金网络平台”这种高效率方式，金融机构和企业都表示出极大的兴趣。“金科网”科技企业会员目前已有140家，广泛分布在电子信息、新医药、新材料、先进制造、环保及新能源等高新技术领域。

2. 北京中关村科技金融的发展经验

从2010年起，国家在北京中关村自主创新示范区先行先试了金融、财税、人才激励、科研经费等促进科技创新的一系列政策，取得积极成效，初步形成了“一个基础、六项机制、十条渠道”的中关村投融资模式。“一个基础”是指以企业信用体系建设为基础，以信用促融资，以融资促发展。“十条渠道”包括天使投资、创业投资、境内外上市、代办股份转让、担保融资、企业债券和信托计划、并购重组、信用贷款、信用保险和贸易融资、小额贷款。而“六项机制”建立了技术与资本的高效对接：一是信用激励机制；二是风险补偿机制；三是以股权投资为核心的投保贷联动的机制；四是银、政、企多方合作机制；五是分阶段连续支持机制；六是市场选择聚焦重点机制。

2014年12月3日国务院常务会议作出了四项重要决定：一是把6项中关村先行先试政策推向全国。包括加快落实先期已确定推广的科研项目经费管理改革、非上市中小企业通过股份转让代办系统进行股权融资、扩大税前加计扣除的研发费用范围3项政策，以及此次将推开的股权和分红激励、职工教育经费税前扣除、科技成果使用处置和收益管理改革等3项政策。二是在所有国家自主创新示范区、合芜蚌自主创新综合试验区和绵阳科技城，推广实施4项先行先试政策（包括：（1）给予技术人员和管理人员的股权奖励可在5年内分期缴纳个人所得税；（2）有限合伙制创投企业投资于未上市中小高新技术企业2年以上的，可享受企业所得税优惠；（3）对5年以上非独占许可使用权转让，参照技术转让给予所得税减免优惠；（4）对中小高新技术企业向个人股东转增股本应缴纳的个人所得税，允许在5年内分期缴纳）；三是围绕鼓励引进海外高层次人才、拓宽科技企业融资渠道、支持设立适应科技企业特点和需求的保税仓库等，研究推动在中关村开展新的政策试点；四是依托国家高新区，在天津、湖南长株潭以及东中西部一些地方再建设一批国家自主创新示范区，使先行先试政策

在更大范围、更多地区发挥效益。

当前，必须加快创新驱动，以更大力度推进科技体制机制改革，在更大范围推广实施试点政策，用政府权力的“减法”换取创新创业热情的“乘法”，这有利于激发人们尤其是科研人员的主动性、积极性、创造性，加快创新成果转化，推动高新技术产业成长，打造中国经济发展新动力，促进经济向中高端水平迈进。

（二）天津市的科技金融发展现状

《滨海新区支持科技型中小企业上市融资加快发展办法》和《滨海新区鼓励科技型中小企业利用股权投资基金融资若干政策措施》出台后，天津新区专门安排专项资金和引导资金，引导银行、小额贷款、担保、保险等金融机构加大对科技型中小企业的贷款融资支持力度，用足用好引导基金投资新区科技型企业的政策。近几年，累计有20家企业获得约2900万元专项资金扶持。同时，新区还出资1.5亿元，建立了3只创投基金，支持科技型企业融资发展。

天津新区先后设立了高新区科技金融服务中心和塘沽科技金融服务中心，搭建起集聚银行、担保公司、创投公司等各类机构的综合服务信息平台，为区内科技型企业提供以融资为主的全方面帮助，并与多家金融机构联合推出“天使贷”、“纳税贷”、“智权贷”等30款特色产品，满足了中小企业多样融资需求。在总结经验的基础上，将筹建滨海新区科技金融服务中心，促进科技创新资源聚集，着力创建科技金融创新型城区。

（三）浙江省的科技金融发展现状

浙江是我国中小企业最发达的省份之一，同时也是民间资本市场最活跃的地区。以杭州高新区——滨江为例，2009年7月，杭州银行成立科技型企业专营机构——杭州银行科技支行，探索对科技型企业的金融扶持和培育；2011年设立杭州创业服务中心，3年来，集聚多家国内外知名投资、担保及科技中介机构。2011年10月，专注于科技型企业的综合金融服务平台——中新力合科技金融服务公司宣布成立。该公司注册资本达3亿元，16家股东除中新力合是唯一民营机构外，其余都来自浙江省主要市县财政、国资部门，具有强大的政府背景。这意味着，该服务平台拥有强大的科技企业资源和市场资源支撑。而中新力合作为浙江省最大的专业从事中小企业融资服务的金融机构，也已积累了雄厚的中小企业客户基础和专业的金融运作经验。浙江省科技厅的相关负责人表示，组建中新力合科技金融服务公司的目的在于引导和促进金融机构、投资机构等各类资本进行金融服务创新，促进科技创新链条和金融资本链条的有机结合。近年来浙江省在直接融资方面发展非常快，包括天使投资、创业投资、股权投资以及后续的上市融资或者向资本市场发债等，接下来的关键是如何解决好科技型中小企业融资存在的高风险、轻资产以及信息不对称问题。而通过建立综合金融服务平台并实行企业化运作，引入银行、创投、担保、保险以及专利、律师、会计师事务所等机构，形成科技和金融资源的聚集效应，可以大大提高金融机构运行效率，为科技企业提供更好的服务。与此同时，浙江省财政已联手保险公司、银行共同创立了总额 1 亿元的中小企业履约保证保险，而面对科技企业的信贷专营机构科技小额贷款公司也已启动实施。

为促进高新技术企业更好地融入资本市场，运用资本的力量提升高新企业的经营能力、盈利能力以及市场竞争力。2014 年 7 月 10 日，浙江首家非营利科技金融服务平台——杭州高新区创业金融服务联合会（简称联合会），在社会各界的支持下在滨江区正式成立。联合会将联合银行、券商、会计师事务所等不同投资机构的合作，为不同阶段的高新技术企业提供融资服务，使用不同的金融工具，采取不同融资方式，提供相应的服务安排。如通过银投合作，探索解决高科技企业贷款风险补偿机制，发挥投资机构的专业判断能力，解决高新技术企业信贷市场上的信息不对称问题。为了有针对性地开展服务，中心还建立了动态、覆盖全区的科技型中小企业数据库，经初审，首批入选的企业近 2000 家。

浙江省也鼓励企业提升产业档次，更好地融入已推出的符合高新企业融资特点的地方性股权交易市场、新三板及创业板等多层次资本市场。随着新三板市场的扩容，各家商业银行也纷纷对挂牌股转系统的中小微企业伸出橄榄枝，提供多样金融服务。杭州银行已推出针对新三板挂牌企业的股权质押贷款业务和过桥贷款等多项业务，以缓解挂牌企业在挂牌初期的现金紧张问题，在政策法规允许的框架内开展全方位、多层次、宽领域的金融业务合作，实现资源和优势互补。近日，浙江杭州高新区（滨江）

科技金融服务中心和深交所开展战略合作，将在区内设立一个上市路演中心，并搭建全国第二个金融信息平台，主要从事金融信息的收集、舆情监测等；同时兴建一套视频系统，方便企业上市后和深交所实时沟通；并建立创新创业培训基地，专门为上市企业做培训。

2014年11月召开的“2014民企活动日暨现代技术现代金融双对接展示活动”标志着浙江民企科技金融“双对接”进入新常态。“双对接”（对接科技、对接金融）就是通过政府搭建平台帮助民企对接国内乃至国际科技与金融资源。目前，浙江省已经探索了多样化的复合型对接模式，也产生了一批成功对接的样本，如阿里巴巴网络经济“双对接”、康恩贝高端并购“双对接”、永康传统县域经济“双对接”、西奥电梯现代技术“双对接”……成为浙江省民企“双对接”工程十大样本。相关部门负责人也指出，下一步要拓展对接通道，不要流于形式、浮于表面，进一步要探索企业与园区、开发区、集聚区等对接模式。此外，对接服务平台也要创新，不能只是依靠行政力量，并且要提高“双对接”的精准度，依托现代信息技术解决对接双方信息不对称的问题。同时企业要注重资本的力量，善于运用现代金融工具，让科技与金融深度融合。

（四）江苏省的科技金融发展现状

近年来，江苏科技金融创新活动十分活跃，主要表现在以下几个方面[①]：

1. 科技金融组织体系初见雏形，科技金融多元融资模式基本建立

2014年11月，苏州交行与江苏股权交易中心签署了合作协议，江苏股权交易中心苏州分中心将致力于服务苏州地区的中小微企业，拓宽企业融资渠道，加强私募市场活力，打通投融资屏障，为挂牌企业实现规范运营、优化股权结构、并购重组以及走向更高层次的资本市场，提供全方位、专业化的服务。目前，江苏股权交易中心已实现中小企业私募债、集合债、定向增发、股权转让、企业并购等多元化创新融资业务。以中小企业私募

① 参见宋俊、谭中明：“江苏科技金融供求的现状、适应程度与提升对策”，《科技与经济》2012年第6期。

债为例，中心开辟的私募债平台为独立性平台，经过银行推荐符合条件的企业即可通过中心平台备案后融资，较交易所和银行间市场备案的私募债的效率更高。

2013年，江苏省科技保险保费收入达1.66亿元，为536家科技企业提供1020亿元的风险保障。到2015年，力争科技保险保费收入、参保企业数、风险保障额度在“十一五”基础上实现“三个翻两番”。

2. 江苏省科技金融信息服务平台的建设

江苏省科技金融信息服务平台，围绕省委、省政府关于创新型省份建设的总体部署，面向全省科技型企业和金融机构、创投机构，集成科技企业、科技项目、科技人才、科技园区、科技平台、科技政策等优质资源，促进金融、创投以及社会资本与科技型企业有效对接，形成围绕政府科技投入、吸引金融信贷和鼓励创投跟进投入的多元化、多层次、多渠道的科技金融投融资体系，为加快培育战略性新兴产业，推动江苏创新发展和经济转型升级提供有力支撑。按照江苏省科技厅的统一部署，根据科技金融服务的特点和流程，“平台”着力构建科技信息服务系统、金融信息服务系统、对接交易服务系统，如图9－8所示。

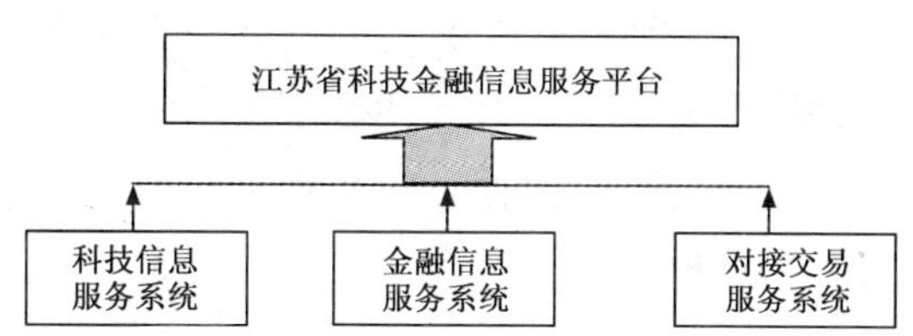

图9－8 江苏省科技金融信息服务平台

根据科技金融业务特点和流程，平台将主要实现以下四个服务功能：

（1）信息服务功能。重点实现企业融资需求、创投机构投资需求、银行等金融机构科技信贷产品各类基础数据采集、信息处理与集中展示。

（2）对接服务功能。重点针对平台各类投融资主体需求，开展需求分析与评价、商业策划与包装、项目宣传与推介等撮合服务。

（3）交易服务功能。侧重完善、延伸各项对接服务内容，开展股权融资、银行借贷、知识产权质押贷款、新药成果转让以及技术合同登记等各类交易服务。

(4) 支持服务功能。重点实现各类信息的统计分析，为平台良性运行提供决策参考。

此外，通过科技企业数据库的建设，集成全省各类科技计划资源，有效采集和发布满足金融、创投机构等需求的科技项目和科技企业信息，为科技型企业搭建高效融资通道。同时积极延伸各项对接服务，开展知识产权质押贷款、股权融资、新药成果转让、技术合同登记、技术产权交易等各类交易服务；开展需求分析与评价、商业策划与包装、项目宣传与推介等增值服务。

(五) 湖北省武汉市的科技金融发展现状

武汉市科技投融资服务平台是经武汉市人民政府批准组建的服务科技型中小企业投融资的专业化平台，隶属武汉市科技局管理。该平台以武汉科技投资有限公司为国有资金出资人代表，引入社会资本成立了武汉科技创新投资有限公司、武汉科技担保有限公司，形成了三位一体的科技投融资服务平台体系。武汉科技投资有限公司和武汉科技创新投资有限公司为投融资服务主体，武汉科技担保有限公司为担保服务主体。

武汉市科技投融资服务平台有六大功能：一是受托管理市级科技创业投资引导基金；二是与金融机构合作承办科技型中小企业融资贷款服务；三是为科技型中小企业融资提供担保；四是推进科技型企业上市；五是受托管理市科技计划投资类项目；六是支持科技金融创新促进会，开展相关政策咨询服务。

武汉市科技投融资服务平台遵循政府倡导、科技引导、金融主导的工作思路，积极探索科技资源与金融资源的结合，经过几年实践基本形成了覆盖科技研发、科技创业、科技产业化等不同阶段，面向大、中、小不同规模高新技术企业的多元化、多级次的科技金融服务体系（见图 9-9）。

(六) 四川省成都市的科技金融发展现状

成都高新区在推进科技与金融试点地区建设过程中，成功探索和打造了“盈创动力”综合性科技金融服务平台，有效引导和推动金融资源向科技产业聚集。截至 2013 年底，“盈创动力”已累计帮助 1200 多户（次）中小企业获得贷款担保超过130亿元；吸引社会股权投资基金近100亿元，帮助22户创业企业获得天使投资4180万元；帮助依米康等15户企业在创业板、中小板、“新三板”挂牌上市；通过免费开展财富沙龙、峰会论坛等增值服务，帮助1000余户（次）企业与各类金融机构、中介服务机构对接，促进企业提升管理、融资等能力。

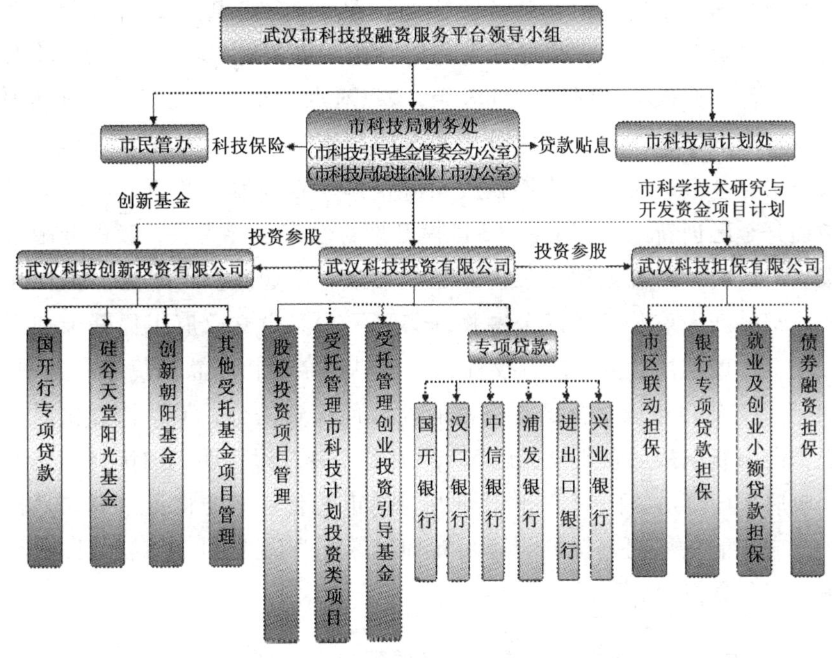

图9-9　武汉市科技投融资服务平台结构示意图

打造“盈创动力”平台的初衷是考虑用一栋楼把各类金融机构和金融中介机构“装”进去，为企业提供一揽子专业化金融服务。为此，成都高新区建设了面积总计超过6万平方米的盈创动力大厦，并已吸引50余家国内外知名金融服务机构入驻。在拥有物理空间基础上，“盈创动力”积极延伸至用网络空间，即以“天府之星”数据库为核心构建网络化投融资服务平台。已与近200家金融服务机构建立起合作关系，收录上万户企业信息，构建起债权融资服务、股权投资服务、增值服务三大专业服务体系。

“盈创动力”模式实质上是一种政府引导、民间资金参与、市场化运作

的科技金融服务模式。成都高新区科技金融结合工作分别经历了起步期、发展期、提升期、深化期等几个阶段，政府从直接参与到逐渐隐身“幕后”，逐步探索形成了“盈创动力”模式。

具体来说：(1) 起步期：市场自发为主，政府辅以牵线搭桥。2001 年，成都高新区进入快速发展期，融资难是制约当时科技企业发展的核心问题。成都高新区深入企业调研、开展统贷统还业务，通过国有公司为企业增信并提供投融资对接服务，积极探索破解难题的办法。(2) 发展期：政府主导为主，深度介入金融创新。2008 年，“点对点”帮助企业解决融资问题已不能满足产业发展需要。这一阶段成都高新区通过建立政策保障体系、设立政府引导基金、成立小额贷款公司等措施，在体制、政策、产品等方面不断提升金融创新配套服务。(3) 提升期：政府引导为主，吸引金融资源集聚。2011 年，“盈创动力”模式正式形成，企业融资需求也向多样化发展。成都高新区采取了建设金融物理集聚平台、设立政府担保基金和天使投资基金、助推社会资本接力投资、打造科技金融信用软环境等有益举措。例如，2012 年出资设立全国首只政府性天使投资基金，带动社会化天使投资机构向高新区初创企业投资近 5000 万元。(4) 深化期：加快金融产业发展，政府回归幕后。随着“盈创动力”的市场化、专业化运作模式日益成熟，政府职能从早期直接参与逐步转向“幕后”规划引导，制定出台相关政策、工作方案。

(七) 广东省深圳市的科技金融发展现状

深圳的科技金融发展走在了全国前列。深圳市高新投成立 20 年来，成功开创了投保联动支持中小微科技企业发展的服务模式，打造了从企业初创期到 IPO 完整的融资服务链条，被誉为“创新型孵化器”。深圳市创新投主要投资中小企业、高新技术企业、转型升级企业等，成立 15 年来，投资项目、上市数量、行业排名均遥遥领先，现管理创投基金逾 300 亿元。深圳市中小企业信用融资担保集团致力为中小企业提供专业、便捷的融资服务，成立 15 年来，服务中小企业过万家，担保金额超千亿元。2014 年 11 月，在深圳调研的中共中央政治局委员、国务院副总理刘延东也肯定了深圳市发展科技金融、扶持中小型科技企业取得的成绩，称赞他们通过综合性、全过程的跟踪式服务，从初创、成长到成熟，实施全链条服务，再加上严谨的科学管理和创新文化，在服务、支持中小企业发展和做大做强上积累了很好的经验和做法。深圳市也将抓住建设国家自主创新示范区的机遇，在科技金融发展上继续大力发展研发中介、技术转移、创业孵化、知识产权、科技金融等科技服务业，建设有世界影响力的一流科技创新中心，走出一条以创新驱动升级发展、科学发展的新路。

第十章 上海科技金融发展中的主要问题与前景展望

第一节 上海科技金融发展中的主要问题

一、上海科技金融领导体制和机制存在的问题及差距

（一）科技金融领导体制、机制的政府定位问题

目前上海市、区县政府在科技金融领导体制、机制的定位同时存在越位及缺位。越位主要体现在科技金融担保、引导基金等方面。上海市、区县政府对初创期科技企业的政策性担保、政府引导基金的市场化程度较低，政府干预较多，资金效率不高。如科技企业担保中政府财政性担保处于主导地位，民间担保所占份额很低。科技中小企业信用担保体系过分依赖于政府担保，造成政府财政负担加重，政府风险放大，市场管理风险功能弱化。而科技中小企业金融风险本来就是市场现象，政府担保的越位表明政府承担了过多本来可由市场管理和分散的风险。政府科技金融职能缺位是指本来应当由政府生产和提供的科技金融公共产品和服务，政府却没有充分尽职尽责，导致科技金融公共供给不足。缺位主要表现在两方面：一是政府没有发挥信息集大成的政府优势，建设解决科技企业信息不对称的信用

信息体系；二是目前政府主导的科技金融对中小科技企业的支持覆盖面很低。

（二）缺乏有力的推进主体

科技金融领导体制、机制主要是政府的组织制度，是政府的机构设置、隶属关系和权力划分，但政府的附属机构、延伸职能机构的科技金融具体推进组织制度也很重要。中关村科技金融推进主体是国有控股公司中关村发展集团，其在组织机构方面作出了相应的配置，成立了中关村科技金融集团作为科技金融工作的统一平台。但在上海，如张江国家自主创新示范区，并没有组建推进科技金融工作的统一平台，各类科技金融资源分别置于不同的子公司之下，缺乏有力的科技金融工作推进主体，不利于科技金融资源的统筹。

（三）科技金融领导体制与机制的管理模式需改进

目前政府主导的科技金融领导体制、机制的管理模式分直接管理模式和委托管理模式。科技企业政策性担保、政府引导基金等直接管理模式的管理团队是事业单位编制人员，如何对其建立有效的激励与约束机制，以避免政策性担保、政府引导基金管理上的寻租，并保持其运作的高效与专业，是个难解的问题。而在委托管理模式下，需要采取专家评审委员会独立评审和政策性担保、引导基金理事会决策相结合的方式，如何保证专家评审委员会独立评审的专业性、科学性和公正性，这还有待相关制度的不断完善。

此外，如前述第七章第四节内容所述，上海科技金融政策支持体系在融资服务体系、财税支持体系、科技成果转化和政府管理体系方面仍存在问题，需要进一步健全与完善。

二、上海科技金融机构存在的问题

（一）科技信贷机构

上海科技银行存在的主要问题包括：

第一，信用担保体系仍需健全。如前文第二章第二节所述，科技担保机构仍然存在担保企业发展状况参差不齐、总体上资金不足且规模较小、担保物流转渠道不通畅造成科技担保项目很难落地以及政府对科技担保的扶持不够等问题。同时，担保行业的立法仍需进一步完善，仍需加强行业监管，担保机构自身抵御风险的能力也尚需进一步加强。

第二，科技支行的发展仍需进一步结合银行自身和科技企业客户的特点完善。如前文第二章第三节所述，目前已有多家商业银行在张江、漕河泾、杨浦等高新科技园区开设科技支行，利用与科技型企业相毗邻的地缘优势因地制宜地开展相关科技金融服务。但在发展过程中，如何进一步增强这些科技支行的独立性、针对科技型企业客户的特点如何适当提高不良贷款容忍率，并进一步发挥银行的专业分工优势，真正为企业客户提供高效多元的“一站式”服务仍是需要继续在实践中探索的问题。

第三，科技小额贷款公司的发展仍需规范。如前文第二章第四节所述，作为适应市场内生发展需求而迅速壮大的新生力量，小额贷款公司在与银行相较的错位经营中迎合了中小企业以及三农“小额、分散、短期”的资金需求，但同时也在定位、融资、利率、成本、监管和前途等方面存在相应问题，其中如何进一步通过有效监管立法及监管职责解决小额信贷组织的合法身份问题，并依此为基础保证其合法地开辟资金来源问题成了重中之重。

（二）科技保险机构

上海科技保险机构存在的主要问题包括：

第一，产品市场适应性偏弱，总体销售规模小，企业参保率低。在一定程度上表明，当前科技保险产品对于高新技术企业的吸引力相对有限。

第二，险种销售极端不均衡。科技保险的试点企业和试点险种分别由3家6种扩张为5家30种，具体分布是：人保财险13种；华泰保险7种；平安养老3种；出口信保6种；太平洋保险1种（仅在上海试点）。但30种科技保险产品实现规模销售的仅有高新技术企业财产保险、出口信用保险、特殊人员意外伤害保险等少数几种。其中，仅出口信用保险一类的保费金额就占到全部科技保险保费的90%左右。而其他险种，例如营业中断险、研发责任险、环境污染责任险、高管及董事职业责任险及专利保险等险种

则占比偏小。

第三，综合赔付率高，保险公司盈利能力弱。科技保险从试点之初，便采取政策性保险、商业化运作的方式。其中“政策性”体现在政府对购买科技保险的高新技术企业进行财政补贴“商业化”体现在运用保险机理对投保企业的风险损失进行补偿。作为自主经营的商业主体，保险公司的经营目标是实现股东利益的最大化，因而要追求持续的盈利能力。但是从实行情况看，保险公司在科技保险领域的整体赔付率偏高，盈利能力较弱。科技保险的赔付率远高于全国非寿险赔付率整体水平。高昂的赔付率影响了保险公司的承保积极性和创新积极性。

（三）多层次资本市场

1. 产权交易机构面临专业人才短缺的困境

专业人才短缺严重制约着产权交易市场的正常发展。产权交易市场与一般商品或者劳务市场的显著区别在于，它所提供的商品不是作为普通消费者的消费品，而是作为企业再生产的重要生产条件。这无论对于产品的出让方还是受让方，都不是一件简单的买卖行为，而是涉及双方企业规模、效益、管理等诸多方面的重大决策，需要专业人员在资产评估、技术、制度等方面进行全面把握。但是在现实生活中，此类专业人员普遍比较缺乏，这种情况是目前产权交易市场还很不成熟的主要原因之一。

2. 券商“中小企业私募债”试点规模较小

上海资本市场虽然目前初具规模，但是发展还很不平衡，中小企业进入资本市场的壁垒很高。尽管创业板市场对中小企业全面开放，但是其上市要求条件相对来说还是比较苛刻。一些有一定技术、专利、成长性较好，需要融资后投入规模生产的中小科技企业由于初期的业绩和规模限制很难挤进证券市场的大门。中小企业板和创业板目前还不能满足科技型中小企业的发展需求。

（四）创业投资机构

上海创投业发展势头虽好，但仍存在一些瓶颈制约，主要有：

第一，创投企业在专业人才的培养和集聚方面，上海本土综合型人才

积累与行业发展速度不匹配。创业投资实际是一项人的事业，人才的竞争是抢占行业制高点的关键因素之一。上海创投业中专业经理人数虽逐年增长，但相比机构数量的增长略逊一筹，与北京、深圳相比，并未在创业投资人才的集聚方面显现任何优势。现有的资深创投经理多是国外创投企业培养或通过高能激励引进；而大部分本土从业人员，或精通金融知识和企业管理经验，或对专业技术和产业发展特点认识深刻，但都欠缺创业投资的亲身经验，在实际工作中往往因配合上的信息不对称而导致创投项目的策略和战略失误，抑或因不能为被投资企业提供有效增值服务，而未达到创投经理的要求。

第二，在 GP（general partnership，普通合伙）、LP（limited partnership，有限合伙）的认定及管理方面，GP 无限责任的规避及合格 LP 的缺乏是两大主要共性问题。一方面，许多创投管理团队希望设立有限合伙企业进行创业投资运作。由于我国没有自然人破产法，若管理团队以有限责任公司来担任 GP，在法律上规避了 GP 无限责任的承担，与国际上通行的有限合伙制创投企业不相适宜。另一方面，当前在国际市场上，真正合格的 LP 实质上是三类机构——大学的捐助基金、养老保险基金和富有的家族，而国内目前除政府引导基金是主要的 LP 外，社保尚不允许进入创投领域，保险基金也未涉足，民营资本积极性虽高，但多以急功近利心态进入创投行业，对其行业本质并未有深刻认识，因此并没有形成较为成熟的 LP 群体。

第三，券商直投业务冲击现有创投业格局。面对创投业高额回报和巨大的市场“蛋糕”，各路券商在近期纷纷投身“保荐 + 直投”这条全新的利益链，重点投资 IPO 前项目，而不是发挥其独特优势，专注从事专业化并购技资业务。“保荐 + 直投”往往暴露出一些问题：即券商投行是企业上市的保荐人、承销商，也是财务顾问，更是股东，这种直投、保荐、承销的多重角色意味着利益的直接相关。

三、上海科技金融产品存在的问题

（一）系统性政策支持不足

解决科技创新企业技融资难题需要政府、金融机构、中介服务机构和

企业的共同参与，其中政府政策的主导作用支持至关重要。但目前上海缺乏科技金融产品创新的系统性支持政策，主要表现在政府政策联动和配套不紧密、科技金融资源整合力度不大、政府专项资金的社会引导作用不强、国资参与创新的限制多、新型金融机构的法律地位模糊等方面。例如，上海杨浦区各街道是连接企业和政府部门、金融机构的桥梁与纽带和深化科技金融产品创新的基础力量，具有贴近企业的信息优势，但各街道为中小企业融资服务情况至今未纳入杨浦区招商引资和服务经济的考核指标。

（二）综合服务平台建设尚需完善

科技金融产品的创新需要构筑银行信贷、风险投资、资本市场等方面的综合服务平台，但由于现有法律和制度存在诸多不确定性，综合服务平台的发展滞后。具体表现在综合服务平台的商业运作模式不成熟、平台内交易、清算及交割功能不完善、科技企业的知识产权评估和退出等平台建设滞后、债权和股权融资、两者融合的多层次服务链尚未形成，以及中小企业征信体系薄弱等。

（三）银行科技信贷支持力度不够

科技型中小企业发展的主要源动力是其拥有的知识产权及核心技术，可抵押资产较少，具有“轻资产、小规模、重技术、高风险”的典型特征，不符合银行传统的贷款审核标准。银行出于放贷成本与资产安全等考虑，缺乏为科技型中小企业提供充分金融支持的动力。由于科技型中小企业产品研发和控制核心技术等保密原因导致银行贷款信息不对称，也加大了科技企业从银行融资的难度。此外，目前科技型企业主要依靠自身在市场上高成本地寻求融资产品。加之科技企业缺乏对银行金融产品与自身财务特征匹配的能力，一旦错配将威胁企业生存。

（四）直接融资渠道有待丰富

科技型中小企业“高风险、高收益”的特点决定其需要内源与外源融资、直接与间接融资相结合来满足其在不同成长阶段的资金需求。但目前国内资本市场融资体系不完善，科技金融的中介服务和产权交易市

场发展滞后，难以对技术与商业模式处于创新阶段的企业提供直接融资。

第二节 上海科技金融发展的前景展望

总体而言，上海科技金融发展需要特别关注以下三方面的工作：首先是进一步优化科技金融机制，处理好政府引导和市场主导的关系，可持续地推进科技金融工作。其次是要推进科技金融创新，协同推进创业投资、科技信贷、科技保险和多层次资本市场等科技金融各领域工作。三是要进一步优化科技金融生态环境，为推动科技金融创新，为科技金融市场机制的发挥提供良好的环境。

一、上海战略性新兴产业科技金融的发展展望

（一）战略新兴产业科技金融支持路径设计

依据科技金融的内涵，在各种资本形态（财政资本、产业资本、金融资本等）与技术创新相互作用的过程中，会发生各种各样的组合与交互作用，从而为战略性新兴产业提供多样化的支持路径。但是，资本的逐利性质导致目前战略性新兴产业发展的科技金融支持主体还是公共科技金融，尤其是在产业研发期和成果转化期。因此，要改变目前这种状况，必须把科技金融的资金链、技术创新的价值链、战略性新兴产业的产业链结合起来，通过政府安排的政策引导作用、制度创新的利益驱动作用，使各种社会资本介入战略性新兴产业金融支持体系，通过市场科技金融—混合科技金融—公共科技金融支持体系，及其科技金融服务平台的搭建和商业模式创新，使不同战略性新兴产业发展阶段（研发期、成果转化期、市场导入期、产业化期）、不同科技成果形式（知识产权、创新团队、自主创新产品）和不同的科技金融产品（科技贷款、科技担保、科技债券、创业投资基金、产业基金）实现交叉和互动，形成资金链、产业链和价值链上，

立体化和开放式的科技金融支持网络和路径（如图 10－1 所示）[①]。

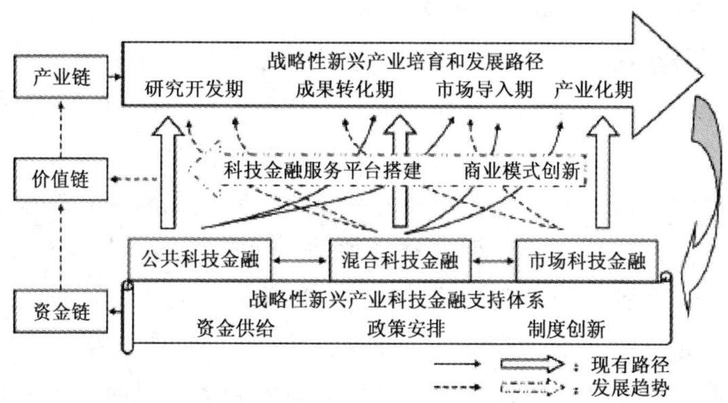

图 10－1　战略性新兴产业科技金融支持路径设计

实现战略性新兴产业发展所需的交叉型、立体化科技金融支持路径，关键要做好资金供给、政策安排、制度创新、科技金融服务平台搭建和商业模式创新 5 个方面的工作：

（1）资金供给。相对来说，目前我国经济发展形势好，银行、风险投资、产业基金、社会资本等资金较多，政府财政科技投入也不断加大，为战略性新兴产业发展奠定了基础。

（2）政策引导。这是实现战略性新兴产业科技金融支持路径的关键，不仅包括与战略性新兴产业发展相关的产业发展规划、财政投入、税收优惠、政府采购等各种科技金融政策措施，还包括与科技金融服务配套的产业规划、中介服务、交易市场等政策措施。

（3）制度创新。这是实现战略性新兴产业科技金融支持路径的保障。由于以技术创新作为发展的核心依托，战略性新兴产业研发风险、成果转化风险、市场培育风险必然伴随着高成长性和高收益性。因此，要想发挥政策引导作用，风险与利益的权衡成为影响市场科技金融资本主体决策的首要因素。要想解决这些问题，就必须从制度上进行创新，包括投资模式、退出机制、利益分配机制以及风险分担分散机制等。如政府、银行、保险公司、担保公司、创投公司、基金公司等，必须创新现有金融制度，才可

① 参见赵天一："战略性新兴产业科技金融支持路径及体系研究"，《科技进步与对策》2013 年第 4 期。

能通过多样化的组合模式和投资方式，完成科技金融转型，驱动其投资方向在战略性新兴产业上的前移和多样化。

（4）科技金融服务平台搭建。科技金融服务平台主要由政府引导，联合有关中介机构、创业投资服务机构、孵化器、行业协会、各种金融主体等成立网络，是连接科技金融需求方、科技金融供给方的桥梁和纽带，提供科技金融及战略性新兴产业相关的社会化、专业化和综合性服务，包括资金供求信息、信用评级、无形资产评估、风险评估、技术咨询及交易、资本市场上市服务、担保服务等。科技金融服务平台对战略性新兴产业创新主体与科技金融主体之间的资金流、知识流、信息流交互起着关键作用，能够有效降低战略性新兴产业的创新成本和创新风险，加快科技成果转化。

（5）商业模式创新。战略性新兴产业成长的规律性使科技金融支持路径必须有商业模式的创新。正是在科技金融与战略性新兴产业技术创新的耦合与交互作用下，商业模式有了创新空间。目前，广东省有关政府部门、企业等联合推广的“EMC＋供应链＋金融”的商业模式，就是在探索科技金融支持战略性新兴产业路径过程中的产物。

（二）战略性新兴产业科技金融支持体系构建

构建战略性新兴产业发展的科技金融支持体系，必须充分调动相关的科技金融主体，结合科技金融的内涵与外延，围绕产业特征和发展阶段，通过资本要素的互动和体制机制的创新，营造有利于培育和发展战略性新兴产业的科技金融生态。我国应当在借鉴国内各省市做法以及发达国家经验的基础上，与目前战略性新兴产业发展特点以及科技金融支持存在问题相结合，充分利用现有科技金融资源和有关政策，构建战略性新兴产业科技金融支持体系（如图10－2所示），主要内容包括公共科技金融体系、混合科技金融体系和市场科技金融体系。

1. 公共科技金融体系

该体系又可分为政策性科技金融、财政性科技金融，主要投资于战略性新兴产业的研发阶段、成果转化阶段以及市场导入阶段。政策性科技金融主要包括政府采购政策和产业税收优惠政策，即加强对战略性新兴产业

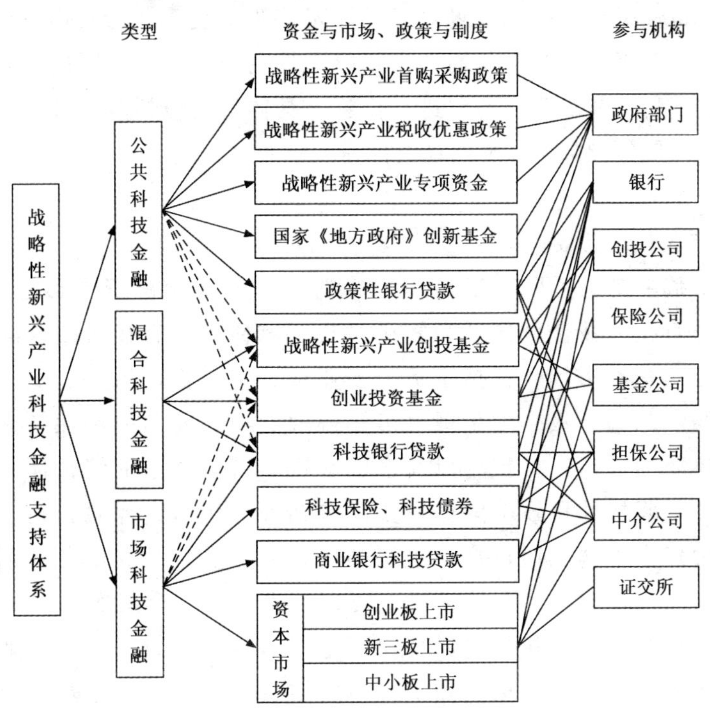

图 10－2　战略性新兴产业科技金融支持体系

产品的政府采购、首购政策，完善和细化采购目录、制度、准入条件等；全面实现战略性新兴产业企业研发费用税前加计扣除、企业所得税优惠、进口设备减免税、软件与集成电路产业增值税减免等。财政性科技金融，主要包括利用财政资金形成的战略性新兴产业公共科技投入（创新平台、创新团队、创新基地、创新工程等）、产业专项资金（包括战略性新兴产业专项资金、国家及地方政府创新资金）以及创业投资基金和创业投资引导基金。政府应当加强创投引导基金的建设，通过示范效应、引导效应，吸引更多社会资本介入。

2. 混合科技金融体系

主要指属于公共科技金融的资本形态与属于市场科技金融的资本形态通过参股、投资、贷款等方式，形成的一种以市场运作为前提、以政府引导为保障、以科技金融演进为根本的科技金融体系，主要目的是通过财政

资金的政策性引导牵引和市场利益的驱动，吸引更多社会资本参与。除加强对战略性新兴产业产业化期和市场导入期的支持外，不断向产业链前端延伸，实现科技金融路径的演进与循环。具体形式包括战略性新兴产业创投基金、一般创投基金以及科技银行等。

3. 市场科技金融体系

该体系主要包括以市场运作为主的各种科技金融资本形态和要素，可以分为直接科技金融体系和间接科技金融体系。直接科技金融体系主要指多层次资本市场，包括主板、创业板、中小板、新三板及其他场外交易市场。除了主板、中小板上市及再融资项目要向战略性新兴产业倾斜外，还要加快新三板扩容以及多层次资本市场体系的转板体制改革与机制设计。间接性科技金融体系主要包括商业银行、保险公司、担保机构等金融资本主体，通过自身组织结构、业务、产品和服务的创新，为战略性新兴产业服务。具体来说，可以包括以下几个层次：(1) 组建科技银行、科技支行或科技担保公司，专门为战略性新兴产业企业及有关科技企业提供贷款或担保，如上海浦发银行与美国硅谷银行合资组建的浦发硅谷银行；(2) 针对战略性新兴产业科技成果，开展知识产权融资、产业链融资服务；(3) 专门设计针对科技创新的融资和保险产品，如上海、杭州等地的“科灵通”、“投贷宝”，研发团队人身险、研发技术损失险等；(4) 根据战略性新兴产业企业规模小的特点，发行集合债券、集合票据等。

二、借鉴国内外经验，打造上海科技金融集团

随着科技与金融双向推动加速和新一轮国资改革浪潮的到来，给国有创投发展带来难得的发展机遇，亟须总结国内主要国有创投公司的发展经验，理清上海国有创投的发展思路，构建和完善符合中小微企业科技创新需要的科技金融业务链与服务网络体系，推动上海科技创新和产业转型升级。为此，我们实地调研了深创投、苏创投和粤科金融集团，对这些国有创投企业的发展特点进行了概括并提出若干建议，以期对上海国有创投企

业在新一轮国资改革中的定位和发展有所裨益。①

(一) 国有创投企业在扶持中小微科技企业中发挥领军作用

深创投、苏创投和粤科金融集团等公司是中国成立较早的一批国有创投企业，它们都经历了中国创业投资的整个历程，并通过发挥国有资本政策性引导性功能，锐意改革、大胆探索，按照规模化、市场化的要求，推进体制机制创新，培育形成了自身的核心竞争能力。

深创投、苏创投和粤科金融集团等公司是中国成立较早的一批国有创投企业，他们都经历了中国创业投资的整个历程，并通过发挥国有资本政策性引导性功能，锐意改革、大胆探索，按照规模化、市场化的要求，推进体制机制创新，培育形成了自身的核心竞争能力，在中国创投行业发展中发挥了领军作用。具体表现为：

1. 成功地把一大批中小微企业培育成知名高科技企业

深创投等公司丰富的创业投资经验成就众多经典案例，使众多中小微企业在境内外资本市场成功上市，如深创投（39 家）、苏创投（15 家）、粤科金融集团（11 家）。其中，深创投等公司成功培育了一大批知名高科技企业，高新技术产业、先进制造业和现代服务业已成为它们创业投资资金投入的主要领域，其中 60% 以上的资金投向新能源、新材料、生物科技、物联网等新兴产业，在推动科技创新、高新技术产业升级以及科研成果转化等方面发挥了重要作用，使之成为中国推进新兴产业和经济转型的排头兵。

2. 投资阶段逐渐前移，强化国有创投科技创新导向

随着行业竞争趋于激烈和对国有创投科技创新导向的自我思考，深创投把投资的重点放到初创期和成长期企业，分担企业创新风险，着力解决未成熟企业的融资难和服务难问题。截至 2013 年 6 月份，深创投 82% 的投

---

① 参见上海科技金融研究院官方微信推送文章，“不妨建个上海科技金融集团”，2014.04.28。http://mp.weixin.qq.com/s?_biz=MjM5MzExMzQ4OA==&mid=200667359&idx=1&sn=dcaef41004abd99448e3a4a2ed91385f&3rd=MzA3MDU4NTYzMw==&scene=6#rd。

资项目、73%的投资资金投资于初创期和成长期企业。在深创投支持下，被投资企业在自主创新方面作出了突出贡献，乐视网、网宿科技、微点生物、上海微创、麒麟网、赛金医药、三维丝等成为深创投早期投资的丰硕成果。初创期和成长期在当前代表新技术、新产业、新模式发展方向的早期发展阶段的项目资本集聚明显不足的形势下，它们的担当和示范效应依然巨大，带动功能不可或缺。深创投雪中送炭之举使许多有良好发展潜质的中小企业避免了因缺乏资金而夭折。

3. 借中小板、创业板设立和国有股全流通之力，实现了超常规发展

2005年前，国内创投业发展面临退出障碍的制度化瓶颈，国有创投业整体发展不尽如人意。以后，随着中小板、创业板设立和国有股全流通，深创投等公司找到了一条“本土募资—本土投资—本土退出”的发展模式，培育形成了自身的核心竞争能力，不但在跌宕起伏的中国创业投资行业发展中生存了下来，而且还把握了这波机遇，在中国创投行业中发挥了领军作用，实现了超常规发展。

（二）整合资源，推动建立集团化发展模式

深创投等成功运作的国有创投公司，在组织上都采取了集团公司的运作形式。目前，这些创投机构实行集团化控股式决策管理模式，大型化、综合化、品牌化趋势明显。深创投等成功运作的国有创投公司，在组织上都采取了集团公司的运作形式。2000年9月，中国第一家集团型的风险投资公司——广东省风险投资集团成立，现整合为粤科金融集团（原广东省粤科风险投资集团有限公司）；2002年10月，深圳创新投资集团公司正式成立，前身为1999年8月26日成立的深圳市创新科技投资有限公司；2007年9月，苏州创业投资集团成立。前身是“中新苏州工业园区创业投资有限公司”。目前，这些创投机构实行集团化控股式决策管理模式，大型化、综合化、品牌化趋势明显。

1. 以PE为核心，打造综合性投资财团

深创投未来的战略是打造综合性投资财团，当涉足全资产管理成为众多PE机构的抗周期战略时，深创投已在公募基金领域创造了颇为可观的业

绩，将来与其他PE一样，深创投也有着“中国凯雷”、“中国黑石”梦，并已将设立母基金FOF、新兴科技地产基金等提上日程。

2. 践行科技金融创新，打造投资控股集团

苏创投即现在的元禾控股，历经十年发展业已成为一家管理数百亿元资金规模的投资控股集团，业务覆盖股权投资、债权融资和股权投资服务三大板块，核心业务包括了国内第一只国家级股权投资母基金、国内规模最大的天使投资平台、搭建国内唯一千人计划创投中心等。苏创投将继承企业开拓创新、专业进取的文化精神，引领股权投资发展，践行科技金融创新，成为一家具有国际影响力的投资控股集团。

3. 以“解决科技型中小微企业融资难”为己任，构建多层次科技金融服务体系

粤科金融集团引入创新理念和机制，大胆尝试科技金融创新实践，重视科技金融服务业务链的延伸，创建多层次的投融资服务体系，积极拓展科技小额贷款、科技融资担保、科技融资租赁、科技资产评估、科技产业基金、科技金融产业园区等业务，形成“2+6”的科技金融产业发展新格局。未来将强化科技金融集团化发展，着力打造广东科技金融服务主平台，构建和完善符合中小微企业科技创新需要的科技金融业务链及覆盖全省的服务网络体系，推动科技创新和产业转型升级。

（三）借鉴国内经验，推进上海国资管理与经营市场化

1. 解决冲突的创新办法

深圳创投成立之初就确定了每年拿出净利润的一定比例直接奖励给员工。目前公司所有高管，强制性跟投所有公司投的项目，包括董事长、总经理、副书记、四个副总一共七个人，目的主要是控制风险。

2. 政府放手，让机构作为独立主体按市场化规则运行

深创投有很好的创新氛围。由于地处市场经济最发达的深圳，体制与机制比较灵活；有超前的市场理念，1999年成立时就提出了政府引导、市场化运作、按经济规律办事、向国际化惯例靠拢的理念。政府给了深创投

好的机制，当时深圳国资委对深圳创投“不塞项目不塞人”，经营事务完全由管理团队负责，在投资决策、投资管理、投资退出等方面充分授权给管理经营团队，国资委只考核和管理公司主要领导的人事、业绩和薪酬。苏创投则延续了中新创投市场化、国际化的运营风格，也很少受国资管理部门的干预。而在粤科金融集团成立之初政府就支持粤科集团采用市场化的运作方式，实现又好又快发展，并支持粤科集团与社会各类资金合作，做强做大风险投资业务。

3. 积极推进混合所有制改革，增强国有创投竞争力

国有创投企业单一的国有资本在市场运作上存在一些问题，包括国有资本与创投运营理念的矛盾、投资决策效率不高、激励机制不足以及利益保护机制欠缺等，使得国有创投缺乏竞争力。为此，深创投于 2010 年进行了新一轮增资扩股，通过引进“七匹狼”等 3 家民营股东 10 亿元资本，使集团的国资股份比例降到 50% 以下，从而成为一家混合所有制企业，以化解纳入一般国企考核而带来的一系列投资经营障碍。

4. 制定有别于一般国企的约束激励机制

深圳创投成立之初就确定了每年拿出净利润的一定比例直接奖励给员工，业绩分成是 2 + 8，“2”是项目净收益的 2%，这是投资团队拿的，投资团队是做一个项目的项目组，可以拿项目净收益的 2%。“8”是深创投一年利润的 8%，这是给员工发绩效工资的，全公司员工按照事先的考评体系来分，这个都会分掉。投资团队在投资时，就已经确定了日后分红的比例。并规定投资团队强制性个人跟投总投资额的 1%。这个做法跟外资基金不同，外资基金不管是附带式基金也好，合伙人跟投也好，实际上是用管理费跟投，本质上是用 LP（出资人）出的钱跟投。深创投用的是自己的钱。这个理念是：你让公司投，你让投资人投，你自己敢不敢投？目前公司所有高管，强制性跟投所有公司投的项目，包括董事长、总经理、副书记、4 个副总一共 7 个人，目的主要是控制风险。粤科金融集团的基金公司经营团队也实行市场化激励，除建立跟投机制之外，还把项目利润的一定比例用于奖励。苏创投管理层的薪酬也实现了与经营业绩充分挂钩，他们积极探索新办法，经营者团队实现了市场化的激励。

（四）打造上海科技金融集团的可行思路

上海目前还没有一家国有创投企业成为国内领军型的公司。面对国内创投业的激烈竞争，上海需要通过集团化发展整合现有的国有创投公司，并以此为基础，建立上海科技金融集团，重点对上海科技投资公司、上海创业投资有限公司资源进行整合，加快推进集团化控股式决策管理模式创新，构建集股权融资和债权融资、直接融资和间接融资、融资担保和风险保障于一体的科技金融服务体系，打造强大的多元化科技金融服务平台，为科技型创新创业企业提供全生命周期、全功能形式的投融资服务。

通过集团化发展整合现有的国有创投公司。上海国有创投企业起步于20世纪90年代初期，目前已进入快速发展阶段，角色也发生了显著变化，已经由发展初期的行业开拓者、民营资本和境外资本的引领者，转变为主动服务国家科技创新战略的推动者、积极扶持科技创新创业的承担者。但上海目前还没有一家国有创投企业成为国内领军型的公司。面对国内创投业的激烈竞争，上海需要通过集团化发展整合现有的国有创投公司，并以此为基础，建立上海科技金融集团，重点对上海科技投资公司、上海创业投资有限公司资源进行整合，加快推进集团化控股式决策管理模式创新，构建集股权融资和债权融资、直接融资和间接融资、融资担保和风险保障于一体的科技金融服务体系，打造强大的多元化科技金融服务平台，为科技型创新创业企业提供全生命周期、全功能形式的投融资服务。

发挥集成效应，建立和完善科技金融业务链与服务网络体系。集团化组织规模扩大，管理链条加长，应更加注重和强调集团内部的协调和配合，发挥集团的集成效应，通过不同机制、不同产业特色、不同团队、不同资本调集尽可能多的资源，使集团功能放大到最大化；借鉴国际风险投资业的通行做法，针对科技企业的市场需求，围绕公司的核心业务，发挥基金公司的功能，提供高附加值的配套服务；发挥直投＋母基金的放大引领效应，主要经营任务是筹集资金和委托投资，加强对子公司、控股公司的管理和协调；建立以投资为主导的担保、贷款、增值服务四位一体的运作模式，形成对科技企业梯度推进的投资格局和功能完整的创业投资产业服务链，搭建上海科技金融服务大平台。

加快国有创投运行机制和科技金融产品创新。上海“国企改革二十条”

提出支持更多国有经济和其他所有制经济发展成为混合所有制经济，促进符合条件的国有企业建立长效激励约束机制。因此，要加大混合所有制改革力度，建立直管混合所有制投资基金，进一步优化国有创投企业的股权结构；建立以项目业绩分成为代表的激励机制，投资收益原则上首先用于弥补投资损失，若有利润，则将利润的一部分用于绩效奖励，一部分继续支持企业的发展；建立以跟投机制为代表的约束机制，使项目选择更加合理，不断探索完善防范投资风险的保障和控制手段；筹建科技银行，实现科技金融服务品种多样化，通过业务创新大大缓解有专利、有技术、有市场、无抵押物的高科技企业融资难题。

参考文献 | References

[1] 储敏伟、李湛：《2013 年上海科技金融发展报告》，中国财政经济出版社 2014 年版。

[2] 赵昌文、陈春发、唐英凯：《科技金融》，科学出版社 2009 年版。

[3] 赵昌文：《创新型企业的金融解决方案》，清华大学出版社 2012 年版。

[4] 李心丹、束兰根：《科技金融理论与实践》，南京大学出版社 2013 年版。

[5] 斯蒂芬·罗宾斯、玛丽·库尔特：《管理学》，中国人民大学出版社 2004 年版。

[6] 王卉彤：《科技金融机制及其有序演进研究》，经济科学出版社 2013 年版。

[7] 曹国华、蔡永清："基于政府补贴行为的科技保险参与主体博弈分析及对策研究"，《保险研究》2010 年第 5 期，第 96—101 页。

[8] 曹颢、何大军、孙权："我国科技保险项目规划简论"，《上海保险》2009 年第 2 期，第 52—54 页。

[9] 曹颢、尤建新："我国科技金融发展指数实证研究"，《中国管理科学》2011 年第 6 期。

[10] 曹国华、蔡永清："基于政府补贴行为的科技保险参与主体博弈分析及对策研究"，《保险研究》2010 年第 5 期，第 96—101 页。

[11] 陈雪、陈宇山："广东省科技担保行业发展现状、存在问题和对策建议"，《科技管理研究》2014 年。

[12] 胡晓宁、李清、陈秉正："科技保险问题研究"，《保险研究》

2009 年第 8 期，第 57—64 页。

［13］房汉廷："关于设立国家科技发展银行之建议"，《中国科技产业》2003 年。

［14］贺亚力："从德国和以色列的实践看政府如何引导创业风险投资市场发展"，《中国科技论坛》2006 年第 4 期，第 134—136 页。

［15］黄德春、陈银国、张长征："科技型企业成长支撑视角下科技金融发展指数研究"，《科技进步与对策》2013 年第 20 期。

［16］顾焕章、汪泉、高莉莉："科技金融创新的制度取向与实践模式"，《江海学刊》2013 年。

［17］郭承先："中国与印度金融现状比较"，《西安财经学院学报》2006 年第 9 期，第 22—24 页。

［18］马秋君、邢菲菲："北京市科技担保问题研究"，《科学管理研究》2011 年。

［19］吕文栋："管理层风险偏好、风险认知对科技保险购买意愿影响的实证研究"，《中国软科学》2014 年第 7 期，第 128—138 页。

［20］李扬等："中国城市金融生态环境评价报告"，《金融时报》2005 年 11 月 5 日。

［21］李扬："中国城市金融生态研究初步分析"，《福建金融》2005 年第 7 期，第 4—7 页。

［22］刘建兴："在扶持中小企业中发展高科技产业——中小企业发展政策国际比较之以色列经验"，《经济研究参考》2011 年第 37 期，第 75—78 页。

［23］宋国兴："以色列金融市场变迁及对我国启示"，《金融研究》2000 年第 1 期，第 129—133 页。

［24］宋俊、谭中明："江苏科技金融供求的现状、适应程度与提升对策"，《科技与经济》2012 年第 6 期。

［25］王涛、郑钧天："融资担保公司拟成立'资金池'帮扶科技型企业"，新华网 2012 年 12 月 22 日。

［26］王海峰："印度政府在风险投资中的作用"，《全球科技经济瞭望》2001 年第 9 期，第 56—57 页。

［27］王霞、常婧、王启利："我国科技金融区域发展差异研究"，《青

岛科技大学学报（社会科学版）》2013 年第 4 期。

[28] 杨茜：“科技型中小企业发展的金融支持问题研究”，《科学管理研究》2008 年第 10 期。

[29] 章立、马国建、段登：“我国科技担保公司发展对策研究”，《江苏大学学报（社会科学版）》，2012 年。

[30] 张成思、李雪君：“基于全球视角的中国金融发展指数研究”，《金融研究》2012 年第 6 期，第 54—67 页。

[31] 赵玉林、黄志刚：“科技型小企业发展的生命周期及其特点分析”，《武汉工业大学学报》2000 年第 2 期。

[32] 赵杨、吕文栋：“科技保险试点三年来的现状、问题和对策——基于北京、上海、天津、重庆四个直辖市的调查分析”，《科学决策》2011 年第 12 期，第 1—24 页。

[33] 赵天一：“战略性新兴产业科技金融支持路径及体系研究”，《科技进步与对策》2013 年第 4 期。

[34] 曾康霖：“刍议金融生态”，《中国金融》2007 年第 18 期。

[35] 钟伟、钟根元、王浣尘：“基于 PS 法的金融体系稳健性的综合评价”，《系统工程理论方法应用》2006 年第 3 期。

[36] 中国人民银行洛阳市中心支行课题组：“区域金融生态环境评价指标体系研究”，《金融研究》2006 年第 1 期。

[37] 朱航：“京沪保险中心建设的比较研究”，《保险研究》2014 年第 6 期，第 33—42 页。

[38] 朱华琳、余艳莉：“我国企业科技风险自我管理探析——基于科技保险障碍的研究”，《科技管理研究》2014 年第 14 期，第 134—148 页。

[39] 周轩千：“上海首家国资参股民营担保公司开业”，《上海金融报》2012 年 12 月 25 日。

[40] 苏宁：“优化金融环境、改善金融生态”，《金融时报》2005 年 7 月 13 日。

[41] 上海科技金融研究院：“不妨建个上海科技金融集团”，上海科技金融研究院官方微信，2014 年 4 月 28 日。

[42] 上海市科委科技创业中心 2013—2014 年的科技金融工作统计情况和总结报告。

[43] “2013 年融资担保行业陷低谷情况分析”，中国行业研究网，http：//www. chinairn. com，2013。

[44] ALESSANDRA C.，STONEMAN P. Financial Constraints to Innovation in the UK：Evidence from CIS2 and CIS3 [J]. Oxford Economic Papers，2008，60（4）：711—730.

[45] ANG. J. B. Research，Technological Change and Financial Liberalization in South Korea [J]. Journal of Macroeconomics，2010，32（1）：457－468.

[46] ARI HYYTINENA；TOIVANEN，Do Financial Constraints Hold Back Innovation And Grow －th，Evidence On The Role Of Public Policy 2005.

[47] BERGER A. N.，HASAN L.，KLAPPER L. F. Further Evidence on the Link between Finance and Growth：an International Analysis of Community Baking and Economic Performance [J]. Journal of Financial services Research，2004（23）：169—202.

[48] BLACKBURN，K.，HUNG，V. T. Y.，1998. A theory of growth，financial development and trade. Economica 65，107－124.

[49] CASAMATTA C. Financing And Advising：Optimal Financial Contracts With Venture Capitalists [J]. Journal Of Finance，2003，58（5）：2059－2087.

[50] Darian M. Ibrahim. Debt As Venture Capital [J]. University of Illinois Law Review，2010，Vol. 2010，P1169.

[51] ENCIWEGA V.，SMITH B.，START R.，Transaction Costs，Technological Choice，And Endogenous Growth [J]. Journal Of Economic Theory，1995（67）：153－177.

[52] FAIRCHID R. Financial contracting between managers and venture capitalists：the role of value added services. reputation seeking，and bargaining power [J]. Journal of Finance Research Winter. 2004，27（4）：301—332.

[53] GARRY D，BRUTON DAVID AHLSTROM. An institutional view of China's venture capital industry explaining the differences between China and the West [J]. Journal Of Business Venturing，2003.

[54] GREENWOOD J，JOVANOVIC B. Financial development，growth，

and the distribution of income [J], Journal of political economy, 1990, 98 (5): 1076 - 1107.

[55] JAMES B. ANG, Innovation and financial liberalization [J]. Journal of Banking & Finance, 2014 (47) P221 - 229.

[56] KAPLAN S N, STROMBERG P. Financial Contracting Theory Meets The Real World: Evidence From Venture Capital Contracts [J]. Review Of Economic Studies, 2003, 70 (2): 281 - 315.

[57] KORTUM S, LERNER J. Assessing The Contribution Of Venture Capital To Innovation [J]. Journal Of Economics, 2000 (4): 674 - 692.

[58] ROBBINS & MARY COUTLER (2002) Management, Pearson Education, Inc.

[59] ZHANG, B., BIA, J., FAN, Z. J., YUAN, Z. W., GE, J. J. Eco - efficiency analysis of industrial system in China: A data envelopment analysis approach, Ecological Economics, 2008; 355 - 359.